CAMBRIDGE LIBRARY COLLECTION

Books of enduring scholarly value

History

The books reissued in this series include accounts of historical events and movements by eye-witnesses and contemporaries, as well as landmark studies that assembled significant source materials or developed new historiographical methods. The series includes work in social, political and military history on a wide range of periods and regions, giving modern scholars ready access to influential publications of the past.

Correspondance Historique des Bénédictins Bretons

This work, edited by Arthur de la Borderie (1827–1901), uncovers the previously untold history of one of the great works of Benedictine scholarship, Gui Alexis Lobineau's *Histoire de Bretagne*, published in 1707. Consisting of letters exchanged among Lobineau and his primary helpers in the project, the *Correspondance* (published in 1880) provides insight into one of eighteenth-century France's most subtle historical minds and aims to show, in de la Borderie's words, not simply the writer and scholar, but the man. The *Correspondance* also sheds light upon the controversy that nearly prevented the publication of the *Histoire*, pitting Lobineau against the powerful Rohan dynasty. An appendix of rare and unedited documents offers further political context for Lobineau's legacy. This volume of letters, itself a fascinating work of scholarship, remains a key witness to one of the defining collaborative efforts of Breton historiography.

Cambridge University Press has long been a pioneer in the reissuing of out-of-print titles from its own backlist, producing digital reprints of books that are still sought after by scholars and students but could not be reprinted economically using traditional technology. The Cambridge Library Collection extends this activity to a wider range of books which are still of importance to researchers and professionals, either for the source material they contain, or as landmarks in the history of their academic discipline.

Drawing from the world-renowned collections in the Cambridge University Library, and guided by the advice of experts in each subject area, Cambridge University Press is using state-of-the-art scanning machines in its own Printing House to capture the content of each book selected for inclusion. The files are processed to give a consistently clear, crisp image, and the books finished to the high quality standard for which the Press is recognised around the world. The latest print-on-demand technology ensures that the books will remain available indefinitely, and that orders for single or multiple copies can quickly be supplied.

The Cambridge Library Collection will bring back to life books of enduring scholarly value (including out-of-copyright works originally issued by other publishers) across a wide range of disciplines in the humanities and social sciences and in science and technology.

Correspondance Historique des Bénédictins Bretons

Et Autres Documents Inédits

EDITED BY ARTHUR
LE MOYNE DE LA BORDERIE

CAMBRIDGE
UNIVERSITY PRESS

CAMBRIDGE UNIVERSITY PRESS

Cambridge, New York, Melbourne, Madrid, Cape Town, Singapore,
São Paolo, Delhi, Dubai, Tokyo, Mexico City

Published in the United States of America by Cambridge University Press, New York

www.cambridge.org
Information on this title: www.cambridge.org/9781108022231

© in this compilation Cambridge University Press 2010

This edition first published 1880
This digitally printed version 2010

ISBN 978-1-108-02223-1 Paperback

CORRESPONDANCE

HISTORIQUE

DES BÉNÉDICTINS BRETONS

(1688-1730)

Tiré à 200 exemplaires, dont 25 sur papier vergé.

CORRESPONDANCE

HISTORIQUE

DES

BÉNÉDICTINS BRETONS

ET AUTRES DOCUMENTS INÉDITS

Relatifs à leurs travaux sur l'Histoire de Bretagne

PUBLIÉS AVEC NOTES ET INTRODUCTION

PAR

ARTHUR DE LA BORDERIE

MEMBRE DU COMITÉ DES TRAVAUX HISTORIQUES

PARIS

H. CHAMPION, LIBRAIRE-EDITEUR

15, Quai Malaquais, 15

M.DCCC.LXXX

A

MONSIEUR

LÉOPOLD DELISLE

Membre de l'Institut

DIRECTEUR DE LA BIBLIOTHÈQUE NATIONALE

MON CHER AMI,

Laissez-moi inscrire votre nom en tête de ce livre.

Il est vôtre par son origine : il doit le jour à vos conseils et à vos indications.

Il est vôtre par son objet : il rappelle les labeurs infatigables des Bénédictins, leur étonnante puissance de travail, la science pleine, sûre, immense, toujours modeste, aimable et serviable, des grands érudits de cet Ordre. Parler de cela, c'est parler de vous.

Nos Bénédictins Bretons, dom Audren, dom Lobineau, — dont je voudrais, indigne, suivre la trace, — se faisaient gloire de l'amitié des Mabillon, des Montfaucon, des Gaignières.

Permettez-moi de me parer de la vôtre.

ARTHUR DE LA BORDERIE.

Vitré, 2 mai 1880.

INTRODUCTION

I

LES OUVRIERS DE L'HISTOIRE DE BRETAGNE

Il n'est peut-être pas de province dont les annales aient été aussi souvent ni aussi anciennement retracées que celles de la Petite-Bretagne. En s'en tenant à ce qui est imprimé, on compte aujourd'hui vingt-cinq à trente histoires de Bretagne, développées ou abrégées, et le plus ancien de ces ouvrages (la *Chronique de Saint-Brieuc*) date de la fin du XIV⁰ siècle et des premières années du suivant. Notre siècle, pour sa part, en a déjà produit une quinzaine, sans compter ce que j'en puis oublier ou ignorer.

A

Dans cette forêt historique, un monument attire l'attention par le soin particulier de son travail, l'abondance et le choix de ses matériaux, et ses dimensions exceptionnelles. C'est l'*Histoire de Bretagne* des Bénédictins, que nous possédons sous une double forme ; savoir : 1º l'Histoire publiée en 1707 par dom Lobineau en 2 volumes in-folio, l'un de narration, l'autre de preuves ; 2º l'Histoire publiée de 1742 à 1756, par dom Morice, en 5 volumes in-folio, dont les preuves et documents remplissent un peu plus des trois cinquièmes, la narration un volume et demi.

Nous nous proposons de publier la correspondance, encore inédite, des religieux qui ont travaillé à cet important ouvrage, accompagnée de documents, inédits ou très-rares, relatifs à l'exécution de ce grand monument de la science bénédictine et du patriotisme breton. Mais une distinction est nécessaire.

Pour la plupart des savants, hors de Bretagne et même en Bretagne, à plus forte raison pour les lettrés qui ne s'occupent point spécialement d'études historiques, la seconde *Histoire de Bretagne* publiée par les Bénédictins a tout à fait effacé le souvenir de la première ; et le nom de D. Morice a hérité seul de tout l'honneur qui s'attache à cette grande, laborieuse et méritoire entreprise.

Deux circonstances expliquent naturellement ce fait : d'une part, la date plus récente de la publication de D. Morice, qui suppose au moins une édition revue et corrigée ; de l'autre, la quantité beaucoup plus considérable des preuves et documents inédits, portée d'un volume à trois et demi. Il y a là une erreur de l'opinion. Les pièces justificatives de la seconde publication sont trois fois aussi nombreuses que celles de la première ; mais D. Morice ne les a ni découvertes, ni copiées, ni examinées, ni amassées, ni coordonnées : il les a simplement éditées. Il n'a fait que mettre au jour, et pour une partie seulement, les résultats d'un travail immense entrepris avant lui, accompli sans lui, par la génération précédente. Et quant à l'*Histoire* proprement dite, — au triple point de vue de la méthode, de la critique et du style, — celle de D. Morice, dernière en date, n'en reste pas moins dernière en mérite.

La correspondance que nous publions émane tout entière de la première génération bénédictine, à laquelle appartient dom Lobineau. A l'aide de cette correspondance et des documents qui l'accompagnent, nous tracerons plus loin un historique des travaux exécutés par cette vaillante phalange, véritable bataillon des pionniers de la science. Ici, nous voulons seulement indiquer les circonstances dans lesquelles se produisit la pensée première de l'entreprise, les noms et les qualités des religieux qui y prirent part et des principaux auteurs de notre correspondance.

C'est vers l'an 1685 que l'évêque de Quimper, messire François de Coëtlogon, prélat distingué par sa naissance, ses talents et ses vertus, engagea dom Maur Audren de Kerdrel, prieur de Landevennec, esprit fort sagace et fort savant, à s'occuper de composer, d'après les règles de la critique, une nouvelle histoire de Bretagne. Perdu au fond de la Basse-Bretagne, sans communication avec Paris et même sans relations aisées avec les principales villes de la province, D. Maur Audren n'osa s'embarquer dans un travail de ce genre. Deux ans après (en 1687), il fut nommé prieur régulier de Saint-Sauveur de Redon. La situation de cette ville, voisine de Rennes et de Nantes, par là en rapport avec Paris ; la nombreuse bibliothèque, les riches archives, le précieux cartulaire de cette abbaye ; les instances réitérées de l'évêque de Quimper, de beaucoup d'autres personnages, et bientôt des États mêmes de la province : tout cela inclina D. Maur Audren à tenter l'exécution d'un dessein qui intéressait la Bretagne entière. Vers la fin de 1688, il y songeait sérieusement[1] ; sa détermination devint définitive l'année suivante, quand il vit les États y applaudir et voter une somme de 300 livres pour couvrir les premiers frais[2]. Il avait déjà mis hache en bois, en se choisissant des auxiliaires et nouant au dehors des relations avec tous ceux qu'il jugeait capables de lui fournir d'utiles renseignements.

L'ouvrage, comme on le concevait, avec le soin qu'on entendait y donner, n'était pas de nature à être achevé par un seul, surtout en ce qui touchait la découverte, la transcription et la coordination première des matériaux. Le prieur de Redon s'adjoignit quatre religieux, D. Antoine Le Gallois, D. Mathurin Veissière de la Croze,

[1] V. ci-dessous, n° II et IV.
[2] Registre des États, séance du 11 nov. 1689.

D. Denys Briant, D. Joseph Rougier. Lobineau n'entra que plus tard dans cette collaboration. — L'*Histoire littéraire de la Congrégation de Saint-Maur* [1] dit que les auxiliaires de D. Audren étaient « quatre *jeunes* religieux. » Si cette épithète convient à D. Veissière né en 1661, même à D. Briant né en 1655, elle ne saurait s'appliquer à D. Le Gallois, âgé de quarante-neuf ans, encore moins à D. Rougier, dont nous ignorons la date de naissance [2], mais qui était, nous l'allons voir, le plus vieux de tous. Dom Audren, né en 1650 ou 1651, avait trente-huit ans. — Ces cinq moines, fraternellement unis dans une entreprise conçue pour la gloire de la Bretagne, étaient tous Bretons [3], sauf un, D. Le Gallois, né à Vire, mais par son intimité avec D. Audren devenu vrai Breton de cœur et d'esprit. Voici comme Lobineau peint ces premiers travailleurs :

« Dom Antoine Le Gallois, homme d'un esprit étendu,
« vif et pénétrant, d'une mémoire prodigieuse et d'une
« lecture immense [4]. » Ailleurs il l'appelle sans hésiter
« un esprit de premier ordre [5]. — « Dom Denys Briant,
« homme d'un jugement solide, exact dans son travail,
« laborieux, sévère dans sa critique, heureux dans ses

---

[1] Par dom Tassin, Bruxelles, 1770, in-4°, p. 469.

[2] Sauf ce que Lobineau en dit dans le passage que nous citons plus bas, on ne sait à peu près rien de ce religieux. D. Tassin se borne à le nommer, dans une note de la p. 469, comme l'un des auxiliaires de D. Audren, sans autre renseignement.

[3] D. Audren était né à Landunvez (Finistère), D. Briant à Pleudihen (Côtes-du-Nord), D. Veissière à Nantes.

[4] *Hist. de Bret.*, I, préface.

[5] Ci-dessous N° LXIII, lettre aux États de Bretagne du 15 octobre 1703.

« conjectures. — Mais celui de tous dont l'habileté à dé-
« chiffrer les actes anciens et l'assiduité à les transcrire
« nous ont été d'un plus grand usage, a été D. Joseph
« Rougier. Les chartes les plus délabrées étoient faciles
« pour lui ; les plus effacées lui étoient lisibles ; les plus
« longues ne rebutoient point sa patience ; et ce qui
« nous étonnoit le plus étoit que, dans un âge avancé
« qui demandoit naturellement le repos, il étoit infati-
« gable, toujours le premier au travail et toujours le
« dernier à le quitter [1]. »

Lobineau ne dit rien de dom Veissière, parce qu'au
moment où il écrivait ces lignes, ce dernier avait déjà,
depuis dix ans, quitté le cloître [2] pour apostasier, se faire
calviniste et se marier. La triste fin de ce moine ne
saurait nous empêcher de reconnaître ses heureuses
aptitudes pour l'érudition ; et en 1693, au moment où
Veissière venait de laisser, pour un autre travail, la
collaboration de l'histoire de Bretagne, D. Audren écrivait de lui à M. de Gaignières : « Il est jeune, mais il
« a du mérite et sçait beaucoup, et j'espère que vous
« en serez content quand il aura l'honneur d'être connu
« de vous. J'ay eu de la peine à le laisser aller. Je fai-
« sois un fonds très-particulier sur luy, et c'étoit celuy
« de nos *ouvriers* en qui je me fiois le plus... Il se con-
« noît en vieux manuscrits, et lit en perfection dans les
« anciens titres [3]. »

---

[1] *Hist. de Bret.*, I, préface.
[2] En 1696. V. ci-dessous N° XLIV.
[3] Ci-dessous N° XXXII, lettre du 12 nov. 1693.

A cette époque, D. Lobineau n'avait pas encore commencé de travailler avec D. Audren ; il remplaça précisément dom Veissière, vers la fin de 1693. Ce dernier venu était le plus jeune des *ouvriers* de l'Histoire de Bretagne. Né à Rennes, en 1666, d'une vieille famille d'hommes de loi, la plupart procureurs au Parlement, il avait l'esprit critique, discuteur et frondeur de la basoche, avec l'attachement profond aux libertés de la province qui distinguait en Bretagne les gens de palais. Très-dégagé de tous préjugés de caste et même de couvent, mais fermement attaché, en histoire comme en religion, à la vérité pure ; intelligence étendue, jugement solide, avec une forte pointe d'ironie et même de gaieté, c'était l'homme qu'il fallait pour tirer, de l'immense amas de chartes, de chroniques, de dissertations, de matériaux de toute sorte entassés pendant sept ans [1] par cinq opiniâtres travailleurs, un corps d'annales en bon ordre, clair, lisible, et présentable au public. Deux raisons, dit-il lui-même, lui firent accepter cette lourde tâche : « l'honneur de la pro- « vince qui lui avoit donné le jour et ce qu'il devoit « au R. P. Audren qui l'avoit élevé dans la vie reli- « gieuse [2], » et pour qui il professait un respectueux dévouement.

Il a fait en deux mots le plus bel éloge de son supérieur, dans la préface de l'*Histoire de Bretagne,* où il dit de lui :

---

[1] D. Lobineau ne commença à rédiger le corps de l'histoire de Bretagne qu'en 1696.

[2] Lettre aux États de Bretagne, du 15 octobre 1703, ci-dessous n° LXIII.

« Il y a peu d'hommes plus capables de concevoir de
« beaux et grands desseins et d'en venir heureusement
« à bout. » — « C'est l'esprit le mieux fait qu'on puisse
« souhaiter, » ajoutait vers le même temps un gentilhomme breton des plus distingués [1]. Louanges amplement justifiées, non-seulement par l'entreprise de l'Histoire de Bretagne, mais surtout par ce grand monument
de l'érudition française, connu sous le nom de *Recueil
des historiens des Gaules et de la France*, qui,
commencé sous l'impulsion de D. Audren et parvenu
aujourd'hui à son XXIIe volume, n'a pas cessé de
s'élever d'après le plan tracé par ce savant moine. Son
génie, prompt à concevoir des idées d'ensemble, était
éminemment fait pour la direction et l'initiative. C'est
son rôle dans les travaux de l'histoire de Bretagne :

« Personne — écrit Lobineau — n'était plus capable
« que lui de vaquer à la recherche des archives, de faire
« une critique exacte des faits, et même de composer
« l'histoire. Mais les occupations de la supériorité l'em-
« pêchant de se donner tout entier à cette sorte de
« travail, il s'est contenté de présider à l'ouvrage, de
« diriger ceux qu'il employait, de les animer, de les pro-
« téger contre toutes les contradictions que l'on a eu à
« souffrir, et de fournir libéralement à toutes les dépenses
« qu'il a fallu faire, soit pour l'achat des livres, soit
« pour les longs et fréquents voyages que l'on a été
« obligé d'entreprendre pour ramasser les matériaux,

---

[1] Ci-dessous n° XXIX, lettre de M. de Carcado à M. de Gaignières, du 6 septembre 1693.

« soit pour l'entretien des religieux qu'il a employés à
« cet ouvrage, qui étoient regardés comme surnumé-
« raires dans leurs communautés, ne pouvant, à cause
« de leur occupation, y rendre tous les mêmes services
« que les autres [1]. — Son premier soin (après avoir
« rassemblé à Redon ses auxiliaires) fut de leur procurer
« tous les secours qu'ils pouvoient souhaiter pour travail-
« ler solidement et tranquillement. Pendant que les uns
« s'occupoient à vérifier, dans une grande et nombreuse
« bibliothèque qui s'augmentoit tous les jours par
« les soins du supérieur, et à mettre en ordre les
« extraits qui leur avoient été envoyés d'ailleurs, les
« autres, plus versés dans la lecture des anciens titres,
« visitoient les archives les plus considérables de la
« province, et en tiroient, par une application infati-
« gable, tout ce qui pouvoit servir tant à l'histoire
« générale qu'à la généalogie des particuliers et à
« redresser et remplir les catalogues des évêques et
« des abbés, tâchant en même temps de rendre leur
« séjour utile à ceux qui leur communiquoient libérale-
« ment ces trésors en rétablissant l'ordre et l'arrange-
« ment dans beaucoup d'archives, où régnoient aupa-
« ravant le désordre et la confusion [2]. »

On voit quels furent les rôles respectifs du directeur de
l'œuvre et de ses auxiliaires. D. Audren eut seul l'initiative et la conduite générale de l'entreprise ; les autres

---

[1] Ci-dessous n° LXIII, lettre de D. Lobineau aux États de Bretagne, du 15 octobre 1703.
[2] Lobineau, *Hist. de Bret.*, I, préface.

B

marchaient et travaillaient sous ses ordres; dans le langage familier de la correspondance, on les appélle constamment les *ouvriers* de l'Histoire de Bretagne.

A côté de ces six religieux on ne peut se dispenser de nommer, au premier rang des collaborateurs de cette entreprise, un laïque, Roger de Gaignières, gentilhomme d'origine bourguignonne, chercheur, collecteur infatigable de tous les monuments écrits ou figurés de notre histoire nationale, érudit de premier ordre, modeste et complaisant au possible, renommé alors comme un des plus *illustres curieux* de l'époque [1], oublié ensuite presque entièrement pendant plus d'un siècle, jusqu'au moment où un savant de nos jours, digne appréciateur de son mérite, M. Léopold Delisle, a fait revivre cette figure si originale, si sympathique, dans sa belle et intéressante histoire du département des Manuscrits de la Bibliothèque Nationale [2]. La partie la plus considérable de notre correspondance se compose de lettres écrites à Gaignières par D. Audren, D. Le Gallois, D. Lobineau, de 1688 à 1706. Il était pour eux bien plus qu'un correspondant; il était un excellent conseiller, un guide expérimenté dont on invoquait le secours dans toutes les difficultés de la route; il était le guide même du directeur de l'œuvre, car c'est à lui que s'adressa D. Audren pour avoir un plan de travail, dont la minute, écrite de

---

[1] Voir lettre de M. de Carcado à Dom Audren, du 21 mars 1690, ci-dessous n° XVI.

[2] V. Léop. Delisle, *le Cabinet des Manuscrits de la Bibliothèque Nationale*, t. I, p. 335-356. Gaignières, né vers 1644, longtemps attaché à la maison de Lorraine, écuyer du dernier duc de Guise et ensuite de Mlle de Guise, mourut en 1715.

la main de Gaignières, existe encore [1]. Treize ans après,
quand ce labeur acharné tirait à sa fin, en envoyant à
Paris son dernier *ouvrier*, D. Lobineau, pour perfectionner l'œuvre commune, D. Audren écrivait à ce savant homme : « Je vous abandonne tous mes droits et
« sur l'historien (Lobineau) et sur l'Histoire (de Bre-
« tagne). C'est presentement votre ouvrage, et si dans
« la suite le public se plaint qu'il n'a pas toute la satis-
« faction qu'il pourroit avoir, je ne manqueray pas de
« dire qu'on s'en doit prendre à M. de Gaignières [2]. »

Parmi les autres correspondants de nos Bénédictins
bretons, nous noterons encore un Malouin, savant Géno-
véfain, le P. Alain Le Large [3], qui avait eu lui-même le
dessein d'écrire l'histoire de Bretagne, et y renonça quand
il sut l'entreprise des religieux de la congrégation de
Saint-Maur, auxquels il communiqua libéralement le
fruit de ses recherches ; — le rhéteur et mensonger
Varillas, qui offre aux Bénédictins des leçons de critique [4];
— le marquis de Carcado, qui travaillait à un nobiliaire
breton, qui correspondait aussi avec Gaignières, et qui
semble avoir été par sa science digne de telles relations ;
— le marquis de Refuge, auteur d'un *Armorial de
l'évêché de Saint-Pol-de-Léon*, réimprimé de nos
jours [5].

[1] Sous la date du 5 décembre 1689, ci-dessous n° XII.
[2] Lettre du 10 juin 1703, ci-dessous n° LVIII.
[3] Né en 1639, mort en 1705 ; voir ci-dessous les n°ˢ VIII et IX.
[4] Ci-dessous, lettre n° VI.
[5] On trouve dans la collection que nous publions cinq lettres de M. de Carcado,
des années 1690, 1692, 1693 et 1694.
[6] V. n° XIV ci-dessous.

Les autres dont on trouve des lettres dans notre
recueil sont peu connus.

Quant aux documents d'un genre différent que nous
joignons à la correspondance des Bénédictins bretons,
parce qu'ils se rapportent aussi à l'élaboration de leur
grande *Histoire de Bretagne,* ils concernent principalement les relations de ces savants moines avec les
représentants de la province.

C'est d'abord une dizaine de délibérations, tirées des
registres des États de 1689 à 1707, presque toutes fort
sympathiques à cette patriotique entreprise. Ce sont
ensuite divers mémoires des Bénédictins pour faire connaître au public et aux États le plan de leur travail, ses
progrès successifs, son exécution et ses nécessités pécu-
niaires. Cette classe comprend un *Avis au public sur
une nouvelle Histoire de Bretagne,* répandu dans la province en 1689, et quatre lettres ou mémoires adressés
par Lobineau aux États de Bretagne, en 1703, 1707 et
1709 [1]. Trois de ces lettres et l'*Avis au public* avaient été,
lors de leur apparition, imprimés en brochure in-4°. Ces
pièces fort intéressantes étant aujourd'hui d'une rareté
insigne, nous les réimprimons, mais en caractère plus
petit que le reste de notre recueil.

[1] Ci-dessous nᵒˢ XI, LXI, LXIII, LXXVI et LXXXIV.

II

TRAVAUX DES BÉNÉDICTINS BRETONS. — LA
LÉGENDE DE LOBINEAU

La tâche des « Ouvriers de l'histoire de Bretagne »
comprenait deux parties fort distinctes :

1° La recherche des documents, l'exploration des archives, la lecture, la transcription et la collection des
actes, des titres, des chroniques, de tous les matériaux
originaux qui devaient fournir la base et la substance de
l'Histoire ;

2° La construction de l'édifice en vue duquel tous ces
matériaux étaient amassés, c'est-à-dire leur réduction,
leur transformation en corps d'annales claires et régu-
lières, la rédaction de l'*Histoire de Bretagne* proprement dite.

La première partie de cette tâche — l'exploration des
archives et l'amas des matériaux historiques — dura sept
années (de 1689 à 1696), employant constamment cinq
religieux : doms Audren, Le Gallois, Briant, Rougier,
Veissière remplacé en 1693 par Lobineau ; c'est-à-dire
qu'elle représente trente-cinq ans de la vie d'un homme
et d'un labeur obstiné, car ces moines étaient infatigables.

Nous ne donnerons pas le détail de ces travaux : la

c

préface de Lobineau au tome Ier de l'*Histoire de Bretagne,* son *Mémoire* aux Etats de Vannes en 1703, publié
par nous sous le n⁰ LXI de notre recueil, et les lettres
indiquées dans les annotations de ce mémoire, permettent
de reconstituer suffisamment, sinon complètement, l'am-
pleur de ce travail, son plan général et l'itinéraire des
travailleurs. — Quant au résultat, il est décrit dans le
Procès-verbal des papiers de dom Lobineau (n⁰ CIII de
notre recueil); on peut le voir de ses yeux, le toucher
de ses mains, en se faisant représenter, à la Bibliothèque
Nationale, les cinquante in-folios relatifs à la Bretagne,
de l'ancienne collection des Blancs-Manteaux.

La seconde partie de la tâche des Bénédictins — la
rédaction de l'Histoire de Bretagne — employa, comme
la première, sept années, de 1696 à 1703. Mais, de sa nature, cette portion de l'œuvre devait être conçue et exé-
cutée par un seul homme, auquel il appartenait de
dégager la doctrine incluse dans cette masse de matériaux, c'est-à-dire, la série claire et nette des annales
bretonnes, en un mot, de tailler dans ce bloc la grande,
la vraie, la glorieuse figure de la Bretagne.

A Lobineau revint cet honneur. Dom Maur Audren,
directeur de toute l'entreprise, l'aida de ses conseils;
deux autres religieux, Briant et Le Gallois, avaient en
partie préparé le travail.

Dom Briant, chargé de mettre en ordre tous les faits
jusqu'en 1364, s'acquitta parfaitement bien de sa tâche;
Lobineau reconnaît qu'il « a esté d'un tres-grand secours,
« aïant, avec une application infatigable, un discerne-
« ment judicieux et une patiente assiduité que rien ne
« rebutoit, distingué le vrai d'avec le faux, renversé les

« fables, destruit les prejugez, établi la vérité, debrouillé
« les choses les plus difficiles [1]. »

Quant à dom Le Gallois, il avait d'abord été chargé de
composer l'Histoire, et quand il mourut, le 5 novembre
1695, il en avait rédigé la première partie, c'est-à-dire
tout ce qui précède l'époque carlovingienne. Son travail
existe dans la collection des Blancs-Manteaux [2] ; il est
très-intéressant pour le fond, très-défectueux par la
forme ; le récit est sans cesse coupé de discussions et de
dissertations critiques qui en arrêtent la marche ; la
partie hagiographique, que D. Le Gallois a bien fait de ne
pas omettre, prend un développement exagéré. Lobineau,
à tort ou à raison, s'est peu aidé de ce travail pour son
Histoire, mais il s'en servit beaucoup plus tard dans sa
Vie des Saints de Bretagne.

A la mort de D. Le Gallois, D. Audren songea d'abord
à confier la composition de l'*Histoire de Bretagne* à
D. Veissière, en lui donnant pour adjoint D. Lobineau [3].
Veissière refusa ; il méditait dès lors sa sortie du cloître.
Dom Lobineau se trouva seul chargé de l'ouvrage, avec
l'aide de D. Briant pour l'arrangement des faits. Vers le
commencement d'avril 1702, il acheva le premier jet de
sa rédaction, qu'il avait composée tout entière à Saint-
Vincent du Mans ; mais avant de l'imprimer, il fallait la
soumettre à une révision sévère, « la polir avec le
« secours des savants [4], » ce qui ne pouvait guère se
faire qu'à Paris. Dom Audren demanda avec instance

[1] *Histoire de Bretagne,* t. i, préface.
[2] Il en formait autrefois le vol. XLIV.
[3] V. n° XLII de notre recueil, *Corresp. des Bénédict. Bretons,* p. 69.
[4] *Ibid.,* n° LIII, p. 84.

aux chefs de la Congrégation de Saint-Maur d'admettre
Lobineau à Saint-Germain des Prés ou aux Blancs-
Manteaux. Sa demande ne fut exaucée qu'en 1703 ; le
30 mai de cette année, il écrivait à M. de Gaignières :
« Nous avons tant pressé le R. P. General, qu'il m'a
« donné l'ordre d'envoyer dom Alexis à Saint-Germain
« des Prés quand je le jugeray à propos ; » et le 10 juin
il reprenait : « Enfin, voilà dom Alexis à Paris ; je vous
« conjure, Monsieur, de prendre à son égard la qualité
« de son ange tutélaire ; je vous abandonne tous mes
« droits et sur l'historien et sur l'Histoire [1]. »

Lobineau avait déjà commencé au Mans la révision de
son travail ; une fois à Paris, il mena cette besogne avec
tant de zèle, qu'en octobre 1703 il put présenter aux
États de Bretagne le manuscrit complet de l'ouvrage,
comprenant deux volumes in-folio : un volume d'Histoire
rédigée en corps d'annales ; un volume d'actes, titres,
dissertations et extraits de chroniques, formant les
Preuves de l'histoire.

Dix ans auparavant, les États avaient pris l'engagement moral de faire imprimer l'œuvre à laquelle travaillaient les Bénédictins. Cette œuvre écrite, il semblait
que tout fût fini, qu'il n'y eût plus de difficulté, et que
la publication dût se faire de suite, sans retard et sans
embarras. C'est là que les difficultés commencent. Il faut
savoir d'où elles viennent.

Autour du nom de Lobineau — cet implacable ennemi
des légendes et des fables — il s'est formé, depuis un
demi-siècle, une légende très-fabuleuse. Comme les
thèses historiques soutenues par lui donnaient un

_____

[1] *Correspond. des Bénédict. Bretons,* n⁰⁰ LVII et LVIII, p. 89, 90.

solide fondement aux libertés provinciales de la Bretagne; comme la défense de ces libertés engendra plus
d'un conflit entre les États de la province et la
royauté, on a peint la royauté s'associant aux rancunes d'une grande famille dont nous allons parler
tout à l'heure, poursuivant de sa vengeance dom Lobineau, le chassant de couvent en couvent et, après vingt
ans de persécution, le faisant mourir en exil sur une
plage déserte (à l'abbaye de Saint-Jacut, en 1727). Feu
M. Le Jean, entre autres, a développé cette thèse avec
conviction dans son livre intitulé *la Bretagne, son histoire et ses historiens* [1]. Elle n'a rien de vrai. Toutes les
difficultés suscitées à Lobineau vinrent d'une cause
unique : la malveillance des Rohan, furieux d'être privés
de leur prétendu ancêtre, le fabuleux Conan Mériadec,
premier roi de Bretagne, supprimé par la critique du
sévère Bénédictin. Encore faut-il distinguer dans les
Rohan. La branche des Rohan-Guemené et Rohan-
Soubise, dite aussi Rohan-Rohan, entra seule en guerre
contre Lobineau ; les Rohan-Chabot ne s'associèrent
point à cette campagne ; le gouvernement royal, loin
d'y prendre part, favorisa constamment l'œuvre bénédictine.

Le 22 octobre 1703, les États de Bretagne s'ouvrirent
à Vannes. Lobineau leur avait adressé une Lettre imprimée et un Mémoire manuscrit. Dans la Lettre, datée du
15 octobre (n° LXIII de notre recueil), il rendait compte
de tous les travaux des Ouvriers de l'Histoire de Bretagne depuis 1689, de la composition et du contenu de
leur ouvrage. Dans le Mémoire (n° LXI de notre recueil),

---

[1] Nantes, 1850, in-8°.

il rappelait l'engagement pris par les États en 1689 et
1693, et indiquait les dépenses à faire pour la publication de l'ouvrage. — Pour cet énorme labeur d'exploration, de recherche et de copie qui avait occupé
pendant sept ans cinq travailleurs opiniâtres, les Bénédictins demandaient la minime indemnité de 4,537 livres,
dont 1,000 leur ayant été payées en 1693, restait pour
solde 3,537. — L'impression des deux volumes in-
folio de l'Histoire avec les gravures était évaluée à
24,000 livres, mais un éditeur s'offrait d'en faire la dépense, à la double condition de recevoir des États une
subvention de 14,000 livres et de leur fournir gratuite-
ment 500 exemplaires de l'ouvrage, valant en librairie
15,000 livres [1]. — Enfin, Lobineau avait passé à Paris
deux ans pour « polir et perfectionner » son œuvre ; il
lui fallait y rester autant encore pour surveiller l'impression et corriger les épreuves ; pendant ce séjour, sa
pension annuelle à l'abbaye de Saint-Germain des Prés,
montait à 540 livres, soit, pour quatre ans, 2,160. — Le
tout eût mis à la charge des États une dépense de
19,700 livres.

Lobineau affirme dans son Mémoire que le roi était
favorable à cette dépense ; en effet, les Instructions données par le ministère aux Commissaires du roi près des
États portent formellement : « Sa Majesté ayant permis
« aux Estats de faire travailler à une nouvelle Histoire
« de la province de Bretagne, les Commissaires exa-
« mineront avec les deputés des Estats les memoires qui
« leur seront donnés pour ce travail par les Pères Béné-

---

[1] Au prix de 30 livres l'exemplaire ; ces 30 livres, en tenant compte de la différence du pouvoir de l'argent, valent bien 150 fr. d'aujourd'hui.

« dictins, *pour estre ensuite pourveu par les Estats au*
« *fonds qu'il conviendra, tant pour la depense du passé*
« *que pour celle qui reste à faire* [1]. »

En conséquence, dans la séance du 9 novembre 1703,
le procureur-général syndic des États demanda à l'Assemblée de voter le crédit necessaire pour cette dépense.
Sur cette requête, et suivant l'usage, chacun des trois
ordres se retira pour délibérer à part. Dans l'ordre de
la Noblesse, la délibération fut houleuse ; les partisans
des Rohan criaient très-haut pour qu'on ne donnât rien.
Un « vieux gouverneur, » ami et patron particulier de
Lobineau leur dit : « Mais, Messieurs, cela est honteux
« de ne rien donner ; au moins faut-il rembourser les
« frais du passé. » Il rappela sans doute que le roi et le
comte de Toulouse, gouverneur de la province, avaient
écrit à M. de Chamillard, contrôleur-général, et au maréchal d'Estrées, commandant de Bretagne, que les 3,537
livres réclamées par les Bénédictins pour leurs travaux
de recherches et de transcription, étaient véritablement
« une dette de la province [2]. » Ces considérations l'em-
portèrent ; la majorité consentit à dédommager les religieux des frais déjà faits et vota pour cet effet « mille
« écus *et rien de plus.* » Puis la séance générale reprit.

D'après le règlement des États de Bretagne, quand il
s'agissait de dépenses ayant, comme celle-ci, le caractère de don ou de gratification, il suffisait pour faire
échouer la proposition qu'un seul des ordres s'opposât
en principe à la dépense et refusât de rien donner ;
« mais si un des trois ordres est d'avis de donner peu

[1] *Corresp. des Bénédict. Bretons,* n° LXII, p. 100.
[2] *Ibid.,* p. 95.

« (dit le Règlement de 1687) et que les deux autres
« soient d'avis de donner davantage et se trouvent con-
« formes (c'est-à-dire, d'accord ensemble), le chiffre de
« la gratification est réglé suivant l'avis de la majo-
« rité [1]. »

Le 9 novembre 1703, à la reprise de la séance générale, il se trouva que l'ordre de l'Église et celui du Tiers
avaient, sans hésitation, voté pour les frais de l'Histoire
de Bretagne un fonds de 20,000 livres. A cette nouvelle,
les *rohanistes* de l'ordre de la Noblesse jetèrent les hauts
cris. « *Rien! rien!* » clamaient-ils en chœur. Il y
avait surtout « un certain Pouldu, » dit Lobineau, qui
se démenait comme un diable en hurlant : « *C'est honteux de donner vingt mille livres à des moines qui sont
si riches, pendant que tant de pauvres gentilshommes
meurent de faim !* » Ce Pouldu avait ses raisons de
crier ; c'était un Rohan pur sang très-authentique, de
branche cadette et de fortune médiocre, — un Rohan
maigre, — qui toutefois ne le cédait point aux Rohans
gras de Soubise et de Guemené pour l'orgueil de race et
pour l'entêtement grotesque de descendre de Conan Mériadec. Ce gâteau de 20,000 livres, donné aux contemp-
teurs de Conan, redoublait sa rage et son appétit.

Pour mettre fin au tapage, le « vieux gouverneur »
qui avait enlevé à la Noblesse le vote des mille écus, se
tourna vers les braillards avec un fin sourire, et leur
dit : « Mais, Messieurs, il n'est plus temps de dire *Rien!*
« puisque nous venons de dire *Mille écus.* » — Le duc
de Rohan-Chabot, président de la Noblesse, l'évêque de
Vannes, président de l'Église, « *qui avoient l'affaire à*

[1] Règlement de 1687, chap. III, art. 3.

« *cœur*, aussi bien que le président du Tiers, dirent qu'il
« avoit raison, » les vingt mille livres furent votées, et les
Commissaires du roi approuvèrent immédiatement la
délibération. Grâce à l'opposition des *rohanistes,* cette
affaire prit aux États cinq heures de temps, de neuf
heures du matin à deux heures après-midi [1].

En 1704, Lobineau, muni de ce vote, se mit en devoir
de traiter avec les libraires pour entamer l'impression.
Ici, autre obstacle. Pour imprimer, il fallait un privilège.
Le chancelier le refusa. Pourquoi ?

Qui n'a pas lu Saint-Simon ? qui ne connaît pas madame de Soubise ? Elle était Rohan de tous les côtés, par
son mari, par elle-même, et Rohan jusqu'aux moelles.
Par la constante et intime faveur du roi, elle était
bien plus; elle avait pu faire son mari prince, se bâtir
au milieu de Paris un hôtel, un palais digne d'une
reine; aussi entendait-elle bien être de race royale, et
sortir du plus vieux roi qui eût régné en Gaule, c'est-à-
dire de Conan Mériadec. Quand on lui dit qu'un petit
moine, chassant de l'histoire Conan et sa race, la privait de
cette illustre origine, elle alla en grand courroux porter plainte au chancelier, — « qui dit à dom Lobineau
« qu'il ne luy accorderoit point de privilége pour son
« Histoire, *à moins que madame de Soubise n'en fût*
« *satisfaite* [2]. »

Le soin de s'aboucher avec Lobineau fut remis par
cette haute et puissante dame à son fils, Armand-Gaston
de Rohan-Soubise, évêque de Strasbourg, l'un des plus

[1] *Corresp. des Bénédict. Bretons,* n° LXV, p. 111-112. Cf. le n° LXIV (p. 107-110),
contenant la délibération des Etats.
[2] *Ibid.,* n° LXVII, p. 113.

beaux prélats de France et des plus intelligents. Lobineau comparut donc devant lui, assisté de M. de Caumartin, de l'Académie française, abbé de Buzai au diocèse
de Nantes, qui portait grand intérêt à l'Histoire de
Bretagne. Après plusieurs conférences sur Conan,
l'évêque fut obligé de reconnaître que c'était une fable.
Mais l'honneur du nom de Rohan voulant qu'elle fût
maintenue, il déclara exiger, au nom de sa maison,
l'insertion dans l'Histoire de Bretagne d'un mémoire
où toutes les prétentions *rohanesques* s'étalaient avec
tous leurs arguments. Le privilège était à ce prix.

Lobineau trouva ce mémoire plein de faussetés, il
refusa. Les chefs de la Congrégation de Saint-Maur,
craignant le courroux de Mme de Soubise, le pressaient
de céder ; les plus illustres savants de l'ordre, dom Ruinart, le grand Mabillon lui-même, insistaient dans le
même sens. Bien plus : l'évêque de Strasbourg, humi-
liant l'immense orgueil de sa race, vint en personne
« trouver deux ou trois fois » le petit moine « pour con-
« férer avec luy et le prier de ne pas faire cette diffi-
« culté. » Tout fut vain. Lobineau ne recula pas d'une
semelle. Et — chose merveilleuse — il l'emporta.

L'abbé Renaudot, officiellement chargé d'examiner son
ouvrage, en rendit bon compte. Sans doute aussi le chancelier, qui avait été longtemps président du Parlement
de Bretagne, ne voulut pas s'engager dans une sotte
querelle contre les États et le public de cette province.
Toujours est-il que, sans insérer le Mémoire, sans faire
aucune concession, Lobineau eut le privilège. Et — bien
mieux encore — l'année suivante, on vit le gouvernement
du roi solliciter itérativement des États de Bretagne

certaine mesure, d'abord repoussée par eux, pour activer la publication de l'œuvre de Lobineau.

Le 9 novembre 1703, les États (nous l'avons vu) avaient alloué aux Bénédictins, pour l'*Histoire de Bretagne*, une somme de 20,000 livres, mais avec cette condition qu'on en feroit les fonds, tiers par tiers, dans chacune des trois sessions de 1703, 1705 et 1707, — parce que les États de Bretagne ne se réunissaient que tous les deux ans. Le paiement du premier tiers (6,666 l. 13 s. 4 d.) ayant été assigné sur le budget de 1703, les États comptaient voter en 1705 les fonds du second tiers, remettant le vote du troisième à 1707 ; et comme les États se tenaient toujours vers la fin de l'année, ce dernier tiers n'eût pu être payé qu'en 1708. Mais dans la séance des États de Vitré du 23 novembre 1705, le roi fit demander à l'assemblée de voter de suite les fonds des deux derniers tiers, de telle sorte que le paiement des 20,000 livres aux Bénédictins fût achevé en l'année 1707, afin de ne pas retarder la publication de l'*Histoire de Bretagne*.

Les États repoussèrent cette demande [1] et maintinrent le système de paiement réglé par eux en 1703.

Mais quatre jours après, le 27 novembre 1705, le gouvernement revint à la charge. Le Registre des États porte :

M. le Procureur général syndic (des États) a dit que Nosseigneurs les Commissaires du Roi l'avoient chargé de demander aux États leur reponse positive sur tous les articles *dont le Roi veut qu'ils fassent fonds en cette assemblée ;* qu'ils avoient même été informés qne l'ordonnance rendue (le 23 novembre) pour les Peres Benedictins qui travaillent à l'*Histoire de Bretagne,* au sujet du paiement de ce qui leur reste dû des 20,000 livres, n'est pas conforme aux intentions

[1] *Corresp. des Bénéd. Bretons,* n° LXIX, p. 116-117.

du Roi, *qui veut que la somme soit payée dans le courant des années 1706 et 1707,* suivant les instructions de la Cour [1].

Devant l'intimation formelle de la volonté royale, les États cédèrent. Mais ce fait prouve d'une façon éclatante que, loin d'entraver l'*Histoire de Bretagne* ou de persécuter son auteur, le gouvernement de Louis XIV en favorisa la publication avec plus d'empressemeut que les États mêmes de la province.

Et à ce moment, l'ouvrage était bien connu. Il avait été examiné par les censeurs royaux, dénoncé par les Rohan. Un instant même, le ministre s'était laissé entraîner par l'influence de Mme de Soubise à suspendre l'octroi du privilège. Mais bientôt, honteux de se mettre à la remorque de telles rancunes, il s'en était affranchi ; maintenant, après une complète information, voyant dans cette œuvre un monument scientifique propre à honorer la France et le règne, le gouvernement lui donnait hautement sa faveur. Voilà la vérité.

En 1707, les États de Bretagne se réunirent à Dinan. Lobineau leur présenta imprimés les deux volumes de son *Histoire* et leur fit remettre les 500 exemplaires que l'éditeur leur devait.

N'ayant pu empêcher le triomphe de cette œuvre qui mettait en poudre, avec Conan, leur prétendue origine royale, les Rohan-Rohan reparaissent ici pour protester. Le Registre dit (29 octobre 1707) :

MM. les princes de Guemené, de Montbazon, de Soubise et de Rohan, exposent (dans une requête) que, sachant qu'il paroît une nouvelle *Histoire de Bretagne*, que le P. Lobineau *pretend* avoir fait par ordre et aux frais des États, et cette *pretendue* Histoire pouvant leur être prejudiciable, soit par

---

[1] *Corresp. des Bénédict. Bretons,* N° LXX, p. 118.

omission, inadvertance, manque de connoissance de l'autheur,
ou autrement, ils ont été conseillés de faire leur protestation,
à l'effet que ledit *pretendu livre* ne leur puisse nuire ni prejudicier, et d'en demander acte aux États [1].

Nous n'avons pu retrouver le texte même de la protestation, et c'est dommage ; ce devait être un rare morceau.
Le prince de Soubise, quelques jours après (4 nov. 1707),
écrit à son intendant que cette pièce a été recue par les
États avec « l'applaudissement et toutes les demonstra-
« tions de respect, de grandeur et de bienséance qu'on
« pouvait souhaiter », mais il ajoute :

Il ne faut point parler ni donner au public nos protestations,
pour ne pas attirer, dans le troisième volume qu'on doit imprimer, de nouvelles preuves [2] qu'il faut éviter par les superieurs
de ce moine, à qui on fera cognoître sa témérité et de plus
fâcheuses suites si, au lieu de racommoder ce qu'il a tâché de
gâter, il ne travailloit plutôt à le racommoder, de peur de
trouver en son chemin à qui parler [3].

Le prince de Soubise — on le voit — était si fort en
courroux, qu'il en oubliait de parler francais.

Heureusement pour Lobineau, toutes les colères, toutes
les rancunes des Rohan, répudiées comme elles l'étaient
par le gouvernement, se trouvaient réduites à l'impuis-
sance.

On le vit sans retard. Le 18 novembre 1707, par une
délibération solennelle, les États remercièrent dom
Lobineau « de son travail, de ses soins, et de l'exactitude
« avec laquelle il avait rempli ses obligations envers la
« Province, » et le 2 décembre suivant, ils lui accordèrent

[1] *Corresp. des Bénéd. Bretons,* n° LXXVI, p. 131. — On remarque de nouveau ici
l'abstention complète des Rohan-Chabot dans cette guerre ridicule.
[2] Contre Conan Mériadec.
[3] *Corresp. des Bénéd. Bretons,* n° LXXVII, p. 133.

« le titre d'historiographè de Bretagne, avec une pension
« viagère de 300 livres par an. »

Telles furent les conséquences immédiates de la protestation des Rohan-Soubise, Guémené et Montbazon,
coalisés contre l'ennemi de leur illustre aïeul, le roi
Conan Mériadec. — C'était un beau succès.

Après 1707 on ne voit pas les Rohan renouveler ou-
vertement la lutte contre Lobineau; ils sont relevés
dans ce rôle par l'abbé de Vertot, adversaire moins
redoutable en apparence, mais plus enfiellé et plus
perfide.

Vertot se porte champion des droits du roi contre Lobineau, qu'il accuse hautement de les méconnaître, de les
nier, dans la question de la mouvance de la Bretagne à
l'égard de la couronne. En 1710, cette querelle commence
par le livre de Vertot intitulé : *Traité historique de la
mouvance de Bretagne.* L'année suivante, un autre Normand, l'abbé des Thuilleries, vient au secours de Vertot
avec un volume de *Dissertations sur la mouvance de Bretagne par rapport au droit des ducs de Normandie.* En
1712, Lobineau met en poudre le fatras des deux Normands dans sa *Réponse au Traité de la mouvance de
Bretagne,* publiée sous le nom d'*Un ami du P. Lobineau*[1].
Vertot, ne trouvant rien à répondre, imagine de dénoncer
son adversaire comme coupable de lèse-majesté, pour
avoir manqué de respect... à des rois de la dynastie
carlovingienne! Si bizarre que cela semble, il est certain
qu'il adressa, contre le moine breton, deux dénonciations en forme au chancelier, — qui, comme elles le mé-
ritaient, les jeta au panier[2].

[1] V. *Corresp. des Bénédict. Bretons,* p. 176-177.
[2] *Ibid.,* p. 166 et 184.

Vertot ne fut pas découragé par cet insuccès. Sept ans plus tard, après les malheureux troubles de Bretagne terminés, le 26 mars 1720, par le supplice de quatre gentilshommes bretons sur la place du Bouffai de Nantes, l'abbé normand renouvela son honnête manœuvre. Dans un factum en deux tomes intitulé : *Histoire critique de l'établissement des Bretons dans les Gaules et de leur dépendance de la couronne de France,* il affirme, il répète à chaque instant que la sédition bretonne de 1720 est une conséquence logique des propositions soutenues, sur la question de la mouvance, par les historiens de Bretagne, spécialement par Lobineau. A l'ouverture de son livre, il dit :

> Les mouvemens qui viennent d'arriver dans la Bretagne m'ont fait naître la pensée que les mauvais desseins de quelques Bretons étoient peut-être l'effet d'anciennes erreurs où ils avoient été élevés au sujet des rois particuliers et des privileges extraordinaires de la province. Et *comme les Histoires de cette nation ont été la source de ces préjugés,* j'ai cru que, pour calmer ces esprits remuans, il étoit à propos de les désabuser de ces préventions injustes *puisées dans leurs historiens* [1].

Et ailleurs, en maint endroit, il met nommément tout le mal à la charge de Lobineau :

> Je ne crois pas (dit-il) qu'il se trouve *aucun bon François* qui puisse lire sans surprise, et peut-être *sans indignation,* les propositions suivantes, qu'on trouve soit dans l'*Histoire de Bretagne,* ou dans la *Réponse au Traité de la Mouvance* de la même province [2].

La conclusion naturelle et nécessaire, c'est que Lobineau est aussi coupable que les gentilshommes décollés au Bouffai de Nantes, et même un peu plus, puisqu'il

[1] Discours préliminaire, p. 1.
[2] *Hist. crit. de l'établissement des Bretons,* t.II, p. 374.

est la cause de leur révolte. Vertot tourne et retourne cette idée charitable tout le long de ses deux volumes.

Après la rigueur extrême déployée par le régent, Philippe d'Orléans, contre les mutins de Bretagne, une semblable dénonciation eût dû naturellement attirer sur la tête du dénoncé un terrible orage. Aussi a-t-on affirmé qu'à la suite des manœuvres de Vertot, Lobineau s'était vu chassé de Paris, exilé à Saint-Jacut comme dans un *in pace,* où il était mort d'ennui et de chagrin.

Tout cela est un pur roman. Les dénonciations de Vertot, en 1720, eurent juste le même succès qu'en 1713. Nous trouvons même à cette date (1720) un fait significatif, qui prouve la bienveillance persistante du gouvernement à l'égard de Lobineau.

Dans leur session de 1718, les États de Bretagne avaient omis par mégarde de voter le crédit de 600 livres pour payer pendant deux ans — jusqu'à la tenue suivante — la pension d'historiographe allouée à Lobineau. Cet oubli (il le dit lui-même dans une lettre écrite du Mans, le 18 décembre 1718) lui ôtait la possibilité de subsister à Paris [1]. A la session de 1720, tenue à Ancenis, Lobineau demanda aux États le rétablissement de sa pension et le paiement des arrérages. Sa requête fut présentée à l'Assemblée, le 18 octobre, par Tressan, évêque de Nantes, président de l'Église. Le Registre porte [2] :

Monseigneur de Nantes ayant marqué que Mgr le maréchal

---

[1] *Corresp. des Bénéd. bretons,* n° xciv, p. 171.
[2] *Ibid.,* n° xcv, p. 173-174.

d'Estrées (commandant pour le roi en Bretagne) lui avoit témoigné que *cela lui feroit plaisir si l'assemblée vouloit bien se porter à écouter favorablement la demande du P. Lobineau,* — sur ce délibéré, les États ont, *par la considération qu'ils ont pour Mgr le Maréchal,* ordonné et ordonnent que le P. Lobineau sera payé de la somme de 1,500 livres pour sa pension viagère, tant pour les années 1718 et 1719 que pour les années 1720, 1721 et 1722, à raison de 300 l. par chacune, conformément à la délibération du 2 décembre 1707.

Le livre de Vertot, dénonçant dom Lobineau, avait été publié au mois de mai. Au mois d'octobre, le maréchal d'Estrées, premier Commissaire du roi près des États, premier représentant du pouvoir royal dans la province, intervient directement pour faire rétablir la pension de Lobineau ; et c'est ce rétablissement qui permet à celui-ci de revenir à Paris, où on voit, par ce qui nous reste de ses lettres ¹, qu'il résidait en 1722, 1725, 1726, et probablement aussi en 1723-1724.

Le 17 janvier 1725, il informait Mellier, maire de Nantes, que sous deux mois il aurait fini le grand ouvrage auquel il travaillait, l'*Histoire de Paris*, continuée par lui après la mort de dom Félibien, puis il ajoutait : « Après cela, je suis dans la résolution de prendre « congé de Lutèce pour me retirer en quelque coin de « la Bretagne et y planter des choux ². » Cependant, il était encore à Paris le 1ᵉʳ décembre 1726 ; ce jour il écrivait à M. Simon, de Beauvais, « que l'état de sa « santé l'oblige à quitter l'ouvrage de Paris, même pour « se retirer dans sa province ³. »

Six mois plus tard (3 juin 1727), il mourait à Saint-

---

¹ *Corresp. des Bénéd. Bretons,* nᵒˢ XCVII, XCIX, C.
² *Ibid.,* XCIX, p. 220.
³ *Ibid.,* C. p. 221.

D

Jacut. Il y était allé, non en exil, par disgrâce, comme on l'a prétendu, mais, comme il le dit lui-même, par raison de santé. D'ailleurs, on le voit, il demeura à Paris presque jusqu'à la veille de sa mort.

La prétendue persécution du pouvoir royal contre Lobineau et son *Histoire* est donc une fable. La vérité, c'est la constante et très-formelle bienveillance du gouvernement pour l'*Histoire* et l'historien.

La malveillance des Rohan-Rohan contre l'un et l'autre est incontestable; elle demeura impuissante, en ce sens qu'elle n'eut aucune suite fâcheuse pour les intérêts ni pour la personne de Lobineau.

En un autre sens, elle ne fut que trop efficace. Depuis 1707, cette puissante et orgueilleuse maison, tout en masquant ses batteries, dirigea constamment tous ses efforts contre la continuation de l'œuvre de Lobineau, contre la publication de ce troisième volume de titres et pièces justificatives, où on redoutait une exécution en règle de Conan Mériadec, volume prêt à imprimer dès 1707, et dont Lobineau demanda l'impression aux États, le 2 décembre de cette année, sans jamais avoir pu obtenir, ni alors ni depuis, aucune réponse [1].

Les Rohan réussirent donc à empêcher l'apparition de ce troisième volume, suspendu comme une épée de Damoclès sur leurs outrecuidantes prétentions.

C'est aussi à l'influence de cette maison, à son travail souterrain mais incessant, qu'il convient d'attribuer cette lésinerie partielle des États, qui contraste avec leur générosité primitive, et qui finit par laisser à la charge des

[1] *Corresp. des Bénéd. Bret.*, nᵒˢ LXXV, LXXX, CVI et CVII, pp. 127-131, 136-137, 241-243.

Bénédictins une portion assez considérable des frais d'édition de leur œuvre [1].

Après la mort de Lobineau, quand on dressa l'inventaire de sa succession historique, c'est-à-dire de ses papiers, les Rohan avaient là deux affidés : l'un, le président de Bédée, syndic des États, qui rompit les scellés avant l'ordre et fit, seul et sans témoin, une première exploration du dépôt; l'autre, dom Hyacinthe Morice, moine de l'abbaye de Saint-Melaine de Rennes, depuis quelques mois généalogiste en titre des Rohan, chargé par eux de surveiller l'héritage de leur adversaire défunt [2], jusqu'à ce qu'il pût s'en rendre maître et en user au profit de ses patrons.

Car, à peine Lobineau dans la tombe, les Rohan n'eurent plus qu'une seule pensée : enterrer son *Histoire* sous une *Histoire* nouvelle, plus étendue, qui restaurerait sur son trône le fantastique roitelet auquel ils se cramponnaient désespérément — Conan Mériadec.

Assurément, il fallait, pour l'honneur de la Bretagne, continuer l'œuvre de Lobineau. Avec un nouveau volume d'Histoire pour le XVIe siècle, pour les catalogues d'abbés, d'évêques, etc.; avec trois nouveaux volumes de Preuves et pièces justificatives, on n'eût eu à imprimer que quatre in-folios, qui, joints aux deux déjà publiés, auraient contenu à peu près tous les documents de quelque intérêt recueillis par les Bénédictins.

Au lieu de cela — pour la glorification des Rohan-Rohan — on fit, non pas une continuation, mais une

---

[1] *Corresp. des Bénéd. Bretons,* nᵒˢ LXXXI et LXXXIV, p. 137-139 et 145-149.
[2] *Ibid.,* nᵒ CIII, pp. 225, 226, 238, et l'*Appendice* du présent volume, § I et II.

nouvelle édition de l'œuvre des Bénédictins ; on imprima aux frais de la province cinq nouveaux volumes, dont deux absolument inutiles, puisqu'ils reproduisaient les actes et l'Histoire déjà édités par Lobineau. Seulement, cette Histoire était composée, écrite, dans un style et un système absolument inférieurs à la méthode et au style de Lobineau, et corrompue dans ses origines de la plus sotte facon par l'essai de restauration de la fabuleuse dynastie conanienne. — Grâce à tout ce papier perdu, une masse considérable des documents inédits, recueillis par les Bénédictins, ne purent être imprimés et ne le sont pas encore aujourd'hui.

Voilà ce que notre histoire doit aux Rohan et à leur historiographe, dom Morice.

L'œuvre de celui-ci est, à vrai dire, l'antithèse de celle de Lobineau.

Pour revenir à ce dernier, détruire la légende de ce rude ennemi des fables, c'est œuvre pie envers sa mémoire. Si nous avons dépouillé son front de l'auréole d'une persécution imaginaire, nous essaierons de l'en dédommager. Jusqu'ici on ne connaît de lui que l'érudit et l'écrivain ; nous allons montrer l'homme. Ce sera une ample compensation.

III

LES BÉNÉDICTINS BRETONS, D'APRÈS LEUR

CORRESPONDANCE HISTORIQUE

Six religieux Bénédictins ont mené à bien cet immense labeur de l'*Histoire de Bretagne :* doms Maur Audren, Antoine Le Gallois, Joseph Rougier, Denys Briant, Mathurin Veissière, Gui-Alexis Lobineau. Les cinq premiers travaillèrent ensemble depuis l'origine de l'entreprise, en 1689, jusqu'en 1693. A cette date, dom Veissière, chargé par ses supérieurs de l'édition d'un « Père grec, » quitta l'histoire de Bretagne, où il fut remplacé par Lobineau, à peine âgé de vingt-sept ans [1]. Deux ans après, dom Le Gallois étant mort au Mont Saint-Michel (5 novembre 1695), Lobineau, quoique le plus jeune de la bande, lui fut encore substitué, comme nous l'avons déjà dit, pour la rédaction définitive et pour la publication de l'histoire [2].

---

[1] Voir *Correspondance historique des Bénédictins Bretons*, nᵒˢ XXXII, XXXIV, XXXV, XLII, p. 55, 57, 59, 69.
[2] *Ibid.*, nᵒ XLII, p. 69-70.

Notre recueil comprend 26 lettres de dom Audren et 11 à lui adressées, — 31 lettres de Lobineau et 2 à lui adressées, — 10 de Le Gallois et 1 à lui adressée, — 5 de dom Briant, — et une seule de dom Veissière. — Nous n'en avons pu retrouver aucune de dom Rougier.

Outre les précieux renseignements que donnent ces lettres sur les travaux de nos savants religieux, et dont nous avons déjà parlé, on y en trouve de plus curieux encore peut-être sur leur caractère, leur vie, leurs habitudes intimes. Nous nous bornerons ici à noter quelques exemples et relever quelques traits.

Dom Maur Audren, toujours si grave et si réservé, si plein de science et de raison, si vraiment Bénédictin, si parfaitement honnête homme dans le sens où le XVII⁰ siècle prenait ce mot, — saurait-on jusqu'à quel point il portait le désintéressement, le dévouement à la science, sans cette lettre où, à propos d'un des premiers postes de la Congrégation de Saint-Maur qu'il avait été question de lui donner, il dit à Gaignières (10 novembre 1697) :

> Je suis très-aise que les choses aient pris le tour que vous savez, et vous proteste que, bien loin de souhaiter ce poste, j'en ay tout l'éloignement possible. Je vous diray de plus que, si je n'appréhendois de me tirer des ordres de la Providence, je quitterois tout ministère pour travailler sur les antiquités et devenir *M. Pitafe*.

Avec une familiarité charmante, il ajoute qu'à Paris rien ne le tente, sinon le plaisir de voir, d'entretenir, d'embrasser son cher Gaignières, et que tout ce qu'il préférerait, ce serait d'être « *portier* des Blancs-Manteaux » ; il permet à Gaignières de briguer ce poste pour lui, mais à l'exclusion de tout autre [1]. Quant à ce curieux

---

[1] *Corresp. des Bénéd. Bretons*, n° XLVI, p. 77.

nom de *M. Pitafe,* c'était, entre amis, le sobriquet de
Gaignières, collecteur acharné de pierres tombales, d'ef-
figies funéraires et d'*épitaphes.*

Dom Antoine Le Gallois, « le plus paresseux des hommes
à répondre à ses amis, » contraint de chercher sans
cesse des excuses pour sa paresse, en savait trouver de
fort ingénieuses. Ecrivant à Gaignières, le mardi de
Pâques, 8 avril 1692, il dit :

> C'est ordinairement à Pâques que cessent tous les délais
> qu'une fausse honte fait prendre aux pêcheurs qui ont négligé,
> pendant une ou plusieurs années, de confesser leurs fautes.
> J'imite leur exemple à votre égard, et je viens me jeter à vos
> pieds pour vous demander pardon d'avoir été si longtemps
> sans me donner l'honneur de vous écrire et de vous rendre
> compte du progrès de notre entreprise.

Il a aussi négligé, malgré la demande de Gaignières,
de lui envoyer des extraits de son travail et de celui de
ses confrères sur l'histoire de Bretagne ; mais c'est Gaignières qui y a mis obstacle, et un obstacle invincible,
en disant que, à défaut de les recevoir, il viendra les
chercher, et qu'on sera surpris, un beau matin, de le
voir à la porte du couvent : « Pensez-vous qu'après
« une telle menace on puisse vous envoyer quelque ex-
« trait ? ajoute Gallois. Non, certes, vous n'en aurez point,
« qu'après vous être engagé à venir ici ni plus ni
« moins [1]. »

Dom Denys Briant, si excellent érudit, si parfait critique au jugement de Lobineau, était, sous sa robe de
moine et avec toute son érudition, un esprit fort
enjoué. Relégué en 1706 au fond de la Basse-Bretagne,
à l'abbaye de Landevenec, site charmant, mais à cette

---

[1] *Corresp. des Bénéd. Bretons,* n° xxv, p. 45 et 46.

époque séparé, ou peu s'en faut, du reste du monde, il dit à un ami :

Je vous devois écrire, mon cher abbé, quand je serois tranquille dans ma solitude. J'attendois une voie secrète pour recevoir de vos nouvelles et vous donner des miennes à cœur ouvert, sans réserves. Mais il n'y a pas un homme en ce pays-ci. Je me regarde comme un autre don Guichot (don Quichotte) dans un château enchanté, si ce n'est que je ne vois point de Dulcinée. On ne sauroit, à la vérité, voir une solitude plus charmante que la nôtre. Un bassin d'une lieue de mer borne notre jardin et fait la vue de notre monastère, où des montagnes nous mettent à couvert des tempêtes. Des fleurs pendant toute l'année ; en un besoin j'y pourrois placer le paradis terrestre.

Quiconque a vu Landevenec reconnaîtra d'un coup-ce paysage, si joliment dessiné. Mais que faisait D. Briant en cette solitude?

Je m'occupe ici uniquement de l'étude, et voici la seconde lettre que j'ai écrite... Je ne sais plus que vous dire, sinon que je vous aime plus que je n'ay fait de ma vie, et que vous remplissez tous les vides que ma solitude me donne. Je joindrai à la présente de la philosophie sur les *purs esprits,* si je ne pars pas demain pour Brest. Comme on n'a point ici d'autre compagnie que *ces messieurs-là,* vous ne serez point surpris que je vous en dise des particularités. C'est ici le vrai pays de la philosophie.... Jugez si je ne vais pas devenir savant, ou fol, dans ma solitude, — où la moitié du temps se passe cependant à dormir et prendre le tabac, partie de l'autre à feuilleter de vieux livres qui ne m'apprennent souvent rien [1].

Philosophe original, quoique fort érudit, ou plutôt parce qu'il l'était, il avait le culte, mais non la superstition du livre, du parchemin, de l'érudition elle-même. En s'excusant, en 1712, de ne pouvoir prendre part aux travaux du *Gallia Christiana,* il disait encore :

C'est assez pour moi d'achever de vivre et de mourir. La vue m'affoiblit tous les jours, et je suis hors d'état de fouiller

[1] *Corresp. des Bénéd. Bretons,* n° LXXXIX, p. 160, 161, 162.

de vieux papiers. Je ne manquerai pas d'occupation, en quelque lieu que je sois. J'ay une philosophie et théologie à ma manière, que des gens d'esprit ne désapprouvent point, quoiqu'elle ne soit pas tournée de façon à la donner au public, qui ne mérite pas qu'on le détrompe. Si je m'avise d'y donner la dernière main, j'y apprendrai mieux à vivre et à mourir qu'en allant chercher des noms d'abbés, dont personne ne se soucie, parmi une confusion impénétrable de vieux papiers [1].

Dom Briant mourut quatre ans plus tard, à Redon, en 1716. Il était très-lié avec Lobineau, qui en parle souvent, toujours avec estime et affection.

C'est surtout sur le caractère et la vie intime de Lobineau que la *Correspondance historique des Bénédictins Bretons* jette un jour curieux et neuf. Jusqu'ici on n'a jamais vu en lui qu'un excellent critique et un austère historien. Ses lettres nous révèlent un caractère gai, plaisant, une verve comique, railleuse, ironique, toujours coulante. Elles prouvent que l'érudition et la composition historique, le premier de ses talents, était loin d'être le seul : nous l'y voyons tour à tour archéologue, dans le sens actuel du mot, dessinateur, musicien, poète, quoi encore?... cavalier! mais cavalier apprenti, et qui reçut une rude leçon.

Archéologue, il envoie, en 1702, à Mabillon, pour illustrer ses *Annales de l'ordre de Saint-Benoît*, cinq figures de moines dessinées par lui, les unes d'après les vieilles peintures de l'abbaye de Saint-Aubin d'Angers, les autres d'après un monument de l'église de la Couture, au Mans : monument que l'on disait du VIIIe siècle; mais Lobineau, aussi bon critique en archéologie qu'en histoire, réfute péremptoirement cette

---

[1] *Corresp. des Bénéd. Bretons*, n° LXXXVI, p. 154.

erreur « par l'inspection de la crosse » qui accompagne
l'une de ces figures, et dont le caractère dénote le XIIe
ou le XIIIe siècle [1].

Il ne se borne point au moyen-âge. Quelques années
plus tard (1708), nous le voyons occupé à « déterrer (le
« mot est de lui) les vestiges de trois villes anciennes, »
c'est-à-dire gallo-romaines, — Rennes, Aleth, surtout
Corseul. Il y découvre des inscriptions, des tombeaux,
des temples, des monuments de toute sorte; il est devenu
« antiquaire, médailliste » passionné, habile à reconnaître
les fraudes en cette matière, quoiqu'il n'ait guère à les
redouter en Bretagne, car, dit-il, « nos paysans bretons
« ne savent qu'effacer les médailles à force de les frotter
« sur le grès pour voir si ce n'est point de l'or [2]. »

Il se reposait de ses recherches archéologiques et de
ses travaux d'histoire, en faisant de la musique. Dans
la lettre où il est question de ses fouilles gallo-romaines,
il prie l'un de ses amis, l'abbé Chotard, en ce moment
à Rome, de lui envoyer un « riche recueil » de musique
italienne [3]. Lobineau était alors à Saint-Melaine, et les
arbres du beau jardin de cette abbaye — aujourd'hui
encore, sous le nom de Thabor, la promenade, l'ornement
de la ville de Rennes, — ces arbres ont vu, entendu
sous leurs dômes verts le père de l'*Histoire de Bretagne*, de cette main qui mit en poudre Conan Mériadec,
pincer harmonieusement de la guitare et râcler de la
viole. Le 4 janvier 1713, dans une lettre écrite de
Rennes à M. de Caumartin, il lui demandait « des pièces

---

[1] *Corresp. des Bénéd. Bretons*, n° LIV, p. 85-86.
[2] *Ibid.*, n° LXXXII, p. 141-142.
[3] *Ibid.*, p. 140.

« de guitare de M. de Visé, » promettant de « les lui
« jouer joliment » à leur première rencontre. Il nomme
son maître de viole et de guitare, « qui est le vieux
« Colesse, » et il envoie pour étrennes à son correspon-
« dant un dialogue propre à être mis en musique [1]. »

Dialogue en vers, forcément : Lobineau était donc
poète. Dans une autre lettre, écrite du Mans (21 décembre 1718), il parle d'une pièce de lui, adressée à ses
amis de Paris sous le titre de *Quête poétique*, et qui
contenait, entre autres choses, un apologue [2].

Ce pouvait être une satire ; à coup sûr, ce n'était pas
une élégie. Toutes les lettres de Lobineau respirent la
gaîté, la bonne humeur. Il y circule une verve comique
plaisante, railleuse, qui tourne aisément à l'ironie et
donne, dans l'occasion, de bons coups de dents aux
adversaires. D. Liron, qui chercha à Lobineau la plus
sotte querelle avec les plus tortueux procédés [3], est
appelé sans ambage « une petite beste » ; mot dur, mais
bien mérité. Un autre, pour une sottise d'un autre genre,
endosse le surnom de « sire Nigaldus. » L'abbé Chotard
lui-même, son ami, qu'il nomme affectueusement « son
« cher blondin, » pour avoir en certain cas dissimulé avec
lui, devient immédiatement « Don Diègue le menteur, »
et il l'engage à n'y pas revenir, sans quoi, dit-il, « je
« vous ferai si grand honte que vous vous cacherez dans
« un trou de taupe. »

Il est vrai que, dans son humeur plaisante et caus-
tique, il ne s'épargnait pas plus que les autres. Cette

[1] *Correspond. des Bénéd. Bretons,* n° xc, p. 164.
[2] *Ibid.,* n° xciv, p. 171.
[3] Voir le détail de cette affaire dans la *Correspond. des Bénédictins Bretons,*
p. 178-181 et 187-189.

« petite beste » de Liron, outre son premier exploit,
avait encore attaqué D. Lobineau au sujet de sa traduction de l'*Histoire des deux conquestes d'Espagne par
les Maures,* sorte de roman historique d'un Espagnol,
Miguel de Luna : « Il a raison pour le coup, avoue sans
« hésiter Lobineau ; mais cela regarde plus Miguel de
« Luna que moi, *quoiqu'il m'ait aussi un peu peigné.*
« Par malheur, je n'ai point de représailles sur lui ; car
« il ne fait rien... que porter envie aux autres [1]. »

La plaisante lettre, que celle où il raconte ses exploits
de cavalcadour ! La scène est près de Saint-Brieuc, où
Lobineau était allé en 1713 passer trois semaines pour
prendre des eaux minérales contre sa « néphrétique : »

> Le dernier jour (dit-il à l'abbé Chotard), m'étant avisé
> d'aller faire une cavalcade au bord de la mer, monté sur un
> palefroi un peu plus fringant qu'il ne convenait, je fus payé de
> ma folie. Le cheval, étonné du bruit des flots et choqué de
> l'odeur de la mer, prit le mors aux dents, fit cent tours de
> manége malgré moi, terminés par cinq ou six sauts de mouton,
> dont le dernier, m'enlevant de la selle, m'envoya bien loin
> mesurer le sable, avec tant de véhémence que j'en eus le bras
> démis [2].

Quand Lobineau racontait si joliment sa mésaventure,
passée depuis cinq mois, son bras n'était pas encore guéri
et menaçait de ne l'être jamais complétement. Cela
n'empêche pas notre moine de plaisanter, car il était dur
à lui-même, accoutumé à regarder d'un œil froid,
presque ironique, les plus tristes accidents de la destinée
humaine ; quelque part il appelle la tombe « ce diable
« de trou de taupe par où il faut aller en paradis [3]. »

---

[1] *Corresp. des Bénédictins Bret.,* n° LXXXII, p. 140, 141, 142.
[2] *Ibid.,* XCII, p. 167.
[3] *Ibid.,* n° XCIII, p. 170.

En approchant de ce *trou de taupe*, il ne perdit rien de sa verve et de sa gaîté. Sa lettre à Mellier, écrite deux ans avant sa mort (en 1725), en est une preuve curieuse ; il y annonce l'intention de quitter Paris pour aller « en « quelque coin de la Bretagne planter des choux : »

Peut-être l'ouvrage de la terre (continue-t-il) me sera-t-il moins ingrat que tous ceux dont j'ai enrichi le public, et dont je n'ai retiré que méconnoissance, lassitude, épuisement et vieillesse. Du moins, si je me charge encore de quelque nouveau griffonage, ferai-je si bien mes conditions que je ne serai plus la dupe de mon bon cœur. J'aurai pour principe : *Tant payé, tant travaillé;* et du reste : *Comme je boiron, je diron.* Si l'on me redit le vieux proverbe qu'*Un moine n'a besoin de rien,* j'y répondrai qu'il n'a pas besoin non plus de se charger d'autre travail que de celui que comporte son office de moine moinant de moinerie [1].

A côté de ces saillies d'esprit, de gaîté, de raillerie comique ou mordante, nous voyons, dans plus d'une lettre de Lobineau, entre autres, dans celles qui concernent dom Audren, dom Briant, l'abbé Chotard, se révéler un cœur capable de toutes les délicatesses et de toutes les profondeurs de l'amitié. Mais sur ce point, par profession comme par caractère, il n'était pas expansif ; bien loin d'étaler son cœur, il le cachait ; il raillait même et il réprimait chez ses amis cette sensibilité larmoyante, qui commençait à être à la mode :

J'ai perdu mon cher dom Denis [2], dit-il à Chotard, je l'aimois plus que vous n'aimiez la reine de Pologne, et je n'ai point pour cela jeté les hauts cris, arraché mes cheveux, dégarni mon menton. Il est mort, j'en suis bien fâché, et plus que personne ! Mais qu'y faire ? *Omnes eodem cogimur.*

Pour faire croire à son impassibilité, il raille Chotard,

---

[1] *Corresp. des Bénéd. Bretons,* n° xcix, p. 220.

[2] D. Denys Briant, mort le 6 février 1716.

mais son cœur proteste et répète quelques lignes plus bas avec un soupir : « C'est au Mans que j'ai appris la mort du pauvre Denis [1] ! »

Nul ne s'y trompera. Sous cette enveloppe froide, impassible, sous cet esprit souriant, railleur, plaisant, et dans son ironie même toujours de bonne humeur, il y a un cœur généreux, dévoué et fidèle à l'amitié, tout comme il y a une âme fière, vaillante, dévouée à la vérité, décidée, pour la défendre, à braver toutes les menaces, tous les périls.

Si c'est là — et nul n'en saurait douter — le vrai, le fidèle portrait du père de la grande *Histoire de Bretagne,* qui regrettera pour lui sa légende ?

[1] *Corresp. des Bénéd. Bretons,* n° xcⅢ, p. 169-170.

CORRESPONDANCE

HISTORIQUE

DES BÉNÉDICTINS

BRETONS

CORRESPONDANCE

DES

BÉNÉDICTINS BRETONS

———

I

DOM LE GALLOIS A M. DE GAIGNIÈRES [1].

(Vire, 3 septembre 1688.)

A peine me fus-je séparé de vous, Monsieur, que je tombay malade, deux accès de fièvre, tous deux avec frisson, m'ayant pris en une même journée, qui fut celle où j'arrivai à Rouen. Je vis le lendemain madame de Louvoy fort incommodé ; mais je faisois, selon le proverbe, bonne mine à mauvais jeu. Si j'avois différé d'un jour, il m'eût été impossible de dissimuler, une effusion de bile m'ayant tellement safrané tout le corps que jamais soucy n'a été plus jaune que je l'ay été pendant dix à douze jours. Un dégoût prodigieux, accompagné d'un mal de cœur continuel, ne m'a point quitté pendant tout ce temps là, et je ne fais que commencer à en bien revenir. Tout ce détail de mes incommodités ne vous est écrit que pour me servir d'excuse auprès de vous, si je n'ay pu, comme je l'avois promis, vous envoier les epitaphes des lieux par où j'ay passé. A peine me pouvois-je soutenir, et il me falloit en arrivant un lit, car je n'ay fait que traîner jusqu'à ce que je sois

———

[1] Bibliothèque Nationale, Manuscrits français, n° 24,987, f. 200.

1

arrivé ici, chez mon frère, où je me suis fait traiter. Je vous
diray seulement qu'ayant prié, au Bec [1], un frère sculpteur
qui y est de me designer [2] et ecrire tous ceux [3] de cette
fameuse abbaye, qui y sont en bon nombre, le frère me répondit qu'il avoit tout designé et envoyé au P. Germain, avec
l'histoire de ladite abbaye admirablement bien composée, et
qu'ainsy c'étoit chose inutile d'envoyer de rechef au Père
Germain ce qu'il avoit déjà. Comme c'étoit en son nom que je
demandois, je n'eus rien à répliquer. C'est à vous, Monsieur,
de demander au Père Germain lesdites sépultures. Vous en
aurez assurément satisfaction. Si je me porte mieux, comme
je l'espère, vous aurez plus de satisfaction de mes soins. Je
suis toujours, avec tout le respect et la reconnaissance possible,
Monsieur, votre très-humble, très-obéissant et très-obligé
serviteur,

FR. ANT. PAUL LE GALLOIS.

A Vire, en basse Normandie ce 3 septembre. J'en partirai
pour Rhedon dans deux ou trois jours.

II

DOM LE GALLOIS A M. DE GAIGNIÈRES [4].

(Redon, 21 septembre 1688.)

Monsieur, je ne fais qu'arriver en cette maison, et ma première pensée est de vous ecrire, pour vous rendre grâces de
toutes les bontés que vous avez eues pour moi, pour vous
prier d'attribuer uniquement à ma maladie de ce que je ne

---

[1] Célèbre abbaye bénédictine, en la commune de **Turetot**, canton de **Criquetot-Lesne-**
val, arrondissement du Havre, Seine-Inférieure.
[2] Dessiner.
[3] « Tous les épitaphes. » Le genre de ce mot était encore douteux, à cette
époque.
[4] Bibl. Nat. mss. fr. 24,987, f. 198.

vous envoie pas les epitaphes que j'aurois pu prendre en chemin, pour vous dire qu'on travaille à vous chercher les portraits des deux seigneurs de Larchant, et pour vous assurer
qu'à présent que je me porte mieux, je feray tout mon possible
pour votre satisfaction, dans laquelle je trouveray la mienne.
O! que ne puis-je vous donner d'autres marques de ma reconnaissance! Sur le rapport que j'ay fait à notre R. Père Prieur [1]
de vos honnêtetés et de vos offres pour l'histoire de Bretagne,
il prend la liberté de vous supplier qu'il aye un commerce de
lettres avec vous, et je vous en supplie comme luy de tout
mon cœur : j'y trouveray toujours beaucoup de consolation,
quand je n'aurois que celle de vous assurer continuellement
que je suis et seray toute ma vie avec tout le respect imaginable, Monsieur, votre très-humble et très-obéissant serviteur,

FR. ANT. PAUL LE GALLOIS.

A Rhedon, ce 21 septembre.

III

DOM LE GALLOIS A M. DE GAIGNIÈRES [2].

(Redon, 30 novembre 1688.)

Pax Christi.

Monsieur, votre lettre m'a tiré d'un grand embarras où
m'avoit mis votre silence, car c'est assurément la première
que j'aye reçue de votre part, quoique je me sois donné trois
fois l'honneur de vous ecrire ; ainsi il faut que votre première
lettre ait été perdue. Je vous suis sensiblement obligé de l'honneur de votre souvenir et de la continuation de votre amitié.

---

[1] Le P. dom Maur Audren, prieur de Redon.
[2] Bibl. Nat. Mss. fr. 24,987, f. 202.

Marquez-moy ce que je dois faire pour y correspondre et pour vous temoigner ma reconnoissance, et vous verrez, par les soins que je prendray de vous plaire, l'estime que j'en fais. Notre R. P. Prieur se joint à moy, car j'ay cru le devoir intéresser, et si je pouvois obliger tout le monde à me secourir dans ce dessein, il n'y aurait personne qui ne fist tout son possible pour vous satisfaire. Un peu de temps, et vous verrez autre chose que des paroles. J'ay écrit depuis peu à madame de Louvoy, et luy ay envoyé les fromages qu'elle avoit souhaités. Je ne sçay si l'on me permettra d'aller aux eaux l'année prochaine, et si j'auray l'avantage de l'y voir. Ses bontés pour moy l'empêcheront peut-être, et j'ay sujet d'en douter.

Dites moy, de grâce, n'avez-vous point parlé de moy et de mon voyage à Gisors au R. Père de la Chaise ? Je suis sûr, si vous l'avez fait, que ce n'a été que pour me servir ; mais il est arrivé tout autrement, par le malheur que j'ay de déplaire à Sa Révérence, que je ne sache pas néanmoins avoir jamais offensée. Mandez-moy, je vous conjure, avec votre bonté ordinaire, comment cela s'est passé, et me croyez toujours, quoi qu'il arrive, Monsieur, votre très humble et très obéissant serviteur,

                              FR. ANT. PAUL LE GALLOIS.

                                             R. B.

A Redon ce 30ᵉ nov. — Vous pouvez m'écrire icy directement. J'ay osté la 2ᵉ feuille de la lettre du P. Prieur pour diminuer le paquet.

Je vous envoie deux portraits qu'apparemment vous n'aurez pas. Celui de la duchesse [1] est tiré sur un tableau qu'on croit

---

[1] Ermengarde d'Anjou, femme d'Alain Fergent, duc de Bretagne de 1084 à 1112, mort en 1119 à Redon, où il avait pris l'habit monastique. Les deux portraits dont parle D. Le Gallois étaient dans cette abbaye ; ils sont gravés dans l'*Histoire de Bretagne* de Lobineau, tome I, vis-à-vis des pages 105 et 138. Dom Morice les a reproduits dans la sienne.

tiré sur l'ancien original et que plusieurs même estiment être
l'original ; il est sur bois, de hauteur naturelle ; celui d'Alain,
son époux, y est aussi. Elle n'est pas copiée bien fidèlement. Si
je peux je vous l'enverray plus correctement, et son mary
aussi.

IV

DOM AUDREN A M. DE GAIGNIÈRES [1].

(Redon, 30 novembre 1688.)

Monsieur, on ne peut assez reconnoître votre generosité et
les manières honnêtes dont vous prevenez nos besoins. Je
m'estime dejà heureus et recompensé de mon travail sur l'histoire de nos provinces par ce seul avantage qu'il me procure,
en me donnant entrée dans l'honneur de votre connoissance.
Je ménageray avec plaisir toutes les occasions de vous marquer que je ne suis pas un serviteur tout à fait inutile. Je
prendray des mesures avec le R. P. dom Antoine Le Gallois
pour deterrer toutes les inscriptions et les epitafes de la
Bretagne. Je suis d'un profond respect, Monsieur, votre très
humble et très-obéissant serviteur,

FR. MAUR AUDREN,
Prieur de Rhedon.

A Rhedon, le 30 novembre 1688.

V

DOM AUDREN A M. DE GAIGNIÈRES [2].

(Redon, 15 janvier 1689.)

Monsieur, l'ouvrage dont vous me parlez dans votre lettre

[1] Bibl. Nat. Mss. fr. 24,985, f. 19.
[2] Bibl. Nat. Mss. fr. 24,985, f. 20.

ne peut être que très-utile pour notre dessein. On ne peut examiner l'histoire de notre province sans etudier celle d'Angleterre dans toute l'exactitude. J'accepte avec bien de la reconnoissance l'offre que vous nous faittes de nous prêter votre manuscrit. Nous prendrons des mesures là-dessus.

Je vous envoie quelques antiquailles de notre province. L'autheur est un très-savant homme. Sa manière d'ecrire n'est pas agréable. Dom Antoine m'a asseuré que ces sortes de pièces vous seroient agréables. Je suis, d'un profond respect, Monsieur, votre très-humble et très-obéissant serviteur,

Fr. Maur Audren,
Prieur de Rhedon.

A Rhedon, le 15 janvier 1689.

VI

VARILLAS A DOM AUDREN [1].

(Paris, 20 juin 1689.)

A Paris, le 20 de juin 1689.

Mon tres Reverend Père, je suis ravy que vous aiez entrepris d'escrire l'histoire de Bretagne, car ceux qui l'ont faite avant vous sont tombez dans deux considerables defauts : l'un, qu'ils ont negligé les affaires serieuses pour s'amuser à des bagatelles ; l'autre, qu'ils ont rempli la pluspart de leurs ouvrages de contes à dormir debout [2]. Je me persuade que vous eviterez leurs defauts, et je ne crois pas que vous deviez commencer à travailler sans avoir auparavant lu un ouvrage qui estoit de mon temps à la Bibliothèque du Roi. C'estoit un

---

[1] Bibl. Nat. Mss. fr. 20,941, f. 175. — Varillas (Antoine), né à Guéret en 1624, mort en 1696.

[2] Singulier reproche dans la bouche de l'inventeur de la fausse histoire de la comtesse de Châteaubriant.

fort gros volume in-folio, qui ne contenoit pourtant que l'Inventaire des Titres de Bretagne, mais qui disoit qu'on en trouveroit les pièces y contenues dans la Chambre des Comptes de cette province. Ce manuscrit etoit le plus gros des trois cent cinquante que le Secretaire d'Estat de Lomenie a ramassez. Il faudra que vous le lisiez exactement, et que vous fassiez un extrait des pièces dont vous aurez besoin. Ce vous sera un grand avantage de sçavoir qu'elles sont *in rerum natura*, et je n'ay pas trouvé le mesme secours dans les ouvrages que j'ay donnez au public [1]. S'il y en a quelqu'une qui ne vous paroisse pas assez autentique, faites-moy la grâce de me le mander et je vous en escriray mon sentiment [2]. Je suis ancien amy de votre congregation, et vous me feriez tort de ne me pas tenir, mon tres Reverend Père, pour vostre tres humble et tres obeissant serviteur,

VARILLAS.

(Sur l'adresse on lit:) BRETAGNE. — *Au tres reverend pere, le tres reverend pere Maur Audren, prieur de l'abbaye de Rhedon, à Rhedon.*

VII

DOM LE GALLOIS A M. DE GAIGNIÈRES [3].

(Redon, 12 juillet 1689.)

La paix du Seigneur.

Monsieur, je suis bien malheureux de perdre d'aussy precieuses marques de votre amitié que le sont vos lettres : des

---

[1] D'autant plus qu'il s'inquiétait fort peu de chercher des secours de ce genre; il aimait mieux inventer.

[2] Varillas offrant aux Bénédictins des consultations de critique historique, c'est un trait de comédie.

[3] Bibl. Nat. Mss. fr. 24,987, f. 196.

cinq que vous m'ecrivez m'avoir envoyées avant celle du
28 juin, je vous proteste que je n'en ay reçu pas une, et ce
qui achève de me desoler, c'est qu'il ne paroît nullement par
celle-ci que vous ayez reçu les miennes. Je vous en ay pourtant ecrit deux, une fort longue, où je vous suppliois de prendre quelque loisir pour mettre sur le papier les belles et
bonnes choses que vous m'avez souvent dites sur un projet
general de l'histoire de cette province, et l'autre où je vous
faisois la même prière, et où je me plaignois un peu, mais
avec tout le respect possible, de la durée de votre silence.
Enfin j'ay reçu une des vôtres, et j'en serois très-consolé si le
souvenir de l'année passée, que vous me rappelez, ne m'affli-
geoit pas, en me faisant voir ce que je perds cette année. Que
je serois heureux si j'avois besoin encore du même remède, et
que j'estimerois un reste d'incommodité qui me procureroit le
bien de vous revoir! A ce defaut, monsieur, permettez-moi de
vous demander par ecrit un ou deux de vos entretiens sur le
plan de notre histoire. Ce que vous aurez réglé sera sans doute
au goût de tous les bons connaisseurs, et nous aidera beaucoup.
Faites-nous donc cette grâce, et comptez qu'en reconnoissance
nous n'omettrons aucune occasion de vous marquer combien
nous vous estimons. Je parle en pluriel, parce que je connois
les sentiments de notre Père Prieur, sur qui pourtant j'ay cet
avantage que, comme il ne vous connoît que par mon rapport,
je suis plus que luy, et j'ose même dire plus que personne,
avec tout le respect possible, monsieur, votre très-humble et
très-obéissant serviteur,

FR. ANTOINE PAUL LE GALLOIS.

A Redon, ce 12 juillet 1689.

VIII

LE P. LE LARGE A DOM AUDREN [1].

(Sans date, avant le 24 août 1689.)

Mon Reverend Père, je n'ay pas perdu tout le temps que j'ay emploié à faire des découvertes sur l'histoire de Bretagne, comme je croiois avoir fait, puisque ce travail me fournit une occasion de renouer avec vostre Reverence, dont j'ay toujours fort estimé la connoissance et l'amitié.

Vous savez qu'un homme comme moy, etant reduit à demeurer dans une campagne assez deserte, sans bibliothèque, sans argent pour en faire une raisonnable, obligé de vaquer à des affaires temporelles et de voiager souvent, ne pouvoit mieux se dedommager en matière d'etude qu'en feuilletant les chartriers qui se trouvoint sur sa route. C'est ce qui me fit venir le dessein d'examiner nostre histoire, pour laquelle il n'y a point de Breton qui ne soit naturellement passionné.

Les faussetez que je trouvay dans nos histoires et les nouvelles veritez que je decouvris sur ce qui regarde notre Bretagne, me fit former alors le dessein de composer trois disquisitions. La première étoit generale et contenoit la refutation des principales fables de nostre histoire ; j'y monstrois en particulier que Conan Meriadec et tous les rois ses descendants sont des rois romanesques, qui ne sauroint s'accorder avec l'ancienne histoire. J'y faisois voir que les premiers comtes des Bretons s'appelloint comtes au dehors et roys au dedans, et qu'ils étoient feudataires de la France. J'y faisois voir qu'encore qu'on ne peust pas assurer que les Armoricains eussent donné le nom de Bretons aux insulaires [2], on le pou-

---

[1] Bibl. Nat. Mss. fr. 20,941. — Le Large, né à Saint-Malo en 1639, mort en 1705.

[2] La phrase n'est pas très-claire ; le P. Le Large semble vouloir dire que, dans

voit neantmoins dire avec quelque vraysemblance. Le passage
de Gregoire de Tours y étoit examiné [1]. Je pretendois qu'il
avoit été adjousté, et je le disois d'autant plus librement qu'il
m'importoit moins qu'il fût veritable, car au fond on ne sauroit nier que Gregoire de Tours n'ait toujours considéré les
princes de Bretagne comme de simples comtes. Au reste, je
suivois les difficultez de nostre histoire pied à pied, pour les
eclaircir, dans cette première dissertation, et j'y parlois de la
multiplication des comtes bretons jusqu'au douzième siècle.

La seconde dissertation contenoit une chronique abrégée de
l'histoire de Bretagne jusqu'à l'an 1152, qui est celui de la
fondation de nostre petite abbaïe de Montfort [2]. Je puis dire
que cette chronique abrégée contient tout ce qui est essentiel
à nostre histoire de ce temps là, que vous savez estre très
courte, dans d'Argentré même et dans Le Baud surtout, après
en avoir retranché les fables.

La troisième dissertation contenoit une histoire abbregée
de l'abbaïe de Montfort, où je faisois entrer la suite des comtes
de Montfort, des abbez, et de ce qui concerne l'abbaïe. Comme
les affaires de cette abbaïe, qui a été autrefois assez considérable, ont une etroite liaison avec l'histoire ecclésiastique de
Bretagne, je pretendois y mesler les principaux points de discipline ecclesiastique qui peuvent être propres à la nation. Mais
pour l'histoire générale de Bretagne, qui commence à être
plus connue et à s'etendre beaucoup depuis la fin du douzième
siècle, je ne pretendois point m'en mesler; seulèment aurois je

son opinion, le nom de Breton exista d'abord sur le continent, dans la partie de la
Gaule appelée Armorique, et fut porté de là dans la grande île qui prit le nom de
Bretagne ou Grande-Bretagne.

[1] C'est cette phrase du livre IV, chap. IV, de l'*Histoire des Francs*: « Nam
semper Britanni sub Francorum potestate post obitum regis Chlodovechi fuerunt,
et *comites* non *reges* appellati sunt. » — Ce passage semble effectivement interpolé.

[2] L'abbaye de Saint-Jacques de Montfort, fondée pour des chanoines réguliers,
ordre auquel appartenait le P. Le Large.

marqué en passant les fautes que j'y aurois remarquées et les nouveaux evenements dont on la pouvoit enrichir.

Les deux premières dissertations sont faites et conclues, mais non pas descrites [1] ; pour la troisiesme, à peine l'ai-je commencée, parceque je n'ay point d'extraits des chartres de Montfort qui en devoint faire le fondement. Il y a près de cinq ans que je suis sorti de Bretagne ; j'en ay emploié une partie à lire une infinité de livres qui avoint paru depuis que j'étois retourné en province. J'ay été deux ans missionnaire. J'ay été une autre année dans un païs où les livres me manquoint entièrement. On me parle d'ailleurs de prescher et de composer un Carême. Ainsi l'histoire de Bretagne m'echappe des mains, et il ne me reste qu'un grand deplaisir d'avoir donné à des estudes vaines et esloignées de ma profession un temps que j'aurois pu employer à estudier la sainte Escriture et le fond du Christianisme. Cependant ce qui est fait est fait, et il faut tâcher d'en tirer le plus d'utilité qu'il sera possible. Vous pouvez voir, par tout ce que j'ay dit jusqu'ici, quelle est ma disposition à l'egard de l'histoire de Bretagne et de l'ouvrage auquel vous voulez bien vous engager. S'il étoit necessaire, je pourois achever avec un peu de secours l'ouvrage que j'avois projetté parceque le principal est desjà fait, mais pour ce qui est de nostre histoire reglée et etendue, telle que d'Argentré l'a ecrite depuis le douzième siècle, que les choses ont été comme à portée de vue, je m'en rapporte à cet historien et je suis plus eloigné que jamais d'en entreprendre une pleine et entière discussion : ma vie ne suffiroit pas pour cela.

Que si quelqu'un se veut donner cette peine, je croy qu'il doit premièrement s'assurer de plusieurs decouvertes importantes qui fassent voir qu'il a eu tout sujet de retoucher à l'ouvrage d'un grand homme, d'un historien accredité et

[1] Transcrites, copiées, mises au net.

estimé de plusieurs. Il doit prendre garde, en poussant la gloire des Bretons jusqu'où elle peut aller, de ne pas offenser la cour de France, comme il arriva à M. d'Argentré. Il doit prendre garde, au contraire, en retranchant les rois bretons, de ne pas offenser la nation, et il doit s'observer soy même, en retranchant les fables qui ont obscurcy l'histoire de sainte Ursule et de ses compagnes, dont les reliques ont enrichi tant d'églises. Il doit donner des choses certaines au lieu de celles qu'il retranchera ; autrement on le traitera luy-mesme de fabuleux et l'on dira que, fables pour fables, les plus anciennes sont les meilleures. Tout cela est general.

Pour ce qui est du projet particulier, on sait ce que c'est que d'escrire une histoire en se resserrant dans les bornes de son sujet et evitant les digressions et les estallages de doctrine affectez mal à propos. Je croy neantmoins qu'on ne sauroit mieux faire, pour retablir la reputation de nostre histoire qu'une infinité de fables a decriée dans l'esprit des savants, que d'imiter celle que M. Besly a ecrit touchant les comtes de Poitou. Il ecrit d'abord en françois, d'une maniere nette et precise, l'histoire de ses comtes, et il rapporte ensuite les preuves de tout ce qu'il a avancé, en rapportant une infinité de passages et de chartres latines. On ne sauroit croire combien ces recueils de vieilles pièces sont cheris des savants, qui y trouvent souvent des choses ausquelles ceux qui les ont données n'avoint point pensé [1]. Ce recueil est d'autant plus à souhaiter dans une histoire de Bretagne, que jusqu'ici on a eu peu de connoissance des chartres propres à la Bretagne.

Je m'assure qu'après tant de discours vous attendez encore ma resolution, pour savoir precisément en quoy je pourray vous aider et ce que vous pouvez attendre de moy. A cela je

---

[1] Cette idée est le fondement même de la critique historique, et le plan indiqué ici a été effectivement suivi dans l'*Histoire de Bretagne* des Bénédictins.

vous diray que, ne pouvant d'icy à longtems mettre au net ce
que j'ay composé touchant nostre histoire, vous devez me
pardonner si je ne vous envoie pas d'abord tout ce qui pouroit
vous servir. Ce que je puis faire maintenant, c'est de vous
dire que, si vous voulez vous decharger sur moy du soin d'examiner l'histoire dont il s'agit jusqu'au douzième siècle, je puis
bien m'en charger, puisque la chose est faite. Ainsi vous pouriez la commencer depuis le mariage de Pierre Mauclerc jusqu'à notre tems. Vous auriez l'avantage de faire une histoire
qui est toute contenue dans les archives de la Tour de Nantes,
dont j'ay parcouru autrefois les copies ramassées en deux ou
trois volumes [1] par feu M. du Molinet et portées à la Bibliothèque du Roy. Vous auriez encore l'avantage de pouvoir
donner de l'encens à la grande noblesse de Bretagne, qui n'a
guères de titres plus anciens que Pierre Mauclerc. Vous pouriez mesme toucher à l'ancienne histoire des Bretons, lorsque
je vous auray mis en main ma chronique continuée jusqu'à la
fin du XIIe siècle, parceque ma dissertation est latine et que,
contenant les propres mots des auteurs dont je l'ay tirée, vous
la pouriez mettre à la fin de vostre histoire.

Je ne croy pas que rien d'imprimé ait echapé à ma diligence;
j'ay vu vostre chartrier de Rhedon; j'ay jetté les yeux sur celuy
de Lantevenet (sic); vous m'avez autrefois monstré celuy de
Saint-Melaine; j'ay vu le cartulaire de Saint-Michel (sic);
deux ou trois interrogations que je vous ferois acheveroint de
me mettre au dessus de mes affaires. J'oubliois de dire que
j'avois esté à Marmoustiers au retour d'une mission, mais assez
inutilement, parceque je ne pus entrer dans le chartrier. Je
vis neantmoins certains extraits que le très R. P. Huneau,
l'un de vos predecesseurs et de mes amis, me monstra pour

---

[1] Il y en a jusqu'à douze, format in-folio, et encore ne contiennent-ils qu'une partie des pièces du Trésor des chartes de Bretagne ou Titres du château de Nantes.

me cónsoler de ma disgrâce. Avec tout cela j'en dirois deux
fois plus que d'Argentré, et ce que je dirois en latin à la fin
de l'histoire vous le diriez en françois dans le corps de l'ouvrage, en adjoutant ou diminuant ou reformant, comme bon
vous sembleroit. Voiez si cela vous accomode.

Je ne dois pas oublier de vous dire que M. du Paty Gaignart,
secretaire et intendant de Madame la Princesse de Guemené, a
fort travaillé sur nostre histoire [1]. Il m'avoit promis qu'en dix-
huit mois il acheveroit son ouvrage; il me semble qu'il n'est
mort qu'après ce terme. M. Evin [2] le cite et vous en dira
des nouvelles. Mon Reverend Père, vostre très-humble et
très-obeissant serviteur,

ALLAIN LE LARGE, *chanoine regulier.*

IX

LE P. LE LARGE A DOM AUDREN [3].

(Meaux, 24 août 1689.)

Mon Reverend Père, depuis le temps que j'ai escrit à vostre
Reverence, des personnes à qui je dois du respect m'ont con-
seillé d'achever mes dissertations et de les donner au public.
Vous y auriez trouvé votre compte, parcequ'un ouvrage public
est sujet à la censure de tout le monde, et qu'on s'en peut servir plus librement que d'un manuscrit. Quoi qu'il en soit, je
sçaurois bon gré à ceulx qui m'ont voulu engager à publier
mes dissertations, si, dans le temps qu'ils m'y invitoint, ils ne
m'avoint chargé d'un travail de sept mois qui demande tout

---

[1] Il mourut en 1685. Voir sur ce personnage une excellente notice de feu M. Bi-
zeul, dans la *Biographie bretonne,* t. I, p. 752-754.

[2] *Sic.* C'est le célèbre avocat et jurisconsulte Pierre Hévin, né à Rennes en 1621,
mort dans la même ville le 15 novembre 1692.

[3] Bibl. Nat. Mss. fr. 20,941. — Cette lettre, à en juger par le premier paragraphe,
doit être un peu postérieure à la précédente.

mon temps, et qui m'a fait différer jusques icy les responses
que je dois à deux de vos lettres.

Vous ne pouvez pas manquer de faire tout ce qui se peut
et mêmes au delà du possible, puisque vous avez de si puis-
sans secours. Cependant je puis vous dire, touchant l'examen
des archives que vous projettez, que vous n'y trouverez rien
de considérable qui ne soit imprimé. Je dis la même chose des
titres de la Tour de Londres ; ils ont été presque tous donnez
au public, et après tout, on n'y trouve rien de plus ancien que
la conquête des Normans, je veux dire de Guillaume le Bâ-
tard et ses enfans. L'Hibernie, quand vous la parcourreriez
toute, ne vous fourniroit que des fables : plût à Dieu que ni
les Hibernois ni leurs voisins n'eussent jamais touché aux
vies de nos saints de Bretagne !

Si vous avez les memoires de M. Gaignard, vous serez bien
fort ; cependant je suis fâché que le desir de faire descendre
la maison de Rohan des Budic et des Conan Meriadech l'ait
engagé à soutenir des pièces que je crois très-fausses, comme
la chartre d'Allain Fergant qui est rapportée toute entière par
M. d'Argentré, etc.

M. de Missirien avoit de l'étude, et cependant, ayant vu
les additions ou corrections qu'il avoit faites à l'histoire
des Saints de Bretagne, je ne juge pas qu'on doive attendre
rien de considerable de ce costé-là [1]. Ces messieurs, je veux
dire Gaignard et Missirien, avoint, ce semble, en main des
chartres particulières, qui pourroint servir à faire des
généalogies et à remplir nostre histoire depuis le XIIe
siècle.

---

[1] Gui Autret, sieur de Missirien, petit gentilhomme breton, mort en 1660 à son
manoir de Lezergué, près Quimper. Voir l'article *Missirien* dans la *Biographie bretonne,* II, p. 481-482. Le P. Le Large parle ici des additions faites par Missirien
aux *Vies des Saints de Bretagne* du P. Albert Le Grand, dans la seconde édition de
cet ouvrage, publiée en 1659.

Vous me parlez en vos deux lettres de mes dissertations et, pour le dire franchement, il y a tout sujet de croire qu'elles vous épargneroint bien de la peine. Mais quoi ! à l'impossible nul n'est tenu : on s'est advisé de m'obliger à un travail qui, comme je vous ay déjà marqué, ne me laissera aucun tems libre jusqu'à Pasque prochain ; or, j'aurois besoin de beaucoup de tems pour mettre mes dissertations au net et pouvoir vous les rendre utiles.

J'oubliois de vous dire qu'en vain vous vous flattez de trouver de veritables actes de sainte Ursule. Si il y en avoit au monde, il les faudroit chercher en France, où tant de savans hommes ont tâché de donner un tour probable à la vie de cette sainte ; mais les fables britanniques, *fabulæ Britannicæ*, se sont meslées partout.

Vous me demandez ce que j'ay sur l'origine des Bretons, et je vous vas respondre de la manière que je le puis, estant reduit à ne pouvoir consulter mes memoires. L'isle de Bretagne avoit son nom et estoit peuplée de Bretons avant le temps des Scipions ; mais ce n'a esté que longtemps après que les Romains ont eu une connaissance des mœurs et de la religion de ce peuple. Les etymologies du nom, tirées du roi Britannus ou de Brutus, sont très-incertaines. Pour la religion et les mœurs et la peuplade, je n'en say rien de plus particulier que ce qu'en disent Cæsar et Corneille Tacite en la *Vie d'Agricola*. Depuis le temps de Cæsar, il n'y a qu'à suivre l'histoire des empereurs qui ont fait des expéditions en Bretagne (je parle toujours de l'isle, de la Grande-Bretagne). Pour apprendre leurs coustumes et leurs manières vous avez le livre d'Usserius et celui de Camden, où vous trouverez les antiquitez britanniques. Pour moy je n'ay point touché à tout cela dans mes dissertations, parceque je n'y voiois rien que d'incertain ou de trop connu : j'ay pris les Bretons tels que je les ay trouvez dans le cinquiesme siècle, auquel ils passèrent en nostre Armorique.

Le nom d'Armorique n'a point, ce me semble, d'autre origine que celle qui est connue de tout le monde : AR MOR, *ad* ou *super mare*. Le géographe Sanson et les autres se sont exercez afin de trouver precisément l'estendue de l'ancienne Armorique. On demeure d'accord que, du costé de Normandie, elle s'estendoit jusqu'à l'embouchure de la Seine; de l'autre costé, l'Aquitaine se trouve quelque part nommée Armorique; on croit qu'elle avoit perdu ce nom du temps de Pline. A l'égard du continent, on trouve que l'Armorique s'estendoit jusqu'à Orléans. Si j'avois dis cela ou parlé de cela dans mes dissertations, je me serois oublié du dessein que j'avois de ne dire rien de commun et de marquer seulement mes decouvertes. En relisant vostre lettre, je m'apperçois que j'ay bien pu prendre le change, et que je vous ay parlé de la Grande-Bretagne lorsque vous m'interrogiez sur ce qui regarde la nostre.

Nos Bretons Armoriques n'ont point d'autre origine que les Gaulois, dont toutes les histoires sont pleines. Ceux de Vennes se distinguoint avant la conqueste de Cesar. Ce grand homme en dit assez. C'est au Ve siècle que nostre Armorique a reçu ou recouvré le nom de Bretagne. S'il estoit constant que nous eussions donné le nom de Bretons aux insulaires, on pourroit se donner la peine de chercher l'etymologie du nom; mais je vous ay dejà dit ce que j'en pensois.

Je vous prie aussy de me faire savoir, quand vous pourrez, si c'est precisément l'année 1156 que Berthe, femme d'Eudon de Porhoët, duc de Bretagne, signa le dernier des titres où elle paroît dans vostre cartulaire de Saint-Melaine. Joignez-y, s'il vous plaist, quelque notion de la chartre et de ceux qui y paroissent avec la même Berthe. Quand vous aurez trouvé

2

quelque preuve de ce que disent nos historiens touchant la
guerre d'Alain de Rennes et du grand Eudon, son frère, aux
environs de Dinan, à l'occasion de l'apannage du même Eudon [1],
je vous prieray de m'en faire part. Vous jugerez, par les demandes que je vous fais icy, combien il importe que celuy qui
visitera les archives possède bien toute l'histoire et se sou-
vienne des endroits qui ont besoin de preuves, ou qui sont
vrais dans le fond mais douteux dans les circonstances. Je
n'ay rien de plus important à vous dire sur la recherche des
titres. Il seroit même à souhaitter que vous eussiez desjà travaillé sur le corps de l'histoire avant que d'en venir à la visite
des archives. Vous connoîtriez mieux à quoy chaque titre
vous pourroit servir, à establir ou à detruire, à enrichir l'histoire ou à la resserrer. Si l'affaire en valoit la peine, c'est-à-
dire, s'il n'étoit clair que les archives de Bretagne sont de peu
d'estendue [2], je me ferois de feste pour accompagner vostre
homme pendant quelque temps de vacance.

Quand je fus à Marmoutiers pour y voir quelques titres, on
me montra certains extraits, l'un d'une chartre de Mainon,
seigneur de Fougères, *pro ecclesia de Lupiniaco* [3], et l'autre
d'une chartre de Brient, seigneur de Chasteaubriant, pour le
prieuré de Berey [4], dont ledit Brient est fondateur. Cette dernière chartre commence par ces mots : *Noveritis nobilem
quendam nomine Brienum, possessorem castri, etc.* Ces deux
chartres, qui sont du XIe siècle, me serviroint pour savoir
l'origine des seigneurs de Fougères et de Chasteaubriant,

[1] Eudon, premier comte de Penthièvre et tige de cette maison, fils du duc de
Bretagne Geoffroy Ier, mort en 1008.

[2] Opinion très-hasardée, même quand le P. Le Large n'entendrait (comme c'est
possible) sous le nom d'*archives de Bretagne* que les archives ducales.

[3] Pour l'église de Louvigné-du-Désert, aujourd'hui chef-lieu de canton de l'arrondissement de Fougères (Ille-et-Vilaine.)

[4] *Sic,* l'orthographe habituelle et régulière est *Béré,* près la ville de Châteaubriant (Loire-Inférieure.)

bienfaicteurs des chanoines réguliers en Bretagne. C'est ce qui m'a fait souhaitter de les voir entières : cela ne presse pas.

Soiez persuadé, mon Révérend Père, que je vous honore beaucoup et que je mets parmy mes bonnes fortunes celles de [me] pouvoir lier avec V. R. [1] plus etroitement que jamais. Il me semble que vous le pouvez entrevoir par les manieres avec lesquelles j'agis avec vous, en attendant que je fasse quelque chose de plus pour vostre satisfaction et que je produise au grand jour l'ardeur avec laquelle je suis, mon révérend père, vostre très-humble et très-obeissant serviteur,

ALLAIN LE LARGE, *chanoine.*
A Meaux, ce 24 aoust [2].

N'oubliez pas d'envoier chercher à Saint-Meen une chartre de Louis le Débonnaire qui mérite d'être vue [3]. J'en ay fait quelques extraits, mais j'ay regret de ne l'avoir pas descrite toute entière ; j'aurois le bien de vous en communiquer une copie, et aujourd'huy je suis obligé de vous en demander une.

X.

DÉLIBÉRATION DES ÉTATS DE BRETAGNE [4].

(Rennes, 11 novembre 1689.)

Du vendredy XIe novembre 1689, 8 heures du matin.

Les gens des trois Estats du pays et duché de Bretagne,

---

[1] *Sic.* Votre Révérence.

[2] Quoique l'année ne soit pas marquée, on ne peut rapporter cette lettre qu'à 1689, puisqu'on voit que les Bénédictins bretons, encore au début de leur entreprise, allaient partir pour visiter les archives de la province.

[3] Cette pièce a été publiée par dom Lobineau (*Hist. de Bret.,* II, col. 20), et reproduite par dom Morice (*Preuves de l'Hist. de Bret.,* I, col. 225).

Archives d'Ille-et-Vilaine, Registres des délibérations des États de Bretagne, tenue de 1689.

convocqués et assemblez par authorité du Roy en la ville de
Rennes, s'estant retirez aux Chambres particulières pour delibérer sur plusieurs requestes, tendantes à gratiffications sur
les 48,000 livres dont il a pleu au Roy leur laisser la liberté
de disposer pour en gratiffier qui bon leur semblera : estant
retournés sur le théâtre, ONT ORDONNÉ à Mr de Lezonnet, leur
thresorier, de payer et acquitter, suivant le rang et ordre de
l'estat qui sera faict par MM. les deputés qui seront nommés
à cette fin :

. . . .

Au père prieur de Redon, pour l'histoire de Bretagne, trois
cent livres, cy. . . . . 300 l.

. . . .

Signé : JEAN-BAPT., *evesque de Rennes*. CHARLES DE LA
TRÉMOILLE. LOUIS CHARETTE [1].

XI

AVIS AU PUBLIC POUR UNE NOUVELLE HISTOIRE
DE BRETAGNE [2].

(Sans date, avant le 5 décembre 1689.)

Toutes les Personnes qui ont quelque zéle pour la gloire de la Nation,
et quelque goût de la veritable histoire, se plaignent, il y a longtems, que

---

[1] Ce sont les signatures des présidents des trois ordres. Charette présidait le
tiers-état, le duc de la Trémoille la noblesse ; Jean-Baptiste de Beaumanoir de
Lavardin, évêque de Rennes (de 1677 à 1711), présidait à la fois l'ordre de l'Église
et l'assemblée générale des États, formée de la réunion des trois ordres.

[2] D'après l'imprimé original, fort rare, in-4° de 6 pages chiffrées et un dernier
feuillet blanc. — On reproduit exactement l'orthographe de cet original, y compris
les capitales et la ponctuation. — D'après la lettre de D. Le Gallois à Gaignières
que nous publions plus loin sous le n° XIII, cet *Avis au public* doit être l'œuvre
commune de D. Audren et de D. Le Gallois, qui l'avaient certainement rédigé et
imprimé avant d'avoir reçu le *Plan de travail* de Gaignières du 5 décembre 1689,
que nous publions sous le n° XII.

celle de cette Province de Bretagne est encore ensevelie dans des fables qui la défigurent, ou dans la poussière des archives qui la cachent : ce que nous en avons n'étant presque qu'un mélange confus de veritez et de fictions, sans aucune exactitude à l'égard des faits, des personnes, des lieux, ni des tems, sans recherches, sans discernement, sans choix, et sans preuves qui l'appuyent.

On ne prétend nullement, en disant cecy, décrier les Personnes Venerables de ceux qui y ont jusqu'icy donné leur travail et leurs soins. On laisse à Mᵉ. Pierre le Baud, à Mʳ. d'Argentré, à Alain Bouchard, et aux autres anciens Chroniqueurs toute la gloire qu'ils ont meritée par leurs efforts et par leur zéle, et l'on veut bien demeurer d'accord qu'il étoit presque impossible de mieux faire en des tems où les livres imprimez étoient rares, où les recherches de l'antiquité étoient presque inconnuës, où la critique historique et chronologique n'étoit pas née, et où le Public avoit encore le goût corrompu pour des faussetez, que la possession et l'antiquité ne rendoient pas moins intrepides et hardies que la verité même [1].

On desire seulement faire avoüer à tout le monde, qu'on a tres-grand besoin, et qu'il étoit beaucoup à souhaiter que des Personnes studieuses voulussent bien se donner tout entieres à la composition d'une nouvelle histoire, la plus fidelle, la plus exacte et la plus solide qu'il seroit possible : et comme des Gens d'étude zélez pour la verité et pour la gloire de la Province, persuadez d'ailleurs qu'un seul ne peut suffire à un si grand travail, se sont associez et ont déjà beaucoup travaillé pour ce dessein, ils souhaitent que toute la Province l'approuve et y contribuë, en donnant tout l'appuy et tout le secours nécessaire pour une entreprise si difficile et si vaste.

Ils avoient resolu, et ils avoient même presque promis à quelques Seigneurs de la Province des plus considerables dans l'Eglise et dans l'Etat, de présenter à ces Etats un projet distinct de tout l'ouvrage qu'ils promettent. Mais plus ils ont lû, plus ils ont pénétré leur sujet, plus ils ont reconnû qu'il étoit impossible d'en former un Plan distingué par livres et par chapitres, qu'après avoir ramassé, éxaminé et critiqué tous leurs materiaux, ces sortes d'ouvrages dependans uniquement de la quantité et de la qualité des piéces solides que l'on trouve, et n'étant pas comme les desseins que des Architectes, assûrez de trouver des materiaux tels qu'ils

---

[1] *Mendacia antiquitate generosa.* Tertull. (Note de l'auteur.)

les voudront employer, forment au gré de leur imagination et de leur Art.

Ils ne se trouvent donc pas encore en état de donner un plan regulier et distinct de l'histoire qu'ils entreprennent et qu'ils méditent : non qu'ils ne soient déjà beaucoup avancez, puisqu'ils peuvent assûrer avec sincerité, et sans nulle exaggeration, qu'ils ont lû, colligé et compilé plus de quatre cens volumes imprimez, la pluspart in-fol. et plusieurs manuscrits, des Bibliotheques du Roy, de la Reine de Suede, de Mr. Colbert, et autres : ce qu'ils ne disent pas pour s'en vanter, mais seulement pour faire connoître qu'ils travailleront tres-diligemment et tres-exactement à ce que rien ne leur échappe : ce qui est si vray, que presque tous les livres qu'on a lûs, l'ont été deux fois, et qu'on se propose d'en faire de même de tous les autres.

Ils donnent seulement avis, en general, qu'ils pretendent avant toutes choses dresser la Geographie ancienne et moderne, ecclesiastique et civile de toute la Province, selon toutes les manieres de ses divisions; par les Evêchez, par les anciennes Comtez, Vicomtez et Baronnies privilegiées, par les Présidiaux, Barres Royales, Lieutenances de Roy, Recettes, etc., par la distinction des Païs où l'on ne parle que Breton, de ceux où l'on ne parle que François : le tout avec une exactitude extrême.

Ils se proposent d'y traiter universellement de tout ce qui concerne l'histoire naturelle, et de toutes les raretez qui se trouvent, ou qui se sont trouvées en differens lieux, tant pour la Physique que pour la Medecine.

D'y deterrer autant qu'il sera possible la fondation de toutes les Villes, d'y marquer où ont été les Villes ruinées, d'en dire les causes, et de donner le plan des places les plus importantes qui s'y voyent de nos jours.

D'y observer quelle est la nature du terroir des differens lieux, quelles Rivieres l'arrosent, où en sont les sources, quel en est le cours, et où elles se perdent, etc. Quels Lacs et quelles Fontaines, etc.

Ils estiment qu'ils doivent ensuite parler des Habitans du païs, découvrir quelles Nations l'ont premierement peuplé, quels Peuples y sont survenus, d'où y est venu le nom de Bretagne, quelle est la langue qui luy est propre, quel est le naturel, quels sont les mœurs et les autres qualitez, quelle enfin a été la Religion des Bretons dans les differens tems. Ils découvriront quand et par qui l'Evangile y a **premierement** esté prêché, quand le culte des faux Dieux y cessa entierement, qui a fondé les Evêchez et les Abbayes, quels sont ses benefices ecclesiastiques, qui les presente, et pourquoy la Bretagne est nommée païs d'obedience. Ils diront quelles sont les richesses et les forces de la Province, quelles monnoyes y ont esté fabriquées, quelles y ont eû cours, quels ont été, et quels sont ses priviléges, ses franchises, et ses immunitez.

Ils nommeront les Grands-hommes en Sainteté, en Doctrine, en Politique, en Guerre, en Dignitez, et aux Arts, que la Bretagne a produits. Ils parleront de la gloire et de l'antiquité de sa Noblesse.

Enfin ils reverront, et tâcheront de rétablir les Catalogues des Evêques des neuf Dioceses, et ceux des Abbez Reguliers et Commendataires de toutes les Abbayes, qu'ils esperent pouvoir corriger sur les anciens titres.

Ce traité préliminaire [1] finy,

Ils donneront l'Histoire suivie, ou le récit fidele de tous les évenemens qu'on pourra sçavoir être arrivez dés avant les conquêtes des Romains, jusqu'au tres-heureux, et tres-glorieux regne du meilleur et du plus grand de tous les Souverains: distinguant ce long cours de siècles, et de Gouvernemens differens par les époques les plus considérables qu'on y peut remarquer et n'avançant rien sans preuves.

On enrichira cette partie de tous les Portraits des Souverains et des Souveraines du Païs qu'on pourra recouvrer, ou par le moyen des tableaux, ou par les figures posées sur les tombeaux, dont on donnera aussi le dessein, ou de quelque autre maniere que ce soit.

Enfin le ramas entier de toutes les preuves suivra l'histoire, et l'on ne manquera pas d'y faire une mention honorable de tous ceux qui nous auront communiqué des titres.

Quoi-que ce plan ne soit dressé que d'une maniere fort vague et fort generale, on reconnoîtra neanmoins sans peine, au simple exposé qu'on en fait, qu'on a tres-grand besoin d'être efficacement secouru.

On le peut être, ou par l'authorité des Grans, ou par les lumieres des Sçavans, ou par l'honnêteté des Personnes qui gardent des titres.

On est assez heureux pour pouvoir s'assûrer de l'approbation et de l'agrément de Sa Majesté; ce Grand Roy ayant eû la bonté de dire à des personnes de distinction qui luy en ont parlé, qu'il étoit bien aise qu'on entreprît ce dessein. On espere donc que tous les Grans de la Province

[1] Ce *traité préliminaire,* sauf le catalogue des évêques et des abbés, est malheureusement resté en projet.

suivront volontiers cet exemple, et l'on se promet de leur générosité, et de leur justice, qu'ils nous favoriseront en toutes occasions de leur protection, que nous leur demandons tres-humblement et tres-respectueusement.

Nous supplions encore très-instamment toutes les Personnes éclairées et sçavantes de faciliter l'éxecution de nôtre projet, soit en communiquant leurs decouvertes particulieres, soit en nous indiquant les raretez de Physique, de Medailles, de Monnoyes, de Portraits, de Blasons, d'Inscriptions, etc. dont ils auront connoissance; soit enfin en nous donnant de bons et charitables avis, qu'on recevra toûjours avec beaucoup de reconnoissance et de docilité.

Nous ne doutons point qu'on n'ait l'honnêteté de nous permettre de visiter et d'examiner les Archives, Chartriers et Titres qui sont dans la Province ; mais quoi-que nous nous tenions très-assurez de la bonté de ceux qui en sont les maîtres et qui en ont la disposition, nous les prions neanmoins encore très-fortement de nous accorder cette grâce.

L'on ne fera fonds que sur des originaux, ou sur des copies authentiques qu'on lira soi-même, sans s'en fier à qui que ce soit; non qu'on se défie de personne, mais pour garder ponctuellement les loix severes de la critique historique, et se conformer au goût des experts qui ne reçoivent plus aucune piece des mains d'un Historien, s'il n'a vû, et s'il n'est garant de l'original, lors sur-tout que des pieces sont fournies par des personnes interessées.

On pourra nous envoier ces originaux, ou si l'on y a de la peine, il suffira de faire sçavoir qu'on a telles ou telles pieces, dans telle ou telle maison, située en telle Paroisse d'un tel Diocese. La personne qui sera chargée de l'examen des Chartes les ira voir dans les lieux mêmes avec la permission des possesseurs, et en tirera les extraits nécessaires, lors qu'il ira dans les Dioceses visiter les Chartriers.

On est au reste disposé à donner toutes les assurances qu'on peut raisonnablement souhaiter, que l'on ne se servira jamais des pieces communiquées, que pour le bien public de la Province, et l'honneur des familles particulieres, et jamais au préjudice des interessez, à qui l'on se soûmet de declarer l'usage qu'on en fera, et à qui l'on jurera même, s'ils le veulent, un silence inviolable, pour ce qu'ils desireront tenir secret.

On s'oblige de renvoier tres-promptement, et tres fidellement les titres à ceux qui auront eu la bonté de les envoier, et l'on croit encore pouvoir promettre aux Personnes qui nous ouvriront leurs archives qu'ils en retireront de tres-grands avantages : Celuy qui les doit visiter étant sans

contredit un des plus capables du Royaume, pour débroüiller des Chartriers confus, pour y mettre de l'ordre, et pour lire les pieces les plus
difficiles, et les plus effacées.

Enfin on souhaite, qu'on donne tout ce qui peut servir à l'éclaircissement ou à l'ornement de l'Histoire Ecclesiastique et Politique de la Province, et tout ce qui peut contribuer à dresser une Geographie exacte ; et
qu'on ne craigne point de descendre dans un trop grand detail, ni de
tomber dans des minuties indignes d'une Histoire générale ; car les
Personnes qui auront la conduite du travail tâcheront de faire un bon
choix, et comme on se propose d'ailleurs, de ramasser en chemin-faisant
tout ce qui peut servir à donner un Nobiliaire general de la Province,
qui en pourra suivre l'Histoire, On ne veut rien negliger.

On adressera tous les paquets à Mr. GARNIER *Marchand Libraire
devant le Palais à Rennes, pour faire tenir à* D. MAUR AUDREN *Prieur
de l'Abbaye de Rhedon.*

XII

PLAN DE TRAVAIL POUR L'HISTOIRE DE BRETAGNE [1].

(5 décembre 1689.)

Pour l'histoire générale de la province de Bretagne :

Il faut premièrement une carte très-exacte de toute la province, divisée par diocèses, contenant non-seulement les villes,
bourgs et villages mais encore les chasteaux et les hameaux.

Pour le corps de l'histoire :

L'origine des Bretons, leurs meurs et leurs coutumes, assez
succinctement ;

Les rois, comtes et ducs de Bretagne, et ce qui s'est passé
sous eux en Bretagne : le tout par chapitres pour chacun et
par chronologie : leurs sceaux, épitaphes, monnoyes, devises,
etc.

---

[1] Bibl. Nat. Mss. fr. 24,987, f. 177. — Cette pièce est de M. de Gaignières, et de
son écriture.

La description des villes et leurs plans et veues.

La description des chasteaux de conséquence, et les veues et plans.

La suite des seigneurs qui les ont possédez ;

Les gouverneurs de Bretagne, la date de leurs provisions, prise de possession, et quelque chose de chacun; leurs armes, etc.

Les lieutenans de roy, de mesme.

Les évesques de Bretagne, et l'éloge ou plustost un discours simple de chaque evesque, sa famille, ses armes, le lieu où il gist, et son épitaphe ou tombe.

Les abbayes, leurs fondations et la suite des abbez, ce qui se trouve de remarquable de chascun, ses armes, épitaphe, tombe, etc.

Les prieurs de maisons religieuses, de mesme.

Les généalogies des grandes maisons de Bretagne (il faut rectifier Du Pas et l'augmenter et y en adjouster d'autres), et pour bien faire les ramasser toutes, afin de choisir après; les moindres, nécessaires pour les personnes dont on a à parler, evesques, abbez, prieurs, etc.

La suite du Parlement, noms, armes, etc.

La Chambre des Comptes, idem.

Les trésoriers de France.

Il faut ramasser généralement toutes les tombes et épitaphes avec les armes, mesme les armes qui se trouvent aux vitres, clefs des voute, vitres des chasteaux ; devises, etc., aux tapisseries, tableaux, etc.

Il faut voir les historiens et les conférer avec les manuscrits et vieilles croniques, et choisir le meilleur.

Il faut un catalogue de tous les livres dont on tire quelque chose, et marquer l'impression, afin de citer aux marges les livres et les pages.

Il faut bien entendre le breton et le bas-breton, pour les anciennes chroniques des abbayes ou tiltres qui sont en ces langues, dont la différence est grande pour leur signification.

Il faut voir très exactement tous les tiltres, et le cartulaire de l'abbaye de Redon, où il y en a de très grande conséquence, et de fort beaux.

Dans les extraits que l'on fait des tiltres, il faut marquer et dessiner les sceaux.

Il n'y a pas de danger de voir Guichenon, *de l'Histoire de Bresse* : son livre est assez bien, mais l'on peut faire mieux, et pour cela le principal est de faire des extraits de tous les tiltres. Il vaut mieux en avoir trop que d'en manquer. Le choix est aisé à faire, et le ramas est très difficile.

Feu M. de Missirien avoit eu dessein de faire une histoire de Bretagne et avoit quantité de bons mémoires, qui ont, je crois, passé depuis entre les mains de M. le marquis du Chastel. On pourait suivre cela et s'informer de ce qu'ils sont devenus.

Envoyé 5 décembre 1689.

XIII

DOM LE GALLOIS A M. DE GAIGNIÈRES [1].

(Décembre 1689.)

P. C [2].

Monsieur, quand je n'aurais eue que la seule satisfaction de recevoir une de vos lettres, ma joye auroit eté extrême, dans l'appréhension où j'étois que vous ne vous repentissiez d'avoir eu trop de bonté pour un homme aussi indigne de vos soins et d'entretenir commerce avec un homme comme vous.

---

[1] Bibl. Nat. Mss. fr. 24 987, f. 194. — Cette lettre doit être écrite de Redon.
[2] *Pax Christi.*

Jugez de là quel plaisir j'ay reçu, voyant que vous ne m'aviez pas oublié et que vous joigniez à l'honneur de votre souvenir des instructions aussi utiles et aussi judicieuses que les vôtres [1].

Nous avions, le R. P. Prieur et moy, prié un de nos Pères de Saint-Germain de vous présenter de notre part une espèce de plan ou de projet de l'histoire de Bretagne ; s'il ne l'a pas fait, il le fera sans doute au plus tôt. Vous y remarquerez bien du vôtre, et vous reconnaîtrez que je n'ay pas oublié toutes les instructions que vous me donnâtes à Forges. La plupart des articles contenus dans votre dernier mémoire y sont, parce que vous me les aviez suggerés [2], et je vous promets que je profiteray très-soigneusement des autres. Nous ne négligeons assurément rien, et j'ose vous assurer qu'il y aura peu à glaner après notre moisson. S'il ne tenoit qu'à cela pour contenter le public, j'oserois repondre de la réussite de notre dessein : on lit pour nous plus que vous ne sauriez croire, et deux fois chaque auteur et chaque ouvrage par deux différentes personnes ; on a outre cela un des plus eclairés hommes du royaume [3] pour les archives, qui doit visiter et examiner toutes celles de la province. On a parole de M^{grs} les Prélats qui emploieront toute leur autorité pour nous faire avoir tous les tombeaux, epitaphes, ecussons, et toutes leurs fondations, chacun de leur diocèse. On est resolu de ramasser tout, soit ce qui regarde l'histoire generale, soit ce qui concerne les

---

[1] Allusion évidente au *Plan de travail pour l'histoire de Bretagne*, envoyé par Gaignières le 5 décembre 1689 (voir ci-dessus, n° XII): d'où l'on doit conclure que cette lettre de remerciement est du même mois.

[2] D'après ce détail, on ne peut douter que cette « espèce de plan ou de projet de l'histoire de Bretagne, » dressé en collaboration par dom Audren et Dom Le Gallois et envoyé par eux à M. de Gaignières, ne fût — au moins dans son premier jet — l'*Avis au public pour une nouvelle histoire de Bretagne,* que nous réimprimons ci-dessus sous le n° XI. Cet *Avis au public* serait donc un peu antérieur au *Plan de travail* de Gaignières, c est-à-dire au moins de la fin de novembre 1689.

[3] Probablement dom Rougier ou dom Veissière.

familles particulières. C'est à peu près ce que vous souhaitez, mais nous souhaitons avec tout cela quelque chose de plus : que vous nous disiez franchement nos defauts, et que vous nous donniez de vrais avis d'amy, que nous recevrons toujours avec toute la docilité possible.

Un seigneur de ce pays, nommé M. le marquis de Carcado, grand amy de M. le marquis de Refuge, et qui vous connaît de reputation, nous promet de grands secours pour un nobiliaire. C'est un gentilhomme qui serait de votre goût. Il m'a promis deux portraits de chevaliers de l'ordre, qu'il croit que vous n'avez pas. Nous faisons grand'fonds sur son assistance.

Faites-moy, de grâce, savoir si Messire René de Tournemine, seigneur de La Guerche en Rays et lieutenant général du gouvernement de Bretagne, a eté cordon bleu. Le P. Dupas le qualifie chevalier des deux ordres du roy, et nous avons ici un excellent tableau, où je crois que ses armes sont avec ses deux colliers. Je dis que je crois que ce sont ses armes, car c'est un ecartelé d'or et d'azur ou sable, le temps ayant changé, à ce que je pense, le bleu en noir. Cependant je ne le trouve point dans les listes ordinaires, et je n'y trouve personne qui porte de même. Tout ce que nous pourrons ramasser sera entièrement à votre service et à celuy de vos amys. Entretenez-les toujours dans la volonté de nous secourir, et soiez très-persuadé que je suis avec beaucoup de respect et de reconnaissance, Monsieur, votre très-humble et très-obéissant serviteur,

FR. ANT. PAUL LE GALLOIS.

Si j'avais des copies de mon oraison funèbre [1], je vous épar-

---

[1] Il s'agit probablement de l'éloge funèbre du chancelier Le Tellier, composé en latin, en prose carrée, par D. Le Gallois, sous ce titre : *Ad funus illustrissimi viri Michaaëlis le Tellier Franciae cancellarii Epicedium.* — *Parisiis ex typographia J.-B. Coignard*, 1685. (Tassin, *Hist. litt. de la Congrégation de Saint-Maur*, p. 162.) Toutefois, il avait aussi prononcé en 1683, dans l'église de Saint-Germain-des-Prés,

gnerays l'argent que vous voulés perdre, mais puisque vous y
êtes résolu et que je ne puis vous en empêcher, la veuve Coignard profitera de votre faute.

XIV

LE MARQUIS DE REFUGE AU MARQUIS DE CARCADO [1].

(1689.)

Extraict de lettre [2].

J'ay vu le dessein que les Pères Benedictins ont de faire l'histoire de Bretagne, que vous m'avés envoié. Ils y peuvent facilement reussir, aiant beaucoup de maisons qui ont d'anciens
carthulaires et beaucoup de personnes qui y peuvent travailler,
ce qui fait que leurs livres peuvent estre plus corrects en
cette matiere que tous ceux que font les autres religieux.

Leur dessein de faire une géographie de Bretagne me paroist
fort utille et suivant la methode de Guichenon, dans son *Histoire de Bresse*. Ils peuvent faire connestre en gros ce que
c'est que les maisons de Bretagne, sans en faire les genealogies, en marquant tous les fiefs, le plus ancien du nom qu'on
trouve qui a possedé un fief, le temps qu'un fief a passé d'une
famille à une autre par femme ou par achapt.

l'oraison funèbre de Marie-Thérèse d'Autriche, reine de France ; mais on ne voit pas
que cette oraison funèbre, qui fut imprimée, l'ait été par la maison Coignard.

[1] D'après une copie faite par les Bénédictins bretons, qui se trouve aujourd'hui à la
Bibl. Nat. Mss. fr. n° 22,313. — Quoique cette lettre ne soit pas datée, elle ne peut
être postérieure à 1689, puisqu'on y parle de l'entreprise historique des Bénédictins
bretons comme d'une chose qui n'est encore qu'en projet. La mention de Guichenon
et de l'*Histoire de Bresse*, qu'on trouve au deuxième paragraphe de cette lettre,
donne même lieu de la croire antérieure au *Plan de travail* de Gaignières, que les
religieux avaient évidemment consulté sur la valeur de cet ouvrage, sur l'utilité qu'il
pouvait avoir pour eux, afin de contrôler l'indication donnée à cet égard par le
marquis de Refuge ; voir ci-dessus p. 27.

[2] Cette lettre est de M^r le marquis du Refuge à M^r le marquis de Carcado, qui
me la communiqua à Rhedon. (*Note des Bénédictins.*)

Ils ne pouroint donner une suitte des grands fiefs que depuis 1200, et des petits que depuis la fin de 1300, les guerres qui ont esté en Bretagne depuis le siècle 1300 aiant dissippé beaucoup de tiltres.

Il n'est pas necessaire qu'ils fassent cela avec l'exactitude ny un si grand detail que vous le voulés faire par vostre nobiliaire et par les genealogies que vous recueillés, ny qu'ils imittent entierement ce que Dugdalle a faict dans sa description de Varwick en anglois, qui est le chef-d'œuvre de ces sortes de descriptions, car il faudroit trop de volumes, et la depence seroit trop grande s'il failloit graver toutes les tombes et les vittres qui sont en grand nombre, particulièrement dans les esglises de la Basse Bretagne.

Cette sorte de nobiliaire, fait par les fiefs, empeschera les abus qui se pouroint glisser lors qu'on veut mettre en lumiere les genealogies, car l'on n'est point obligé de dire que les gens sont d'une telle famille lors qu'on n'en est point persuadé, ce que ne mancquent jamais de faire les généalogistes, et particuliérement les gens de communauté qui gardent de tres-grandes mesures pour les gens de justice.

Il y a, à la fin de l'histoire de Bretagne de Le Baud, un cathalogue de ce que devoint fournir de troupes les fiefs de Bretagne dans le siècle 1200. Si cette pièce est entière et n'est pas troncquée, elle paroist fort considerable, parce qu'elle fait connoitre qui estoint les familles de la grande noblesse en ce temps là. Ce qui m'a faict croire qu'elle n'estoit pas entière, c'est qu'il m'a paru que, veu la quantité et la grandeur des fiefs de Bretagne, le nombre des chevaliers que ces fiefs fournissoint est fort petit. Ces fiefs qui fournissoint un chevalier estoint impartables comme les baronnies.

Vos memoires seront d'une grande utilitté pour faire leur nobiliaire, etc.

Je vous envoie une liste des chevaliers de l'ordre de Saint Jan de Hierusalem qui sont d'originne Bretons. Vous verrés qu'il y en a peu devant que Rhodes fust prise. Les plus anciennes preuves qu'on trouve à Malthe sont de 1523. Il faudroit faire voir à Poitiers, dans les registres du prieuré d'Acquitaine, les noms des commandeurs du Paraclet [1], pour voir si on y trouveroit Yvonet Le Seneschal [2], car vos armes sont dans la vittre de l'esglise de la Feillée, qui y paroissent des plus anciennes.

Je vous suis infiniment obligé du livre que vous m'avés envoié. Je prendray la liberté de vous envoier les remarques que vous souhaités que j'y fasse, quoyque je n'aye pas icy les livres qui y aient raport. J'ay eu l'honneur de vous en remercier. Je vous supplie de me faire celuy de me croire, etc.

XV

Dom Audren a M. de Gaignières [3].

(Avant le 21 mars 1690.)

Monsieur, je viens de recevoir une lettre de M. le marquis de Carcado par laquelle il me mande que si vous n'avez

[1] La commanderie du *Paraclet*, ordre de Malte, — quelquefois appelée par corruption *Palacret*, — avait son siége dans la paroisse de Pont-Melvez, auj. commune du cant. de Bourbriac, arr. de Guingamp, Côtes-du-Nord.

[2] Le marquis de Carcado appartenait à la famille *Le Senéchal*, ainsi nommée parce qu'elle possédait depuis le XII° siècle la sénéchaussée héréditaire de la vicomté de Rohan; on regarde même les Le Senéchal comme un ramage des Rohan.

[3] Bibl. Nat. Mss. fr. 24,985, f. 21. — Ce billet, qui doit être écrit de Redon, ne porte pas de date, mais il se réfère évidemment à une lettre de M. de Carcado que nous n'avons plus, antérieure à celle que nous donnons sous le n° XVI, laquelle est du 21 mars 1690. — Le présent billet de dom Audren est donc aussi antérieur à cette date. La mention du travail de dom Le Gallois dans les archives de la cathédrale de Vannes prouve de plus que ce billet est de 1690, car, dans le n° XVII ci-dessous, daté du 30 mars 1690, dom Audren dit : « Le diocèse de Vannes sera fini dans peu. »

pas les portraits de M. de Saint-Maigrin, et de M. de la Vauguion chevalier des ordres du roy, il les fera copier. J'attends vos ordres là-dessus. Je vous promets que je les exécuteray très exactement, et que j'auray une joye sensible de trouver les occasions de vous donner des preuves que je suis d'un profond respect, Monsieur, votre très-humble et trés-obéissant serviteur.

F̄r. Maur Audren
Prieur de Rhedon.

P.-S. — Le P. Gallois travaille dans les archives de la cathedrale de Vennes.

XVI

M. de Carcado a dom Audren [1].

(Rennes, 21 mars 1690.)

A Rennes, le 21ᵉ mars 90.

Mon premier soin, mon très-reverend Père, a eté de m'informer de vos nouvelles. M. Garnier [2] m'en a dit qui m'ont fort touché, en m'apprenant que vous avez été malade. Je serois dans une fort grande inquiétude sur vostre santé, s'il ne m'avoit assuré en même temps que vous estes hors de hazard. Je prie le Seigneur de vous conserver.

Je suis ici dans l'embarras d'un grand procès, ce qui me met hors d'état d'exécuter le dessin que je m'étois proposé d'avoir l'honneur de vous voir cette semaine à Redon. — Ce sera, s'il plaît à Dieu, dans un autre temps.

J'ai fait la visite que je vous mandois pour les portraits que

---

[1] Bibl. Nat. Mss. fr. 24,986, f. 10.

[2] Garnier, libraire à Rennes, désigné comme le correspoŋdant de D. Audren à la fin de l'*Avis au public pour une nouvelle Histoire de Bretagne*, ci-dessus nᵒ XI.

souhaite M. de Gaignières. Celui de Jacques d'Estuer, seigneur comte de la Vauguion, créé chevalier du Saint-Esprit l'an 1668, est en original à Paris chez Madame la comtesse de la Vauguion, fille heritiere dudit Jacques : elle est logée en la rue de Grenelle du faubourg Saint-Germain. Mais il faut que ceux qui iront demander permission d'en faire faire une copie ne le nomment pas *d'Estuer,* mais, selon leur chimère, qu'ils l'appellent Jacques *Stuart,* car à moins de cela la dame rebuteroit de la belle manière ceux qui luy en parleroient. Il ne faut pas aussy qu'on dise qui c'est qui a donné l'adresse de ce portrait, car la mère et le fils sont brouillés.

Si M. de Gaignières veut avoir le portrait de Jean des Cars, comte de la Vauguion, chevalier du Saint-Esprit de la première promotion, il pourra en avoir une copie sur l'original qui est à Paris chez M. le comte d'Amansé, qui loge dans la rue Cassette, au haut, tirant vers le Luxembourg.

Enfin, si M. de Gaignières a agréable d'avoir les portraits de François, comte des Cars, et de Charles des Cars, son frère, evesque de Langres, tous deux chevaliers du Saint-Esprit de la première promotion, il y en a deux copies en Bretagne, que je m'offre de faire copier le mieux qu'il me sera possible pour un pays où les peintres sont rares, et il n'aura qu'à nous mander combien il faut que le tableau ait de pouces de largeur et combien de hauteur.

Je ne comprends pas les gens qui prétendent obliger une personne comme M. de Gaignières en permettant qu'il fasse copier les portraits de ceux qui sont de leurs familles et qui ont eu une pareille marque d'honneur, puisque c'est un moyen de la faire revivre par la curiosité d'un homme aussy illustre que l'est M. de Gaignières.

Mille amitiés, s'il vous plait, de ma part au reverend Père Le Gallois, et luy dites que je suis en peine s'il s'est enquis d'un

moïen de faire tenir de l'argent à Vincea (*sic*). Je luy souhaite
une parfaite santé. Je vous assure qu'on ne peut vous honorer
plus parfaitement que je le fais, ny estre plus véritablement
que je suis, mon très révérend Père, votre très humble et
très obéissant serviteur,

CARCADO.

(Sur l'adresse on lit : *Au tres reverend, le tres reverend
Père Audren, prieur de l'abbaye de Rhedon. A Rhedon.*)

XVII

DOM AUDREN A M. DE GAIGNIÈRES [1].

(Redon, 30 mars 1690.)

Monsieur, je n'ay rien à ajouter à la lettre de M. le marquis
de Carcado [2]. Nous executerons vos ordres en Bretagne dans
la dernière exactitude ; je vous prie de me marquer ce que
vous souhaittez de moy. M. le marquis de Carcado est un très
honnête homme, et plein de bonne volonté. Vous me trouverez
toujours disposé à vous marquer en toutes rencontres que je
suis d'un profond respect, Monsieur, votre très humble et très
obéissant serviteur,

FR. MAUR AUDREN
Prieur de Rhedon.

A Rhedon, le 30 mars 1690. — Le diocèse de Vannes sera
fini dans peu.

XVIII

DOM LE GALLOIS A M. DE GAIGNIÈRES [3].

(Redon, 20 avril 1690.)

En l'absence de notre P. Prieur, qui est absent depuis plus

---

[1] Bibl. Nat. Mss. fr. 24 985, f. 22.
[2] C'est la lettre qui précède sous le n° XVI, que dom Audren faisait passer à
M. de Gaignières, avec ce billet.
[3] Bibl. Nat. Mss. fr. 24 987, f. 204.

de quinze jours et pour plus de quinze jours encore, j'ay reçu, Monsieur, la lettre que vous luy avez fait l'honneur de luy ecrire, et l'ay ouverte selon l'ordre qu'il m'avoit laissé. J'ay fait ce que vous souhaitiez qu'il fît de la lettre pour M. le marquis de Carcado, que je luy envoie aujourd'hui bien cachetée, heureux d'avoir cette petite occasion de vous obéir. Je vous rends de très-humbles actions de grâces de votre cher souvenir dont j'ay vu les marques au bas de votre lettre, et vous assure bien positivement que je n'oublieray jamais aussi l'engagement où je suis, par inclination, par devoir et par reconnaissance, d'être toute ma vie, avec tout le respect possible, Monsieur, votre très humble et très obéissant serviteur,

FR. ANT. PAUL LE GALLOIS.

A Redon le 20 avril.

XIX

M. QUILLIEN DE KERRET A DOM AUDREN [1].

(Rennes, 10 octobre 1690.)

Mon reverend Père, ce m'a esté une grande joye d'apprendre que vous estes en parfaite santé et que vous advancez en vos recherches. Je souhaitte de tout mon cœur, quand vous travaillerez pour nostre evesché de Quimper, d'estre en repos et en lieu de contribuer à vostre travail par mes petits soings et le peu de lumières que j'ay. Puisque vous voulez sçavoir mes sentiments sur ces mots : *Lan, Plou, Guic* et *Treff,* par où commencent les noms de la pluspart des paroisses et bourgades en Basse Bretaigne, je vous diray ce que j'en ay pu apprendre et ce qui me paroist de plus vraysemblable.

[1] Bibl. Nat. Mss. fr. 20,941.

LAN ou LANT est un vieux mot gaulois, qui veut dire terroir ou canton ; les Allemands s'en servent aussy dans la mesme signification.

PLOU me semble derivé du latin *Plebs,* d'où vient que, dans les anciens registres et archives des eglises cathedrales et parrochiales, on se servait de ce mot pour exprimer les noms des parroisses qui commencent par *Plou,* par exemple, *parrochia de Plebe nova* pour dire *Plounevez, de Plebe parva* pour dire *Ploebihan, de Plebe magna* pour dire *Ploemeur,* et autres de mesme ; et ce mot de *Plou* ou *Ploué* s'entendoit particulièrement de l'estendue de la paroisse à la campaigne, ou du peuple qui la composoit.

Le mot de GUIC, *quasi a Vico,* s'entendoit du bourg et du lieu où estoit située l'église parrochiale.

Et celui de TREFF, qui est aussy un vieux mot gaulois qui signifie demeure ou habitation, servoit pour designer un lieu ou un canton de moindre estendue comme sont les treffves ou simples fillettes.

Voylà tout ce que je puis avoir d'esclaircissement sur ces mots que vous me proposez. Quand vous serez dans le pays, vous trouverez des anciens qui vous donneront d'autres lumières et connoissances que je n'ay pas.

Je vous prie de me croire tousjours avec bien du respect, mon reverend Père, vostre très-humble et très-obeissant serviteur,

QUILLIEN DE KERRET.

A Rennes, le 10 octobre 1690.

(Sur l'adresse on lit : *Mon Reverend Père, le père prieur de Saint-Sauveur. A Rhedon.*)

XX

LE DOYEN DE GUEMENÉ A DOM AUDREN [1].

(Guemené, 16 octobre 1690.)

Mon Reverend Père, j'ay presque toujours esté malade durant l'esté, ce qui m'a obligé de changer d'air. J'ay esté dans l'evesché de Quimper; j'ay tasché d'y decouvrir quelqu'antiquité ou quelque chose de remarquable qui valust la peine de vous envoyer; mais je n'ay rien trouvé du tout, tant le païs est stérile en toutes manières.

Il y a à Chasteauneuf du Faou (*de Fago*) [2] de vieux tiltres latins de 300 ans, mais M. le recteur estoit absent tandis que j'y estois, et les particuliers n'ont pu m'instruire.

Dans la parroisse de Buzi [3], à trois lieues d'ici [4], sur la rivière de Blavet, il y a une pointe de montagne [5], où il y avoit *sub Dio* une statue de Venus, que les païsans avoient metamorphosée en Nostre Dame, et ils l'appeloient Nostre Dame de la Couarde. *Couarde* est un mot breton qui signifie *effeminée :* c'est le nom que l'on donnoit à Venus.

Il y a vingt-cinq ans que des missionnaires renversèrent ceste idole et la precipitèrent dans la rivière. Il est resté sur la montagne une tres grande cuve qui servoit aux sacrifices. Si cet article vaut la peine d'en faire mention en vostre Histoire, je m'informeray de tout sur les lieux et je vous en envoyeray un memoire.

---

[1] Bibl. Nat. Ms. fr. 20,941.

[2] Auj. chef-lieu de canton de l'arrond. de Châteaulin, Finistère.

[3] Auj. Bieuzi, commune du canton de Baud, arr. de Pontivi, Morbihan.

[4] « Ici », c'est Guémené, auj. ch.-l. de cant. de l'arr. de Pontivi, Morbihan.

[5] La montagne de Castennec, en Bieuzi. La statue et la grande cuve de pierre dont parle le doyen de Guémené sont auj. au château de Quinipili en la commune de Baud, arr. de Pontivi.

J'ay un acte en latin de l'an 1467 ; c'est un particulier qui fait une fondation en nostre eglise collegiale qui n'estoit pas encore collegiale, mais le recteur estoit doyen rural. L'eglise a esté erigée en collegiale en 1529. Voilà tout ce que j'ay pu découvrir d'antiquité.

Il y a proche le Helgouet [1] une chute d'eau assez extraordinaire; l'eau sort d'un rocher de la grosseur d'un muy et avec grand bruit, et elle tombe dans une abysme, sans sçavoir ce qu'elle devient [2]. La maladie est cause que je n'y ay pas esté.

Je suis, mon reverend Père, vostre très-humble et très-obeissant serviteur,

LE DOYEN DE GUEMENÉ [3].

De Guemené, le 16 octobre 1690.

XXI

DOM VEISSIÈRE A DOM MARTÈNE [4].

(Redon, 25 septembre 1691.)

Pax Christi.

Mon Reverend Père, il y a long tems que je souhaite de trouver une occasion de presenter mes respects à V^re Reverence, mais j'ai craint jusqu'à present de derober quelques momens

[1] Auj. le Huelgoat, ch.-l. de canton de l'arr. de Châteaulin, Finistère.

[2] Le doyen de Guémené décrit ici d'une façon un peu inexacte la pittoresque cascade dite de Saint-Herbot, toute voisine du manoir du Rusquec, en la commune de Loqueffret, canton de Pleyben, arr. de Châteaulin, Finistère.

[3] Cette lettre ne porte pas d'adresse ; mais on y trouve un *post-scriptum* sans aucun intérêt au point de vue historique, où le doyen de Guémené demande au religieux auquel il écrit « d'avoir la bonté de faire tirer un extrait des registres de la mort » d'un nommé L'Anglois *qui est mort à Redon.* » Donc le doyen s'adressait à un des Bénédictins de Redon et sans doute au R. P. prieur, dom Maur Audren.

[4] Biblioth. nationale, Ms. fr. 25,538, f. 330. — Dom Edmond Martène, l'une des gloires de la Congrégation de Saint-Maur et de l'érudition française, né à Saint-Jean de Lône (Bourgogne) en 1654, mort en 1739.

à vos occupations. Enfin, le desir que j'ai de vous entretenir l'a emporté sur la crainte que j'avois de vous importuner, et je vous crois assez genereux pour me le pardonner si vous trouvez à redire dans ma conduite.

Je crois que V. R. sait bien que nous n'avons point ici de manuscrits, et je suis fâché qu'il n'y en ait quelqu'un : peut-être que cela me donneroit lieu de vous servir en quelque chose. Ce que vous avez envoié de votre cartulaire à notre R. P. prieur lui a fait conjecturer qu'on pourroit trouver quelque chose chez vous pour son Histoire[1], et je crois qu'il y fera faire quelque voiage.

V. R. sait sans doute à present que le traité de Raban *de Computo* est imprimé dans les *Miscellanées* de M. Baluze ; il me semble que l'imprimé n'est pas si ample que le manuscrit du Mont St Michel. Cet ouvrage n'est pas dissemblable de celui de Bede sur la même matière, comme vous le pouvez voir dans un livre du ministre Daillé[2], que j'ai vu à Mairmonstiers, qui sert de préface à un livre intitulé *Determinatio fratris Johannis Parisiensis.* etc. Je crois qu'il est dans les livres defendus.

L peitaphe de Helpis, femme de Boece, que j'ecrivis au Mont St Michel pour V. R., n'est point imprimée, à ce que je crois. En voici un morceau que j'ai trouvé dans le *Fasiculus temporum,* sous l'an de J.-C. 504 : *Elphes dicta fui etc.,* avec le premier et le 4e distique, le reste n'est pas imprimé, non plus que son nom qui est corrompu, et qui etoit *Helpis* et non pas *Helphes.* Le premier nom était en usage chez les Romains, et non pas le second qui ne signifie rien, au lieu que

---

[1] Le R. P. prieur ici mentionné est incontestablement D. Audren, prieur de Redon, et l'Histoire en question, la nouvelle Histoire de Bretagne à laquelle il travaillait avec l'aide de D. Veissière et des autres *ouvriers.*

[2] En marge de la lettre, en face de cette ligne, D. Veissière a ajouté ces mots : « Dans un passage d'Amalarius, à la fin de la préface. »

l'autre signifie *Esperance*. Il y en a des exemples dans les Antiquités de M. Spon, pages 69 et 95. Je crois que cette epitaphe mériteroit bien d'être imprimée.

J'ai trouvé parmi mes papiers quelque chose de votre ecriture; c'est un *Appendix* du livre de Job, que vous avez trouvé à St Aubin ; vous le laissâtes au Mont St Michel, je vous l'envoierai si vous le souhaitez.

Je supplie V. R. de dire au pere dom Fràncois Porcher, si elle trouve quelque occasion de lui parler, que j'ai fait mon possible pour le faire venir ici, mais que le R. P. visiteur n'a pas voulu y entendre. Je supplie aussi le R. P. prieur d'agréer mes tres humbles et tres sincères reconnoissances, et de trouver bon que je le prie de continuer les soins charitables qu'il a bien voulu avoir par ci devant pour moi. Je suis, mon Reverend Père, votre tres humble et tres obéissant serviteur,

Fr. Maturin Veissiere M. B.

A Redon, le 25 septembre 1691. — Fr. Louis M. presente ses tres humbles respects à V. R.

(L'adresse porte : *Au Reverend Pere dom Edmond Martene, religieux benedictin. A Mairmontiers, proche Tours.*)

XXII

DÉLIBÉRATION DES ÉTATS DE BRETAGNE [1].

(Vannes, 30 septembre 1691.)

Du dimanche 30ᵉ septembre 1691, 8 h. du matin.

Les gens des trois Estats du pays et duché de Bretagne, convocqués et assemblés par authorité du roy en la ville de Vennes, deliberans sur ce qui leur a esté représenté par les

---

[1] Archives dép. d'Ille-et-Vilaine. Registre des délibérations des États de Bretagne, tenue de 1691.

Pères Benedictins de Redon, que, suivant le dessein qu'ils ont de faire une nouvelle Histoire de Bretagne, ils ont desjà eu communication de plusieurs archives, soit des eveschés et chapitres, abbayes et maisons particulières, dont ils ont tiré les memoires et extraitz qu'ils ont jugés utiles à leur travail, et qu'ils ont besoing de voir les archives de Messieurs des Estats pour en tirer aussi les cognoissances necessaires, et requeroient qu'il pleust à Messieurs des Estats leur accorder cette liberté.

Sur quoy, Monseigneur de Quimper leur a marqué la gratitude des Estats et l'obligation que la Province tesmoigne leur avoir d'un ouvrage sy advantageux, et les a conviez de continuer ce dessein, et que lorsque les Estats· seront en estat de recognoistre leur travail, ils ne manqueront pas de leur part de genereuses recognoissances, sçachant que cette entreprise est d'une grande estendue de travail et d'une considerable despence.

Et après avoir esté deliberé entre les trois Ordres, les Estats ont ordonné que leurs archives, qui sont en depost à Saint-Pierre de Rennes et leurs autres titres qui sont en leur greffe ou aux mains de leurs autres officiers, seront par eux communiqués aux Pères Benedictins ; que pour cet effet les cleffs desdites archives qui sont presentement entre les mains de Monsr l'evesque de Rennes, de monsieur de Coetlogon, gouverneur dudit Rennes, et de Mr de Lezonnet, seneschal de ladite ville, seront par eux deposées et mises au greffe desdits Estats, pour, par leurdit greffier ou quelqu'un de sa part, aller ouvrir lesdites archives aux temps, jours et heures que lesdits religieux y voudront aller, estre presents lors de leurs visittes, leur mettre sur table les actes qu'ils souhaitteront, pour par eux en estre pris coppies ou extraits, ainsi qu'ils adviseront, et remettre lesdits actes en leurs liaces et

dans l'ordre des cottes où ils se trouveront marqués, sans
souffrir qu'aucun original soit osté desdites archives, ains les
y renfermer à la fin de chaque visitte. Faict en ladite assemblée, le 30ᵉ jour de septembre 1691.

Signé, FR. DE COETLOGON, *evesque de Quimper,* LOUIS DE
ROHAN-CHABOT, *et* P. DONDEL [1].

XXIII

DOM AUDREN A M. DE GAIGNIÈRES [2].

(6 mars 1692.)

Monsieur, vous aurez dans peu ce que vous souhaitez et
que je vous avois promis il y a quelque temps, mais que j'avois
malheureusement oublié. Je vous en demande pardon. Je repa-
reray cette faute quand vous voudrez m'en presenter les
occasions.

J'ay envoié tous nos papiers à Nantes, pour ne pas copier
deux fois la même chose. Vous scavez que nous y avons établi
notre bureau historique depuis deux mois, et que le P. Gallois y est avec trois autres religieux. Je leur ay tenu compagnie pendant trois semaines. Mais il a fallu s'en retourner à
la maison, mon bénéfice demande residence. Nous avons veu
touttes les abbayes du comté Nantois, et nous n'avons point
oublié l'abbaye de M. Caumartin [3]. Nous avons aussi veu les
archives de M. le duc de Rohan à Blain, à la vérité un peu
superficiellement ; je tascheray d'y retourner.

Le Chateau de Nantes expedié, la Chambre des comptes,
les archives du chapitre, de l'evèque, maison de ville, etc.,

---

[1] Ce sont les présidents des trois Ordres.

[2] Biblioth. Nat. Ms. fr. 24,985, f. 23.

[3] L'abbaye de Buzai, dont on voit encore les ruines sur la rive gauche de la
Loire, dans la commune de Rouans, cant. du Pellerin, arr. de Paimbeuf, Loire-
Inférieure.

j'espère aller à Ancenis, Chateaubriant, Machecou, etc., pour voir ensuitte la Basse Bretagne. J'ay chargé le P. Gallois de vous envoier des extraits du Chateau de Nantes pour vous faire voir un echantillon de notre travail. Il m'a mandé qu'il le fera au plutôt. Nous avons encore pour deux mois de travail à Nantes. J'y retourneray après les festes.

Le travail est grand, et je doute que si je l'avois conçu dans toute son etendue dans le temps que je l'entrepris, peut-être m'auroit-il fait si grand peur que je n'aurois osé m'y risquer ; mais puisqu'on est embarqué, il ne faut plus reculer. Je compte toujours sur votre generosité, et je fais un si grand fonds sur votre bonté que j'ose me promettre touttes choses et de vos lumières et de votre credit. Aidé de ces secours, je ne doute plus de rien. Je suis toujours d'un profond respect, Monsieur, votre très humble et très obéissant serviteur,

LE PRIEUR DE RHEDON.

Le 6 mars 1692. — Nous vous serons infiniment obligés si vous avez la bonté de recommander à M. de Nointel les historiens et l'Histoire.

(Sur l'adresse : *A Monsieur, Monsieur de Gaignières, à l'hotel de Guise, à Paris.*)

XXIV

DOM AUDREN A M. DE GAIGNIÈRES [1].

(25 mars 1692.)

Monsieur, j'ay été rendre mes respects à M. de Nointel [2] à Rennes, et luy ay presenté le projet de notre Histoire, qu'il a reçu fort obligeamment. Il me marqua qu'il en sçavoit des nou-

---

[1] Bibl. Nat. Ms. fr. 24,985, f. 25.
[2] M. de Béchameil de Nointel, intendant de la province de Bretagne.

velles et me parla du P. Gallois, qu'un gentilhomme de ses amis, nommé M. de Gaignières, luy avoit fort recommandé, et me chargea de le dire au P. Gallois. J'obligeray le P. G. à faire le voiage de Rennes incessamment pour luy rendre ses devoirs.

On finit les archives du Chateau[1] le 22, et on devoit commencer à travailler incessamment à la Chambre des comptes. Le P. G. doit venir à Rhedon passer les festes de Pâques avec ses compagnons. Vous devez avoir les oraisons funèbres du 22, par le messager de Rennes à Paris. Je suis toujours, d'un très profond respect et d'une parfaite reconnoissance, Monsieur, votre très obéissant serviteur,

Fr. Maur Audren,
Prieur de Rhedon.

Le 25 mars [1692].

(Sur l'adresse : A Monsieur de Gaignières.)

XXV

Dom Le Gallois a M. de Gaignières [2].

(Redon, 8 avril 1692.)

Pax Christi.

C'est ordinairement à Pâques que cessent tous les delais qu'une fausse honte fait prendre aux pecheurs qui ont negligé pendant une ou plusieurs années de confesser leurs fautes. J'imite leur exemple à votre egard, et je viens me jeter à vos pieds pour vous demander pardon d'avoir été si longtemps sans me donner l'honneur de vous ecrire et sans vous rendre compte du progrès de notre entreprise.

Je m'accuse donc très humblement de gros péchés, dont le

---

[1] Les archives du château de Nantes, c'est-à-dire le Trésor des chartes des ducs de Bretagne.
[2] Bibl. Nat. Ms. fr. 24,987, f. 190.

remords est d'autant plus vif que vous m'avez donné depuis peu, en me recommandant à M. de Nointel, des marques très obligeantes de la continuation de votre bonté. S'il faut un respect animé d'un veritable amour pour meriter son absolution, je vous proteste que je suis dans la meilleure disposition que vous puissiez souhaiter de moy pour m'accorder la mienne. Je vous assure même que s'il y a eu jusqu'ici quelque négligence en mon procedé, elle n'a été l'effet que d'une paresse generale que j'ay d'ecrire des lettres, ne pouvant m'arracher à mes occupations ordinaires, sans qu'il y ait eu aucune diminution de l'estime et du respect que j'ay pour vous, et sans que l'amitié que je vous ay jurée y soit le moins du monde interessée. J'accepteray pourtant telle penitence qu'il vous plaira m'imposer, et je m'en acquitteray si soigneusement que vous n'aurez plus lieu de vous plaindre, et que vous serez convaincu que ma conversion est très sincère et très veritable.

Notre Père Prieur m'avoit commandé de vous en donner une marque en vous envoyant quatre ou cinq extraits, du grand nombre de ceux que l'on a faits, pour vous donner quelqu'idée de la manière dont on s'y prend, et j'aurois obéi si vous n'y aviez mis vous-même un obstacle. Vous ne pouviez sans doute en mettre un plus fort qu'en nous protestant qu'au cas qu'on ne vous envoie pas les extraits, vous êtes resolu de venir vous-même les voir, et que nous serons bien surpris de vous voir un de ces matins à notre porte. Quelle aimable surprise, et quelle joie pour moi ! Pensez-vous qu'on puisse, après cette agréable menace, vous envoyer quelque extrait? Non certes, je ne puis m'y resoudre, et vous n'en aurez point qu'après que vous vous serez engagé par ecrit de venir icy ni plus ni moins voir les originaux, et que vous nous aurez marqué plus en detail quelle sorte d'extraits vous souhaitez. Je vous diray cependant qu'on copie en entier

toutes les pièces un peu considerables, qu'on ne neglige rien
ny pour le nobiliaire ny pour l'histoire, qu'on prend exactement tous les sceaux, et qu'on ramasse tous les noms nobles
qu'on trouve. On prend aussi toutes les figures des Ducs repre-
sentés sur les tombeaux, aux vitres; mais on en trouve peu et
presque rien d'ancien.

Me croirez-vous si je vous assure que ce qui m'empêcha
de vous ecrire de Forges, fut que j'esperois vous aller surprendre à Paris? C'estoit assurément mon dessein; je fis
ce que je pus pour y faire resoudre un de mes frères avec
qui j'estois et que je ne pouvois quitter, et ce ne fut que la
veille de notre départ qu'il se determina de n'en rien faire.
Mais pourquoi vouloir me justifier après avoir confessé ma
faute? J'aime mieux avouer que je suis pecheur, pourvu que
vous ne m'en croyez pas moins, Monsieur, votre très humble
et très obéissant serviteur,

Fr. Ant. Paul le Gallois R. B.

De Rhedon, ce mardy de Pasques[1], d'où je pars demain pour
aller à Rennes recueillir chez M. l'Intendant les premiers
fruits de votre recommandation. Le R. P. Prieur vous assure
de ses respects.

XXVI

Dom Audren a M. de Gaignières [2].

(Redon, 24 avril 1692.)

A Rhedon, le 24 avril 1692.

Monsieur, j'ay déjà deux oraisons funèbres pour vous, et je
ramasseray touttes celles qui auront été faites en Bretagne
et qui me tomberont sous la main. Je crois que vous vous bor-
nez à celles qui ont été prononcées en cette province.

---

[1] En 1692, Pâques était le 6 avril.
[2] Bibl. Nat. Ms. fr. 24,985, f. 27.

J'ay fait tenir votre lettre à M. le marquis de Carcado. Il étoit à Rennes, mais je le crois sur le point de faire le voiage de Paris pour mettre M. son fils à l'académie [1]. Il part en bonne resolution de vous voir et de vous entretenir fort frequemment. Il me demanda, ce caresme, où vous logiez à Paris. Il faut convenir que le P. Gallois est le plus paresseux des hommes à répondre à ses amis [2]. Mais je vous assure que je ne luy donneray jamais de repos qu'il n'ait satisfait à son devoir à votre égard, quand je sçauray que vous luy aurez fait l'honneur de luy donner de vos lettres.

M. de Nointel a recu le P. Gallois le plus obligeamment du monde. Il s'en est retourné très content, et partit dès le lendemain pour Nantes, où il travaille dans les archives de l'evesque, du chapitre, maison de ville, en attendant qu'on m'envoie des lettres de cachet pour la Chambre des comptes, que j'attends la semaine prochaine.

Quand nous quitterons ce pays-là, nous vous dirons notre route. Je suis toujours, d'un profond respect et d'une parfaitte reconnoissance, Monsieur, votre très humble et très obéissant serviteur,

FR. MAUR AUDREN,

Prieur de Rhedon.

(Sur l'adresse : *A Monsieur, Monsieur de Gaignières à l'hotel de Guise, à Paris.*)

---

[1] « *Académie* se dit des maisons des escuyers, où la noblesse apprend à monter à cheval et les autres exercices qui luy conviennent. » (*Dictionn.* de Furetière, 1691.)

[2] C'était aussi l'un des plus habiles à se faire pardonner sa paresse : voir sa lettre du 8 avril 1692, ci-dessus n° XXV.

XXVII

M. DE CARCADO A M. DE GAIGNIÈRES [1].

(Paris, 24 juin 1692.)

A Paris, le 24ᵉ juin 1692.

Je me faisois, Monsieur, un vray plaisir de vous trouver à Paris, mais je me vois pour ce voyage hors d'esperance d'avoir l'honneur de vous y voir. J'ay esté vous chercher à l'hostel de Guise, où j'ay appris avec douleur votre absence, et comme je me propose de partir d'icy dimanche prochain pour m'en retourner en Bretagne, je voys que mon depart precedera votre retour. Cependant si le hasard estoit pour moy et que vous fussiez icy avant dimanche, je prends la liberté de vous dire que je suis logé dans la rue des Vieux Augustins, à l'hostel de Thoulouse, dans le quartier de la place de Victoire. Mais, Monsieur, si je ne suis pas assez heureux pour vous voir ce voyage, je vous supplie d'etre persuadé que j'en auray un sensible regret, et que je suis, Monsieur, plus qu'homme du monde, votre très humble et très obéissant serviteur,

CARCADO.

Je laisseray icy mon fils aisné à l'académie, qui aura l'honneur de vous aller voir; je vous prie d'excuser un jeune homme qui sort d'une province.

(Sur l'adresse : *A Monsieur, Monsieur de Gaignières, à l'hotel de Guise.*)

[1] Bibl. Nat. Ms. fr. 24,986, f. 12.

4

XXVIII

DOM AUDREN A M. DE GAIGNIERES [1].

(Redon, 19 février 1693.)

A Rhedon, le 19 février 1693.

Monsieur, je viens de recevoir le tombeau de Pierre de Dreux, que vous avez eu la bonté de m'envoyer [2]. Je ne puis assez reconnoître la manière genereuse dont vous obligez vos serviteurs, et je serois presentement fasché que vous ne m'eussiez rien envoié, comme je vous le marquois par ma dernière. Je souhaitterois avoir tous les tombeaux de nos Ducs aussi exactement dessinés que celuy de Pierre Mauclerc. M. du Chesne, *Histoire de Dreux,* page 330, donne un extrait du Nécrologue de Paris en ces termes : *X Cal. Julii, obiit vir claræ memoriæ Petrus de Brana, quondam Britanniæ comes, de cujus bonis habuimus centum libras paris.* Je recherche tous les tombeaux avec grand soin.

J'ay veu les titres du Chateau de Nantes, où j'ay été trois mois avec quatre religieux. J'ay ensuitte travaillé cinq mois dans la Chambre des comptes. J'ay encore pour un mois de travail dans la Chambre des comptes. J'ay veu presque toutes les eglises catedrales, les abbayes, et j'ai envoyé un de nos ouvriers visiter les abbayes d'Anjou et de Touraine. Il est sur le point d'arriver à Marmoutiers. J'ay veu les archives de plusieurs maisons de distinction dans la province, et c'est sur ce pied que je vous ay mandé que dans six mois j'esperois être

---

[1] Bibl. Nat. Ms. fr. 24,985, f. 29.
[2] La pierre tombale de Pierre de Dreux a été gravée, d'après le dessin envoyé par Gaignières, dans l'*Histoire de Bretagne* de Lobineau; elle est placée en regard de la p. 207.

en état de travailler, et que j'aurois presque tous mes materiaux. Il me restera dans ce temps-là quelques maisons particulières à visiter, et quelques archives hors province, que je pourray voir pour me délasser quand on sera fatigué. Comme nous visitons les archives il y a près de quatre ans, et que quatre religieux y ont été occupés, vous ne serez point surpris quand je vous diray qu'avant un an j'auray de quoy faire six grands volumes in folio de nos memoires, pour le moins.

Je me suis donné l'honneur de vous ecrire il y a quelques jours, et j'ay pris la liberté de vous prier de demander à M. le duc de la Tremoille la liberté de voir les archives de Thoars, si vous avez quelques habitudes avec ce seigneur. J'y pourrois aller au mois d'avril en retournant de notre chapitre. Il faut aussi voir les archives de Laval. Mais j'aurois besoin de son ordre avant la fin du mois de mars pour Thoars. Je verray en même temps une abbaye du Poitou qui n'en est pas éloignée, c'est St Jouïn, et qui a des prieurés en Bretagne. J'espère de grands secours de Marmoutiers, où les archives ont été bien conservées. Il y a dans cette abbaye un cartulaire particulier pour la Bretagne, sans parler des autres titres. J'y ai envoyé un religieux tres eclairé, et qui a le goût bon [1]. On ne peut être avec plus de zèle, de respect et de reconnoissance que je le suis, Monsieur,

Votre tres humble et tres obéissant serviteur,

FR. MAUR AUDREN.

M. B.

---

[1] C'était, je crois, dom Lobineau.

XXIX

M. DE CARCADO A M. DE GAIGNIÈRES [1].

(Rennes, 6 septembre 1693.)

A Rennes, le 6e sept. 93.

J'ay esté, Monsieur, à Paris jusqu'au 22e d'aoust, et pendant vostre absence j'ay souvent esté à vostre porte dans l'esperance d'avoir encore l'honneur de vous voir avant mon depart. Mais j'ay esté privé de ce plaisir, dont j'aurois peine à me consoler si je ne me flattois que vous m'avez accordé quelque part dans vostre amitié, et que par conséquent j'en auray dans vostre souvenir.

J'ay passé par le Mans, et le R. Père Audren m'y a retenu trois jours ; cela m'a donné le temps de voir une grande partie de ses travaux, et plus on les examine, et plus on les trouve beaux. Je croy que vous serez content de luy ; c'est l'esprit le mieux fait qu'on puisse souhaitter, et il reçoit vos avis comme des oracles. Il y a aux Blancs-Manteaux un de ses disciples, qui est homme d'esprit [2] ; il vous ira voir. Il fut ravy [3] que je vous eusse confié les memoires que j'avois portés à Paris, et même il veut bien que lorsque vous les aurez lus à souhait, vous me les envoiez : ainsi, Monsieur, quand vous n'en aurez plus affaire, je vous prie de les mettre dans une enveloppe cachetée de vos armes et de donner le paquet à M. de Beauregard Le Douarain, gouverneur de mon fils, qui loge dans la rue des Petits-Augustins, à l'hôtel d'Escosse. Il me l'enverra avec d'autres choses par le messager.

Je vous enverray une page du nobiliaire que je veux mettre

[1] Bibl. Nat. Ms. fr. 24,986, f. 14.
[2] Dom Mathurin Veissière de la Croze.
[3] Ici il ne s'agit plus de dom Veissière, mais de dom Audren lui-même.

au net, afin de savoir si la manière dont elle sera disposée sera assez ample et intelligible. Je vous supplie, Monsieur, d'être persuadé qu'on ne peut vous honorer plus parfaitement que je le fais, et comme l'estime qu'on a conçue est la mesure de l'amitié, je vous assure que l'une et l'autre que j'ay pour vous sont au dernier point.

CARCADO.

Je tascheray de savoir où est le portrait de M. de Villeneuve Rogier, qui avait acheté une des charges dans l'ordre du Saint-Esprit. — Aiez la bonté de marquer tous les endroits où vous avez vu et où vous verrez des monnoies de nos ducs de Bretagne, pour l'Histoire du P. Audren [1].

XXX

DOM AUDREN A M. DE GAIGNIÈRES [2].

(Le Mans, 20 septembre 1693.)

Monsieur, vous voiez par la lettre qu'on m'ecrit de Tours qu'on ne peut avoir de plus grands eclaircissements touchant Jean de Salignac. J'ecriray en Poitou pour savoir où sont les seigneurs de la Rochegaudon. Dès le moment que vous m'aurez envoié votre memoire, je l'adresseray à une personne qui tâchera de nous éclaircir ce que vous souhaittez. Envoiez le moi donc, je vous prie.

Si vous avez de la consideration pour M. le marquis de Carcado, je vous assure qu'il en a reciproquement pour vous, et qu'il est sorti de Paris plein d'estime pour vous, pour ne rien dire de plus. Quelle joye pour moi de vous voir arriver à Saint Vincent! Je vous conjure de ne pas oublier ce que vous me faites la grace de me promettre. Je me flatte que des

---

[1] Cette lettre porte la même adresse que celle du même au même du 24 juin 1692.
[2] Bibl. Nat. Ms. fr. 24,985, f. 32.

conferences pendant huit jours me rendront habile historien aussi bien que vous, et me donneront des lumieres qu'on ne peut avoir par lettres. Je vous prie de croire qu'on ne peut ètre avec plus de respect, d'estime et de reconnoissance que je le suis, Monsieur, votre tres humble et tres obeissant serviteur,

FR. MAUR AUDREN,
Abbé de Saint Vincent du Mans.

Au Mans, le 20 septembre 1693.

XXXI

DELIBERATION DES ETATS DE BRETAGNE [1].

(Vannes, 20 octobre 1693.)

Du mardy 20ᵉ jour d'octobre 1693, 3 h. de l'apres midy.

Les gens des trois États du pays et duché de Bretagne, convocques et assemblés par authorité du Roy en la ville de Vennes, délibérants sur les requestes leur presentées et sur la répartition des 48,000 livres, dont là destination leur est laissée, ONT ORDONNÉ....................

Au Pere Audren, Benedictin, abbé de Saint-Vincent du Mans, pour le convier de continuer l'ouvrage de l'Histoire de Bretagne par luy encommence, la somme de mil livres.

....

Signé D'ARGOUGES, *evesque de Rennes,* ARMAND DU CAMBOUT DUC DE COISLIN, *et* P. DONDEL [2].

[1] Archives d'Ille-et-Vilaine, Registre des États de Bretagne, tenue de 1693.
[2] Signatures des présidents des trois Ordres.

XXXII [1]

DOM AUDREN A M. DE GAIGNIERES.

(Le Mans, 12 novembre 1693.)

Monsieur, c'est plutôt pour vous assurer que je ne m'endors point sur ce que vous m'avez fait la grâce de me demander que pour vous donner des eclaircissements sur ces difficultés. Le religieux de Marmoutiers a qui je m'etois adresse a ete tres-mal, et me mande qu'il ne sera en etat de me donner satisfaction que sur la fin du mois. J'espere avoir dans peu reponse du Poitou. On m'ecrit qu'on croit avoir deterre la famille en question, et qu'on travaillera incessamment a la recherche de ce qu'on souhaite.

Le porteur de la présente [2] a travaillé deux ans avec moi a l'Histoire de Bretagne et est presentement religieux aux Blancs Manteaux. Il est jeune, mais il a du merite et scait beaucoup, et j'espere que vous en serez content quand il aura l'honneur d'etre connu de vous. J'ay eu de la peine a le laisser aller. Je faisois un fonds tres-particulier sur luy, et c'etoit celuy de nos ouvriers en qui je me fiois le plus. Mais il a fallu le laisser aller a Paris, ou j'espere qu'il ne nous sera pas inutile pour notre Histoire. Je prends la liberté de vous l'adresser comme celuy que je charge de toutes mes commissions pour l'Histoire de Bretagne. Il scait tout ce qui nous peut servir et qui pourra etre de quelque usage pour notre dessein. Il suffira que vous lui designiez les endroits ou il pourra trouver quelque chose, et que vous ayez la bonté de luy en procurer l'entree, ou enfin que luy donniez connaissance des personnes qui nous pourroient etre de quelque secours. Il se

---

[1] Bibl. Nat. Ms. fr. 24985, f. 33.
[2] Dom Mathurin Veissière.

connoit en vieux manuscrits et lit en perfection dans les anciens titres. L'interest que vous voulez bien prendre a l'Histoire de Bretagne m'oblige a descendre dans ce détail pour vous le recommander. Je suis toujours d'un très profond respect, Monsieur, votre très-humble et très obeissant serviteur,

Fr. Maur Audren
Abbé de St Vincent du Mans.

Au Mans le 12 novembre 1693.

XXXIII [1]

Dom Le Gallois a M. de Gaignières.

(Le Mans, 12 novembre 1693.)

Vous voulez des lettres pour marques d'amitié, et quelqu'inutiles qu'elles soient, vous estes si persuadé, Monsieur, que l'amitié ne peut subsister sans ce commerce, que vous m'accusez de n'en avoir plus pour vous parce que je ne vous ecris point. Je vous rends plus de justice, et quoique je ne recoive pas plus de vos lettres que vous des miennes, je n'ay jamais douté que vous n'eussiez pour moi les memes sentiments de bonté que vous aviez a Forges. Je ne crains pas meme que vous les perdiez, quoique je ne les cultive point, parce que je n'en ai jamais ete redevable qu'a votre seule bonté. Comment donc vous, qui devez connoître votre merite, pouvez-vous douter un moment des dispositions de mon cœur a votre egard et n'etre pas persuadé, sans que je vous importune en l'ecrivant, que je suis toujours, avec tout le respect et toute la reconnoissance possible, Monsieur, votre tres humble et tres obeissant serviteur,

Fr. Ant. Paul Le Gallois.

A St Vincent du Mans, ce 12 novembre.

[1] Bibl. Nat. Ms. fr. 24,987, f. 192.

XXXIV [1]

M. DE CARCADO A M. DE GAIGNIERES.

(Rennes, 13 decembre 1693.)

A Rennes, le 13e dec. 1693.

Je vous envoie, Monsieur, un des noms qui composent le nobiliaire de Bretagne que je me propose, afin que vous voyez par cet exemple si cela suffira pour donner connoissance des maisons de cette province. Je vous prie de me mander ce qu'il y a a augmenter ou à diminuer. Je vous ay envoye ce nom la parce qu'il m'est fort connu a cause que j'en ay la terre, et que je n'auray peut-etre pas tant de choses a mettre sur les autres dont je n'ay pas vu tous les titres.

Le Pere Gallois est presentement au Mans ; le P. Audren, abbé de St Vincent, l'y a reçu avec joie et a été bien aise que les religieux qui y avoient de l'opposition voient que ses superieurs l'ont trouvé bon ; ainsi voilà tous les ouvriers assemblés pour bien travailler à l'Histoire de Bretagne. Il serait a souhaiter que Dom Mathurin Veissiere qui est aux Blancs Manteaux fut de la partie.

Nous avons eu la douleur de voir la triste mort de madame de Lavardin et M. de Lavardin penetré d'affliction [2].

L'affaire de St Malo [3] a fait diversion de la douleur qu'on ressentoit de la perte récente de madame de Lavardin. J'etois a St Malo quand la machine des Anglois s'enleva. J'en envoyai une relation à mon fils dès la poste suivante, mais comme je ne doute pas que vous n'en ayez vu de bonnes, je ne vous propose pas de voir la mienne.

---

[1] Bibl. Nat. Ms. fr., 24,986, f. 16.

[2] Lieutenant-général du roi dans la Haute-Bretagne.

[3] Bombardement de Saint-Malo par les Anglais du 26 au 29 novembre 1693, et, dans la nuit du 29 au 30, explosion d'une machine infernale qui devait renverser la ville et ne lui fit que fort peu de mal.

Les mémoires que vous aviez rendu à mon fils cachetés m'ont été envoyés sûrement.

Je suis très persuadé que le plus grand plaisir que puisse avoir le P. Audren, ce seroit de vous voir dans son abbaye au Mans.

Je vous supplie, Monsieur, d'être convaincu qu'on ne peut être plus sensible que je le suis à l'honneur que vous me faites de me confirmer votre amitié, et que j'ay une si forte idée de votre rare mérite que je m'en fais un singulier de vous aimer et de vous honorer parfaitement. Ce n'est donc point par forme de compliment, mais avec un plaisir très grand que je vous assure que personne ne peut être plus veritablement que je suis, Monsieur, votre très humble et très obéissant serviteur,

CARCADO.

XXXV [1]

Dom Audren a M. de Gaignières.

(Le Mans, 30 décembre 1693.)

Au Mans, le 30 decembre 1693.

Monsieur, je vous renouvelle à ce commencement d'année les assurances de mon très humble respect et de toutes les offres de service dont je puis être capable.

Tout ce que j'ay pu apprendre de nouveau de notre Jean de Salignac se réduit à très peu de chose. Voici les propres termes dans lesquels on m'en ecrit. Jean de Salignac etoit prieur de Morro, et non pas de Mons, au diocèse de Chartres. On ne scait pas précisément le temps qu'il en étoit prieur, mais seulement qu'il etoit mort environ 1560, comme il paroît par

[1] Bibl. Nat. Ms. fr. 24,985, f. 37.

un acte qui concerne la cotte morte [1]. C'est tout ce qu'on m'en écrit de Marmoutiers. Je vous envoie la lettre et le mémoire que j'ay reçu de Poitou, touchant cette famille de Salignac de la Rochegaudon. Je ne scay si vous y trouverez quelque chose qui vous contente.

Je conviens que j'ay fait une grosse perte quand on m'a ôté dom Mathurin Veissière. Comme il avoit marqué vouloir aller à Paris, je ne me suis pas opposé à sa sortie de Bretagne aussi fortement que je le devois. Je tacheray de faire en sorte qu'il ne me soit pas inutile à Paris, et que par le credit de nos amis il ramasse tout ce qu'il pourra trouver en ce pays là. Il faudroit voir les mémoires de M. Gaignard, chez M. le prince de Guémené. Il faudra voir, dans la Chambre des comptes, les titres de Porhoët, de Fougères, de Lanvaux, d'Alençon, etc., et personne ne peut mieux faire tout cela que dom Mathurin Veissière, quand on luy en aura procuré l'entrée. Encore une fois, je tacheray de me dédommager de la perte que j'ay faite en lui donnant de l'occupation à Paris. Il me mande qu'il est charmé de M. de Gaignières, de son mérite, de ses bontés, de ses honnêtetés. J'ay icy deux jeunes religieux [2] que j'ay amenés de Bretagne pour travailler à notre Histoire, qui ont du mérite et travaillent bien. Si nous avons l'honneur de vous voir ce printemps, comme vous me l'avez fait espérer, vous trouverez notre travail en bon train. Je suis toujours d'un très profond respect, Monsieur, votre très humble et très obéissant serviteur,

FR. MAUR AUDREN M. B.

Au Mans le 30 décembre 1693.

---

[1] Ce terme désigne, dans certains couvents, la succession d'un religieux en fait d'habits, de meubles et d'épargnes.

[2] L'un d'eux était sans doute Lobineau, qui, né en 1666, avait alors 27 ans.

XXXVI [1]

M. DE COCHEREL A DOM AUDREN.

(Sans date ; 1693 ?)

Monsieur mon tres Reverend Père, une absence de deux mois de cette ville m'a empesché de respondre plustost à celle que vous m'avez faict l'honneur de m'escrire du 2ᵉ du moys de may, n'estant de retour que depuis trois jours. Je m'estimeray tousjours très-heureux, Monsieur, si je puis quelque chose pour vostre satisfaction. Les remerciments que vous avez la bonté de me faire passent de beaucoup le peu que j'ay faict, et ce que je voudrois faire n'est borné que par mon peu de pouvoir. Les recueils que j'ai faicts en Angleterre ne sont que de simples extraicts, pour servir de memoires et d'indices pour trouver à point nommé dans la Tour de Londres, dont on n'a pris que ce qui estoit de plus essentiel dans chacun pour accelerer la recherche que j'etois obligé de finir; et comme ils n'ont jamais faict d'indice pour trouver dans tout ce qu'ils ont qui concerne la France, la Normandie, la Guyenne, le Poictou et les affaires de Rome, je leur fis entendre que je travaillerois à cet indice pour en faire part à ceux qui en auroient besoin, lesquels sur mes extraicts trouveroient à point nommé les actes, dont ils prendroient des copies, que les gardes des titres rendroient autentiques par leurs signatures, comme ils faisoient tous les jours pour les biens qui sont situez dans les trois royaumes.

J'advoue qu'il y a faute dans l'extraict où on a mis : *sub anno 16° Henrici 3*ⁱ, parcequ'il y a eu une transposition dans mon recueil d'un rouleau pour un autre. Ce titre doit estre :

[1] Bibl. Nat. Ms. *Blancs-Manteaux*, n° XXXIX.

Sub anno 48 regni Henrici 3ᵢ membr. 2ᵃ num. 4. in hœc verba :

Litterœ regis quibus recognoscit se teneri Joanni, filio primogenito ducis Britanniœ, in mille et ducentas marchas argenti de arreragiis illius pecuniœ, quam ei assignaverat pro œstimatione valoris terrœ de Richemund, occasione maritagii Beatricis filiœ Regis, sponsœ prœdicti Joannis. Rex promittit illas mille et ducentas marchas cum octingentis aliunde debitis se solulurum in terminis in dictis litteris contentis.

Ce qui quadrera en l'an 1264, ainsy qu'il est marqué dans le mémoire que j'ay trouvé dans vostre lettre.

Voilà, Monsieur, tous les eclaircissements que j'y puis donner ; s'il y en a encor quelque autre, je tascheray d'y satisfaire, sinon avec toute la netteté qu'on peut desirer, du moins avec tout le zèle et le respect que peut et doit avoir pour vostre Reverence, Monsieur mon tres Reverend Père, vostre tres humble et très obeissant serviteur,

DE COCHEREL.

(Sur l'adresse on lit : *A Monsieur le tres Reverend Père Dom Maur Audren, abbé de l'abbaye de Saint Vincent du Mans. Au Mans.*)

XXXVII [1]

DOM AUDREN A M. DE CARCADO.

(Le Mans, 19-20 janvier 1694.)

Au Mans, le 19. 1694.

Monsieur, je me reserve à vous faire des remercimens de tous vos soins à une occasion plus éclattante. Vous avez trop

---

[1] L'original de cette lettre m'appartient.

de part à l'Histoire de Bretagne pour vous oublier. La relation du bombardement de S. Malo, que vous avez eu la bonté de m'envoier, y aura sa place, aussi bien que celle de la descente des Hollandois à Belle-Isle, que je vous prie de ne pas perdre.

Dom Joseph[1] sera peut être à Rennes avant ma lettre. Il me demandoit à passer par le Mans pour se faire habiller. Je luy ay écrit qu'il se rendît à S. Melaine, et que je luy envoirois de quoy se faire habiller et se mettre sur sa bonne mine. Il vous obéira très exactement, il est plein de veneration pour vous. Je vous donne tout mon pouvoir sur luy. Il faudra qu il commance par, mettre les Registres des Etats par l'ordre des années et qu'il copie la plus ancienne tenue des Etats, et ainsi de suitte. Il pourra ensuitte travailler dans les archives de de S. Melaine, si on a la liberté d'y entrer, ou commencer par là. Je vous en laisse le maître, et generalement de tout son travail. Il a entre les mains les extraits du cartulaire de Savigné [2], il n'a pu en voir davantage ; je feray demander la permission de voir tous les papiers à M. le cardinal de Janson, qui en est abbé. Mr de Rennes [3] est son ami, et je luy en écriray.

M^r le marquis de Lannion devroit attendre un peu, nous luy donnerions satisfaction dans quelque temps, et je suis sûr qu'avec votre secours on luy donneroit quelque chose de meilleur que ne feront les genealogistes de Paris. Il ne devroit point mesler du fabuleux dans sa genealogie : cela gaste tout.

Dom Joseph pourra voir les archives de Mr de Coeslin quand il aura expedié Rennes, celles de Mr de Rieux à la Hunaudaye,

[1] Dom Joseph Rougier.

[2] Ou plus exactement Savigni, abbaye de l'ordre de Citeaux, dont les ruines se voient encore dans la commune de Savigni-le-Vieux, canton du Teilleul, arr. de Mortain, dép. de la Manche.

[3] J.-B. de Beaumanoir de Lavardin, évèque de Rennes de 1677 à 1711.

celles de Quintin si j'en puis avoir la permission. M^r l'abbé de Kermeno est de nos bons amis.

La genealogie de Mr de la Vauguyon d'Estuël est dans le *Mercure* du mois de décembre. C'est Mr de S. Megrin qui l'a donnée. Voiez la, je vous prie.

Tous nos ouvriers sont de bonne intelligence et travaillent de concert. Les éclaircissemens que nous avons eus ne sont pas inutiles et produisent de bons effets. Si vous faites un voyage de Paris cet esté, vous trouverez notre travail bien avancé.

Je ne sçay si dans les papiers de Mr Hevin [1] on ne trouveroit point quelques memoires pour l'Histoire de Bretagne. N'oubliez point, je vous prie, les monnoyes. Voici dom Denys Briand qui vient aussi vous importuner à son tour.

Mr de S. Megrin m'avoit promis un journal de voiage d'un seigneur de la Vauguyon en Bretagne pendant la Ligue. Je ne sçay où luy écrire pour l'en faire souvenir. Je crois qu'il pourra être à Paris, mais il faudroit sçavoir son addresse. Il faudra aussi voir tout ce qui s'est passé dans le Parlement dans le temps de la Ligue.

Je presente mes très humbles respects à Madame la marquise de Carcado et à Mademoiselle, et vous souhaitte une meilleure santé et vous assure que je la demanderay tous les jours à Dieu. J'y prens plus d'intérêt que je ne puis dire, car personne n'est autant que je le suis et avec autant d'estime, de zele et de reconnoissance, Monsieur, votre très humble et très obeïssant serviteur,

FR. MAUR AUDREN *M. B.*

Au Mans, le 20 janvier 1694.

(Sur l'adresse : *Bretagne. A Monsieur [Monsie]ur le marquis de Carcado [rue] du Four du Chapitre. A Rennes.*)

---

[1] Pierre Hévin, avocat au Parlement de Bretagne et célèbre jurisconsulte, mort à Rennes en 1692; tres-versé dans les antiquités historiques, surtout dans celles de Bretagne.

XXXVIII [1]

Dom Le Gallois a M. de Gaignières.

(Sans date, janvier 1694 ou 1695.)

La Paix de N^{re} Seigneur.

Après vous avoir souhaité. Monsieur.. une longue suite de saintes et heureuses années, je vous supplie de trouver bon que je renouvelle l'assurance de mon dévouement à votre service et du profond respect que j'ay pour votre personne, qui est tout ce que je puis. Les deux pièces jointes à cette lettre seront, s'il vous plaît, un nouveau gage de la promesse que je vous fais de travailler à vous envoyer pour votre ami toutes les epitaphes de Bretagne. Nous travaillons pour nous en tâchant à vous satisfaire. Mais quand cela ne seroit pas, c'est le moins que doive, Monsieur, votre très humble et très obéissant serviteur,

FR. ANT. LE GALLOIS.

Le porteur est un de nos plus considerables bourgeois: il a des affaires qui luy sont de consequence auprès M. de Seignelay et les Messieurs officiers de l'Epargne. Je vous supplie, si vous pouvez luy servir sans vous gehenner, de le faire: il n'est point averty que je vous le recommande; il ne s'y attend même pas: ainsi ne vous fatigués pas. — *Mr Chaillou sur le quay de l'Escolle, aux Deux Anges, chez M^r le Grand* [2].

---

[1] Bibl. Nat. Ms. fr. 24,987, f. 188.

[2] Nom et adresse du « bourgeois considérable », que D. Le Gallois recommande à M. de Gaignières.

XXXIX [1]

M. DE BROON A M. DE GAIGNIÈRES.

(9 avril 1695.)

Le 9 avril.

Je vous souhaite, Monsieur, un heureux voyage. J'ay cru que vous voudrez bien avoir la bonté de vous charger d'une lettre que j'écris à dom Le Gallois, et que vous ne m'oublirez pas dans votre entretien avec le R. Père abbé de St Vincent. A votre retour j'espère que vous nous en apprendrez d'agréables nouvelles et de l'avancement de leur beau travail. Si je vous etois bon à quelque chose pendant votre absence, vous ne pourriez pas, Monsieur, me donner plus de joye que de me donner occasion de vous marquer combien je suis votre très humble et très obéissant serviteur,

DE BROON.

XL [2]

DOM TERRIAU A DOM LE GALLOIS.

(Saint-Jacut, 3 mai 1695.)

Pax Christi.

Mon Reverend Père, je m'assure que vostre Reverence aura receu la lettre que je luy ay ecritte sur la fin du mois de mars, avec l'instruction qu'elle souhaittoit touschant la parroisse de St Leunaire [3]. Maintenant, par la presente je luy adresse ce qui

---

[1] Bibl. Nat. Ms. fr. 24,986, f. 444.

[2] Biblioth. Nat. Ms. fr . 20,941, f. 161.

[3] Saint-Lunaire et Saint-Briac (mentionné un peu plus loin) sont aujourd'hui deux communes du c^{ton} de Pleurtuit, arr. de Saint-Malo, Ille-et-Vilaine.

regarde St Cast, l'ayant receu de la part de M. le recteur dudit lieu[1]. Il escrit mesme à Vostre Reverence comme l'ayant connu autrefois, lorsqu'elle travailloit chez la comtesse de Plelo à Galliné[2].

J'ay veu aussy depuis peu M. le recteur de St Potant, fils de M. Méloret, médecin à Vennes, mais je n'en suis pas plus scavant, puisqu'il m'a dit que l'on n'avoit aucune connoissance de ce saint, que l'on ne sçait quel il est, n'y ayant ny lecons ny office de luy.

A l'egard de St Briac, je n'en ay pas encore veu le recteur; dans quelque temps je m'en instruiray aussy.

M. le recteur de St Cast salue le R. P. abbé[3] comme l'ayant connu autrefois, estants escoliers à Rennes. Il agréera aussy, si luy plaist, mes respects, et en finissant je me diray aussy tousjours, mon Reverend Père, vostre tres humble et affectionné confrère,

F. George Terriau
M. B.

De St Jagu[4] ce 3 may 1695.

(Sur l'adresse on lit: *Au reverend père dom Antoinne Le Galloys religieux Benedictin en l'abbaye de St Vincent du Mans.*)

---

[1] Saint-Cast et Saint-Pôtan (mentionné plus loin) sont auj. deux communes du c^ⁿⁿ de Matignon, arr. de Dinan, Côtes-du-Nord. — En Bretagne, recteur est synonyme de curé.

[2] Galliné ou Galinée, manoir noble en la paroisse de Saint-Pôtan, qui appartenait alors à la famille de Bréhant-Plélo.

[3] C'était dom Audren.

[4] L'abbaye de Saint-Jacut de l'Ile, qui était située en la paroisse du même nom, auj. commune du c^ⁿⁿ de Ploubalai, arr. de Dinan, Côtes-du-Nord.

XLI [1]

M. DE BROON A M. DE GAIGNIÈRES.

(Paris, 25 mai 1695.)

A Paris, le 25 may 1695.

Le R. Père abbé de St Vincent m'a appris de vos nouvelles, Monsieur, et il me paroît qu'on se fait un grand plaisir de vous avoir ; je n'en suis point surpris, car le R. P. abbé, qui est tout plein de cœur, se connoit bien en gens de mérite et scait ce que vous valez. Il me mande que vous devez aller à Angers vers la St Jean. J'espère être aussi en Anjou dans ce temps-là ; vous ne me ferez pas l'affront d'être dans mon pays sans me faire l'honneur de me venir voir. Je compte si fort sur cela que je m'en fais déjà un plaisir par avance. Mais pour en user de bonne amitié, comme je vous en prie, vous me ferez scavoir lorsque vous serez à Angers afin que je vous envoie ou ma litière ou des chevaux à votre choix.

Le R. Père abbé me fait esperer qu'il me viendra voir. Si votre voyage pouvoit quadrer au sien, ce seroit double joye pour moy. Je vous supplie de dire à dom Le Gallois que je compte bien qu'il sera de la partie. Nous le gouvernerons bien et tâcherons de le bien divertir. Il ne luy sera pas inutile de prendre un peu de relâche, et pour l'esprit et pour le corps, après avoir été si longtemps malade.

M. le President de Mesme a eté marié en solemnité, ces fêtes, à St Paul, avec Mlle de Brou ; on dit qu'il n'y a rien de plus magnifique que ses noces. Tous nos guerriers sont partis. Le Roy est à Marly ; il doit passer trois mois à Trianon, et notre cour à St Clou. Conservez moi toujours, Monsieur, dans

[1] Biblioth. Nat. Ms. fr. 24,986, f. 442.

votre cher souvenir, puisque je suis veritablement votre très
humble et très obéissant serviteur,

De Broon.

XLII [1]

Dom Audren a M. de Gaignières.

(Le Mans, 18 décembre 1695.)

Au Mans, le 18 décembre.

Monsieur, j'ay receu toutes vos lettres, et je reponds à vos
deux dernières selon l'ordre et le temps. Je marquay à dom
Mathurin [2] que j'etois en peine de votre santé, parce que je ne
recus pas si tôt votre réponse à la lettre que je me donnay
l'honneur de vous écrire en vous envoiant le pouillé de la Couture [3]. Si je commets quelques incongruités, je vous prie de
vous en prendre uniquement au zèle que j'ay pour votre personne.

Je vous ay déjà marqué que vous pouviez garder nos papiers
tant qu'il vous plairoit. Je vous le repète, et vous prie de ne
point précipiter votre travail et de ne vous presser en rien.

Je vous avoué que, quelques mesures qu'on prenne, il sera
difficile de réparer la perte que fait notre Histoire de Bretagne
par la mort de dom Antoine Gallois [4]. Je le regrette plus que
je ne le puis dire. Je n'ay point encore pris mon parti ; vous
devez sentir que je ne le prendray point qu'après vous en avoir

[1] Biblioth. Nat. Ms. fr. 24,985, f. 35.
[2] Dom Veissière.
[3] L'abbaye de la Couture, située dans un des faubourgs du Mans.
[4] D. Le Gallois mourut le 5 novembre 1695; cette lettre doit donc être du 18 décembre 1695; dans le volume de la collection Gaignières 493 A (aujourd'hui Ms. fr.
24,985), on l'a placée par erreur entre une lettre du 12 novembre 1693, et une du 30
décembre 1693.

communique. Voici ce que je pense là dessus, vous aurez la bonté de me dire vos sentiments sans mystere.

Je crois que le laboratoire ne peut etre mieux qu'à St Germain des Prés. Outre la proximité du Père Mabillon, qu'on peut voir et consulter à tous moments, on a les secours de tous les habiles gens, et en particulier on peut former une petite académie de trois ou quatre personnes qui décideroient sans appel sur toute chose, et où présiderait M.... Je ne le veux pas nommer, je vous le diray quand nous aurons l'honneur de vous voir [1], et cela après le chapitre général.

Je penche à en donner la conduite et le soin de la composition à dom Mathurin Veissière, et on luy pourrait donner, si cela l'accommodoit, dom Alexis Lobineau. On pourroit laisser en Bretagne, pour glaner et ramasser ce qui nous manque, dom Denys Briand. Tâtez, je vous prie, le pouls à dom Mathurin, sans qu'il paraisse que cela vienne de moy. Je luy écris sans luy en rien dire.

Voilà un plan tout informe. Vous prendrez la peine de le rectifier, de le redresser et de le changer même dans toutes ses parties. Vous sçavez que je suis très docile à l'égard des personnes que j'honore et que je respecte.... Il ne faut pas achever. Personne ne sait encore mes dispositions, et je ne m'en suis ouvert à personne, non pas même au P. Général, à qui j'en ecris ce soir dans des termes fort généraux. Je continueray cependant à faire travailler pendant ces six mois à force.

Le Père grec que dom Mathurin a entre les mains le pourroit rebuter [2], mais je crois que son travail sera fini au chapitre général. Je ne crois pas que dom Alexis s'éloignât d'y travail-

[1] On a déjà deviné que cette réticence ne cache d'autre nom que celui de Gaignières.

[2] C'est-à-dire, pourrait l'empêcher d'accepter la mission de remplacer dom Le Gallois dans le travail de l'Histoire de Bretagne.

---

ler [1]. Enfin, vous me direz ce que vous pensez sur **tout cela**. Je ne regleray rien sans vous, et souffrez que je partage avec vous l'embarras de cette entreprise. Je vous le demande en grâce et vous en conjure.

Je n'ay point souffert que personne touchât aux papiers du deffunt. J'examine le tout par moy-même et sans communication. J'ay trouvé tout ce que vous me marquez dans vôtre lettre.

Dans le moment que j'appris qu'il etoit tombé en apoplexie, je fis partir dom Alexis pour aller au Mont St Michel joindre dom Denys, qui s'en retournait après avoir enterré son compagnon. Ils sont tous deux au Mans. Dom Alexis est à la Coulture ; il a cru que l'air de cette maison l'accommodera mieux que celuy de St Vincent. Je le souhaite, mais on ne le croit pas. Dans peu je vous diray des nouvelles de ce que nos deux ouvriers ont fait dans un voiage de deux mois et demy. Je suis votre très humble et très obéissant serviteur,

FR. MAUR AUDREN.

XLIII

DOM LOBINEAU A M. DE GAIGNIÈRES [2].

(Le Mans, 1er janvier 1696.)

Au Mans, le 1er janvier 1696.

Monsieur, j'ai été deux fois dans les archives du chapitre la première fois avec M. de St Germain, qui eut la patience d'y demeurer trois heures avec moi ; la seconde fois avec M. Roblot, celui de tous les chanoines qui sait le mieux les archives du chapitre : je n'ay pu mettre la main sur notre Gon-

---

[1] De travailler à l'Histoire de Bretagne à la place de dom Le Gallois.
[2] Bibl. Nat. Ms. fr. 24,988, f. 122.

thier de Baignols. J'ai tardé quelque temps à vous le mander, parce que j'attendois de jour en jour que M. Roblot me donnât quelques lumières, comme il me l'avoit promis ; il n'a apparemment rien trouvé. Je voudrois avoir de meilleures nouvelles à vous mander en vous souhaitant la bonne année. La seule chose dont je puis vous répondre, c'est que je n'ai pas deviné [1] la clause : *Cujus corpus in eadem capella requiescit.* Je suis présentement à la Couture : je n'ai pu résister à l'air de St Vincent, mais vous me trouverez toujours et partout prêt à vous rendre tous les services dont je seray capable. Je suis, Monsieur, votre très humble et très obéissant serviteur,

FR. GUI ALEXIS LOBINEAU

XLIV

DOM LOBINEAU A M. DE GAIGNIÈRES [2].

(Le Mans, 13 mai 1696.)

Au Mans, le 13 may 1696.

Monsieur, quoique les beaux jours soient revenus, et que j'aie toujours la même envie de vous rendre service, je n'ay pu cependant entrer dans les archives du chapitre. M. de St Germain n'est pas ici, et l'on ne manie pas M^{rs} ses confrères comme on voudroit. Mr Roblot m'a dit une fois : « Oui, mon Père, je sais que vous êtes entré dans nos archives ; je n'étois pas pour lors au Mans, et si j'y eusse été, je n'eusse pas été d'avis que vous y fussiez entré [3]. » C'est là parler ronde-

---

[1] Inventé, forgé, rêvé.

[2] Bibl. Nat. Ms. fr. 24,988, f. 124.

[3] Comment accorder cela avec la lettre précédente, où Lobineau dit avoir été accompagné, dans la seconde de ses visites aux archives du chapitre du Mans, par ce même M. Roblot ?

ment. M^r l'Evesque m'a dit ce qui est dans Bondonnet et dans Courteille : que Gontier de Bagneux s'étoit fait préparer un tombeau dans la chapelle de la Vierge, mais qu'il n'y fut pas enterré. Il me semble néanmoins que je n'ai pas deviné ce que j'ai mis dans mon extrait.

Savez-vous les nouvelles de notre diète ? Le Père abbé [1] a été élu un des quatre députés par le chapitre général : c'est un grand honneur pour lui. Je crois qu'il ira loin ; je veux le voir Général. Ce ne sera jamais si tost que je le souhaite. Tout le monde dit qu'il va être prieur à St Germain des Prés et que j'irai à Paris avec lui. Je voudrois que tout cela pût être vrai.

J'espérois que le pauvre D. M. [2] reviendroit ; il n'a pas tenu à notre petit bonhomme [3] que je n'en aie fait autant que lui. L'aversion qu'il a pour tout ce qui s'appelle lettres et érudition est inconcevable ; il triomfait quand il apprit les nouvelles de la défection de D. M. : « Voilà nos savants, disoit-il, il leur faut des livres, des belles lettres, du commerce avec les gens d'esprit : voilà l'honneur qu'ils nous font ! » Le pauvre homme ne considéroit pas que ce ne sont que les mauvais traitements de ses semblables qui ont mis ce pauvre D. M. dans l'état où il est. Je vous écris un peu plus librement que je ne ferois s'il étoit encore ici [4] : mais il est à la diète, et ira bientôt au chapitre général à Tours ; il pourra partir le 21 ou le 22 de ce mois. Quand il ne sera plus ici, j'aurai plus de liberté de voir les honnêtes gens que je n'ai eu. Bien loin de m'en procurer la connoissance, il a tâché de me décrier dans l'esprit de ceux

---

[1] D. Maur Audren, abbé de Saint-Vincent.

[2] Dom Mathurin Veissière. Il avait déjà quitté l'ordre de Saint-Benoît, et le lendemain du jour où Lobineau écrivait cette lettre, le 14 mai 1696, Veissière partit de Paris déguisé et se rendit à Bâle, où il arriva vers la fin du même mois et, peu de temps après, passa au protestantisme.

[3] Probablement le prieur de Saint-Vincent du Mans, ou celui de la Couture.

[4] Il s'agit du *petit bonhomme* auquel se rapporte la note précédente.

dont j'étois déjà connu. Un des plus grands crimes qu'il m'a reproché, c'est que j'avois habitude avec ce fripon de St Germain[1] (ce sont ses termes) et avec M. l'abbé de la Couture. Je lui pardonne de bon cœur. Mais quand je le verray partir, je chanterai d'aussi bon cœur le psaume : *Eripe me, Domine, ab homine malo.*

A propos de pseaume, je croi que vous ne serez pas fâché d'avoir un motet que j'ai faict (c'est à dire la lettre du motet) pour l'ouverture du jubilé. Le motet est tout pris de l'Écriture, et vient fort bien aux affaires du temps. Le dessein même du roi d'Angleterre[2] et les brouilleries du Parlement y sont assez marqués. Les gens d'esprit de ce pays-ci m'ont donné beaucoup de louanges. Je croi que ce qui l'a fait trouver plus beau (le motet), ce fut la musique. Le maistre du Mans passe pour un des meilleurs de France. Je voudrois avoir aussi bien quelqu'évesque, quelqu'abbé inconnu, quelque découverte dans l'antiquité : je vous l'enverrois bien plus volontiers, cela est plus de votre goût. Mais comme vous m'oublieriez peut-être si je ne vous envoiois rien du tout, j'ai voulu vous envoyer ceci, puisque je n'ay pas d'autre chose. Je suis, avec respect, Monsieur, votre très humble et très obéissant serviteur,

FR. GUI ALEXIS LOBINEAU.

Oratio pro pace tempore belli Arausicani[3], anno 1696, mense aprili.

Isaiæ c. 23. — Ululate, naves maris, quia vastabitur domus unde venire consueverant.

Tacete, qui habitatis in insula. Transite maria. Ululate, qui habitatis in insula.

---

[1] Sans doute dom Veissière.

[2] Guillaume d'Orange, dont la flotte, forte de 100 vaisseaux, avait sans succès bombardé Calais le 13 avril précédent et croisé ensuite sur les côtes de France sans aucun résultat.

[3] La guerre du prince d'Orange contre la France.

Manum suam extendit Dominus super mare ; conturbavit regna.

Ululate, naves maris, quia devastata est fortitudo vestra.

C. 18. — Ite, angeli, veloces ad gentem convulsam et dila-ceratam.

C. 13. — Levate signum, exaltate vocem, levate manum.

C. 14. — Percutite virum qui conturbavit terram, qui concussit regna.

Psalm. 43. — Exsurge, quare obdormis, Domine? Quare faciem tuam avertis? Quare oblivisceris inopiæ nostræ et tribulationis nostræ?

Ps. 81, Is. c. 13, Judith. 16, Ps. 45. — Surge, Deus exer-cituum. Præcipe militiæ belli a summitate cœli. Effunde frameam. Voca fortes tuos in ira tua. Contere bella. Gladios confringe. Et igni scuta combure.

Is. c. 64, c. 66, Ps. 121. — Ne irascaris, Domine, satis. Ecce respice, populus tuus nos omnes. Declina super nos flu-vium pacis. Fiat pax in virtute tua.

Is. c. 24. — Et cum pace redeat sonitus lætantium, dulcedo citharæ, tympanorum gaudium.

XLV

DOM AUDREN A M. DE GAIGNIÈRES [1].

(Le Mans, 10 avril 1697.)

Monsieur, je me suis donné l'honneur de vous écrire dans le temps que je priay M. de Chantelou de vous aller voir et de me dire de vos nouvelles. Il m'a mandé qu'il a été à l'hôtel de Guise [2], et qu'on luy a répondu que vous étiez toujours incom-

---

[1] Bibl. Nat., Ms. fr. 24.985, f. 38.

[2] *C'est là que demeurait alors Gaignières. L'hôtel de Guise a été depuis absorbé par l'hôtel Soubise, devenu aujourd'hui le palais des Archives nationales.*

modé et que vous etiez allé prendre l'air de la campagne. Je
souhaite qu'il vous donne une parfaite santé et longue : personne, je vous assure, n'y prend plus d'interêt que moi, personne n'étant à vous d'un dévouement plus parfait, et cela
sans compliment. Vous nous obligerez sensiblement de nous
dire des bonnes nouvelles, et de nous apprendre que vous vous
portez mieux. Je suis avec tout le respect, l'estime et la reconnaissance possible, Monsieur, votre très humble et très
obeissant serviteur,

Au Mans, le 10 avril 1697.

FR. AUDREN, *M. B.*

XLVI

DOM AUDREN A M. DE GAIGNIÈRES [1].

(Le Mans, 10 novembre 1697.)

Le 10 novembre 1697.

Monsieur, on apporta hier au soir les corps de Mme de
Lavardin, de Rostaing, et de Mme de Noailles, pour les mettre
dans la chapelle de Lavardin qui est dans la cathedrale [2]. Le
chapitre reçut les corps à la porte de l'eglise, et on les mit,
après avoir chanté un *Libera,* dans le caveau. La cérémonie
se fit sur les huit heures du soir.

M. le maréchal d'Estrées, M. de Nointel et M. le syndic des
Etats [3] ont eu ordre de M^r le comte de Thoulouse de s'infor-
mer de l'état où se trouvoit notre travail sur l'histoire de
Bretagne. En conséquence de cet ordre, M^r le maréchal me fit

[1] Bibl. nat., Ms. fr., 24,985, f. 42.
[2] La cathédrale du Mans.
[3] Des États de Bretagne. M. de Nointel était intendant, et le maréchal d'Estrées
commandant général de cette province, dont le comte de Toulouse avait le gouvernement, sans y résider.

envoier un exprès de Vitré, où se tiennent les Etats, pour faire venir « *celuy qui avoit soin de l'Histoire de Bretagne.* » Comme on ne me demandoit pas personnellement, je me suis contenté d'y envoyer nos deux historiens [1], qui sont revenus peu contents de M[r] le maréchal et de M. de Nointel, mais très satisfaits de M. le syndic des Etats. Nos ouvriers ayant fait leur rapport à ces messieurs, ils ne s'en sont pas contentés ; ils ont voulu voir notre travail, et on m'envoia un second exprès pour cela. Je leur envoiai deux grands portefeuilles de matière toute digérée dont ils ont paru contents, quoiqu'ils ne soient entrés dans aucun examen. Ils ont dit que M. le comte de Thoulouse y prenoit beaucoup de part, qu'il souhaitoit qu'on n'épargnât rien pour l'exécution d'un si beau dessein : et voilà à quoi le voyage de nos historiens s'est terminé.

On a agi très prudemment de donner une commission au second assistant pour gouverner le monastère de Saint Germain [2] jusqu'à la diète prochaine, qui commencera le 1er jour du mois de may prochain : par cette voie on ne dérange rien, et celui qu'on nommera prieur au mois de may y pourra rester sept ans dans ce poste, ce qui ne se pouvoit si on l'avoit nommé prieur présentement. L'affaire se remettra donc encore sur le bureau dans ce temps. Je sçay qu'on a proposé de faire retourner le père de Loo, sur ce qu'il est agréable à Monseigneur de Paris et qu'il demanda qu'on le continuât encore pour trois ans au chapitre dernier. Le P. abbé de Bourges et le P. A. D. S. V. [3] ont été aussi proposés. Voici les termes dans lesquels on m'en écrit de Saint Germain :

« *On a dit ici bien du mal de vous, et on vous souhaittoit en même temps. On a parlé de vous pour remplir la place*

---

[1] Dom Lobineau et dom Briant.

[2] Saint-Germain-des-Prés.

[3] Le Père abbé de Saint-Vincent, c'est-à-dire dom Audren.

du défunt, et plusieurs des savants s'en sont ouverts bien clairement. On a répondu qu'on ne pouvoit retirer un abbé qu'à une diète. Ce qui a été proposé dans un temps se pourra exécuter dans un autre. »

Je suis très aise que les choses aient pris le tour que vous savez, et vous proteste que, bien loin de souhaitter ce poste, j'en ay tout l'eloignement possible. Je vous diray de plus que si je n'apprehendois de me tirer des ordres de la Providence, je quitterois tout ministère pour travailler sur les antiquités et devenir *M. Pitafe* [1].

Rien ne me tente du côté de Paris que le plaisir de vous voir, de vous entretenir et de vous embrasser. Mais le ministère de portier des Blancs Manteaux ou de Saint Germain me procurera cet avantage mieux que tout autre bénéfice. Je consens que vous me ménagiez ce dernier poste. J'etois très persuadé que vous penseriez en moy dans la conjoncture, et je vous en suis plus obligé que si vous m'aviez fait pape. Si je n'ai pas l'avantage d'être auprès de Monseigneur de Paris, je vous proteste que personne n'honore et ne respecte plus ce premier prélat du royaume, plus encore par son mérite personnel que par son poste, personne, dis-je, ne le respecte plus que moy. Il faut se contenter de le regarder de loin.

Aimez moi toujours, je vous en conjure, et ne doutez pas que je ne sois à vous d'un dévouement sincère et très parfait. Brûlez ma lettre, je vous prie, quand vous l'aurez lue [2].

---

[1] C'était là apparemment, entre amis, le surnom familier de M. de Gaignières, à cause de sa passion pour les tombeaux, les dalles tumulaires et les *épitaphes*.

[2] Cette lettre n'est pas signée, mais l'écriture ne laisse aucun doute sur son auteur.

XLVII

L'ÉVÊQUE DE VANNES A DOM AUDREN [1].

(Vitré, 17 novembre 1697.)

A Vitré, le 17e novembre 97.

Le tracas de noz Etatz m'a empesché, mon Reverend Pere, de repondre aussy tost que je l'aurois deu et souhaicté à l'obligeante lettre dont vous m'avés favorisé icy, et que les religieux qui y sont venus de votre part m'ont rendu. Je vous prie d'etre persuadé que je n'en ay pas pour cela moins de reconnoissance, et que je ne suis pas moins sensible à la continuation de votre souvenir et de votre amitié, qui me seront tousjours infiniment chers.

Je n'ay pas eu le temps d'entretenir voz religieux sur l'état de l'Histoire que vous avés entreprise; il y a des personnes principales qui trouvent que cet ouvrage traîne et tarde trop à paroistre, mais en verité, mon Reverend Pere, c'est que la pluspart du monde ne sçait point ce que cela couste, quand on le veut faire avec exactitude. Je ne doute pas que l'on ne soit bien recompensé de l'attente par la beauté et l'excellence du livre.

Au reste, mon Reverend Pere, si j'ay merité que vous avés encore quelque bonté pour moy, permettés moy de vous supplier d'une grace. On m'a chargé icy d'une commission qui regarde les droitz d'admirauté en Bretagne, et j'ay recours à vous pour avoir là dessus quelques memoires. Il est sans difficulté, apparemment, que parmy ceux de votre Histoire, il s'y en trouvera beaucoup là dessus : ayés donc la bonté de m'en aider, je vous conjure, le plustost qu'il sera possible. Voicy,

---

[1] Bibl. Nat. Ms. fr. 17,707, f. 85.

dans une feuille cy jointe, ce qui doit être éclairci et dont
je vous demande les preuves et les memoires.

Je suis toujours de tout mon cœur, et avec toute l'estime et
la sincerité possible, mon Reverend Pere, votre tres humble
et tres obeissant serviteur,

† D'Argouges, E. de Vannes [1].

XLVIII

Dom Audren a M. de Gaignières [2].

(Le Mans, 20 avril 1698?)

Au Mans, le 20 avril.

Monsieur, je me conformeray tres exactement à ce que
vous souhaitez de moi à l'egard de M. l'abbé Le Grand, et je
tâcheray de luy marquer que M. de Gaignières a tout droit sur
moy. Je le feray inviter par le P. prieur d'Evron à prendre une
chambre à St Vincent. Il y doit arriver le 23 de ce mois, à ce
que m'a dit le Père procureur, qui etoit au Mans il y a quatre
jours.

Quand vous sçaurez si on est content ou non du memoire
que j'ay envoié sur l'amirauté de Bretagne [3], je vous prie de
me dire ce qu'on en pense, en bien ou en mal, et quel jugement
vous en portez vous-même. Je suis toujours avec l'attachement
ordinaire, Monsieur, votre très humble et très obeissant
serviteur,

Fr. Maur Audren M. B. [4].

[1] François d'Argouges, nommé évêque de Vannes en 1687, sacré le 30 mars
1692, mourut dans son diocèse au mois de mars 1716. (D. Morice, Hist. de Bret.
II, p. xxxviij). Quoique cette lettre ait perdu son enveloppe et son adresse, il suffit
d'en rapprocher les premières lignes du second paragraphe de la précédente pour
se convaincre qu'elle ne peut être adressée qu'à dom Audren.

[2] Bibl. Nat. Ms. fr. 24,985, f. 40.

[3] Le mémoire demandé par l'évêque de Vannes dans la lettre précédente.

[4] Cette lettre, comme toutes les précédentes, porte pour adresse: « A Monsieur,
Monsieur de Gaignières à l'hotel de Guise à Paris. »

XLIX

Dom Lobineau a M. de Gaignières [1]

(Le Mans, 5 janvier 1701.)

Vous êtes trop véritable, Monsieur, pour n'être pas cru sur votre seule parole, quand vous nous assurez que nous vous accusions à tort, le P. prieur [2] et moi, de nous avoir oubliés. Mais je voudrois bien, pour n'avoir plus de sujet de doute si vous vous souvenez encore de vos serviteurs du Mans, que ce temps heureux pût revenir pendant lequel on voyoit fréquemment de vos lettres en ce pays-ci, ou du moins des nouvelles de la main de Clermont [3].

Est-il possible que vous vous soyez ennuyé de bien faire? Souffrez que je vous réveille au commencement de ce siècle, en vous le souhaitant très heureux, et que je vous demande, pour marque de votre souvenir, que vous veuillez bien prendre la peine de me faire savoir de vos nouvelles plus souvent qu'une fois l'an, et que lorsque vous aurez quelque nouveauté curieuse, vous chargiez M. Clermont de m'en faire part. C'est un secours dont j'ai besoin quelquefois pour me reveiller un peu l'esprit, que le travail et l'application émoussent et appesantissent. Je vous offrirois de vous rendre la pareille, si j'étois en lieu où il se passât rien qui fût digne de votre curiosité.

Je suis avec un fidèle attachement, Monsieur, votre très humble et très obéissant serviteur,

F. GUI ALEXIS LOBINEAU.

A la Couture, le 5 de 1701.

[1] Bibl. Nat. Ms. fr. 24,988, f. 127.

[2] Le prieur de Notre-Dame de la Couture, c'est-à-dire dom Audren, qui joignait alors ce titre à celui d'abbé de Saint-Vincent. Ces deux abbayes étaient dans la ville du Mans.

[3] Qui servait de secrétaire à M. de Gaignières.

L'embarras des visites a empêché le P. prieur de trouver un seul moment pour avoir l'honneur de vous escrire. Ce sera le plus tôt qu'il pourra. En attendant, il vous assure de ses humbles respects par moi.

L

DOM AUDREN A M. DE GAIGNIÈRES [1].

(Le Mans, 16 janvier 1701.)

Au Mans, le 16 janvier 1701.

Monsieur, agréez que pour un moment je vous arreste au milieu de vos importantes occupations, pour vous renouveller les assurances de mes très humbles respects, de mon estime et d'une entière vénération, et pour vous souhaitter une heureuse année, conforme à tous vos desirs, et pour vous protester que personne n'est d'un dévouement plus parfait que je le suis et le seray toute ma vie, Monsieur, votre très humble et très obéissant serviteur.

FR. MAUR AUDREN *M. B.*

Dom Alexis vous a dit des nouvelles de l'Histoire de Bretagne [2]. Je n'ay rien à y ajouter [3].

[1] Bibl. Nat. Ms. fr. 24,985, f. 44.
[2] Dom Audren croyait qu'en écrivant à Gaignières, dix jours auparavant, D. Lobineau lui avait parlé de l'avancement de ses travaux; c'était une erreur, comme on le voit par le N° XLIX.
[3] Cette lettre porte encore l'adresse habituelle: *A Monsieur, Monsieur de Gaignières, à l'hôtel de Guise, à Paris.* — Mais une main peu experte en écriture a inscrit au dessus: *Vis avi les Inquirablè,* ce qui annonce le changement d'adresse qui se produit dans les lettres suivantes.

6

LI

DOM AUDREN A M. DE GAIGNIÈRES [1].

(Le Mans, 27 novembre 1701.)

Au Mans, le 27 novembre 1701.

C'est ma faute, et je n'ay garde de m'en prendre à vous,
Monsieur, de l'interruption qui est arrivée dans notre
commerce. J'ai adressé mes lettres à l'hotel de Guise, et vous
étiez dans votre belle maison proche les Incurables. Je devois
m'en informer et j'aurois profité de temps en temps de
l'honneur des marques de votre souvenir. Je ne sçay à quoi
attribuer la perte des lettres que vous m'avez fait l'honneur de
m'écrire et que je n'ay point reçues : mais sans examiner ce
que nous ne pourrions peut être pas découvrir, je vous proteste que cette interruption n'a pas excité le moindre changement dans mes dispositions à votre égard, et que je conserve
pour vous tous les sentiments de respect, d'estime et de veneration que je dois à une personne de votre caractère. Enfin je
suis dans le même dévouement pour vous que vous marquez
avoir reconnu en moy, et vous trouverez en moy la même
ouverture de cœur et la même attention à tout ce qui vous
peut faire plaisir. Emploiez moy, je vous en conjure.

Je ne vous diray point de nouvelles. Dom Alexis vous
honore toujours parfaitement. Il vous présente ses très
humbles respects, en attendant qu'il vous écrive luy-même.
Je crois qu'il a encore pour six mois de travail pour finir
l'Histoire de Bretagne. Nous pourrons dans ce temps là vous
la communiquer pour en avoir votre sentiment et celuy de vos
amis. Dom Alexis a été cette année huit mois à Nantes pour

[1] Bibl. Nat. Ms. fr. 24,985, f. 46.

ramasser à la Chambre des comptes ce qui nous manquoit. Il est très content de son voiage. On ne peut être d'un dévouement plus entier que je le suis et avec plus de respect et d'estime, Monsieur, votre très humble et très obéissant serviteur.

Fr. Maur Audren M. B.

(Sur l'adresse : <i>A Monsieur Monsieur de Gaignieres, Grande rue de Seve, vis à vis les Incurables, à Paris</i> [1].)

LII

Dom Audren a M. de Gaignières [2].

(Le Mans, 8 janvier 1702.)

Au Mans, le 8 janvier 1702.

Monsieur, je forme pour vous tous les souhaits qu'on peut faire pour une personne qu'on estime et qu'on honore parfaitement à ce renouvellement d'année, et je vous assure que la protestation que je vous en fais part d'un cœur qui vous est entièrement dévoué, et qui estimeroit cette année très heureuse pour luy s'il pouvoit vous être bon à quelque chose.

Je me suis déjà donné l'honneur de vous mander en quel état se trouvoit l'Histoire de Bretagne. Dom Alexis compte de la finir dans six mois. Je ne parle point de la notice de la province, du catalogue des évêques des neuf évêchés, des abbés des communautés, et tout cela peut encore faire un troisième volume.

Le frère Jean [3], que vous avez vu à St Aubin dans le temps que vous fûtes à Angers, est des nôtres; quoique je l'aie fait

---

[1] Les lettres suivantes à M. de Gaignières portent la même adresse.

[2] Bibl. Nat. Ms. fr. 24,985, f. 48.

[3] Probablement frère Jean Chaperon, qui a gravé plusieurs des planches de l'<i>Hisoire de Bretagne</i>.

venir pour travailler à un autel, je luy ay fait prendre quelque
chose à Nantes et ailleurs; mais M. Boudan avait pris tout
cela. On ne peut être d'un plus profond respect, et d'une plus
parfaite estime que je le suis, Monsieur, votre très humble et
très obéissant serviteur.

FR. MAUR AUDREN M. B.

LIII

DOM LOBINEAU A M. DE GAIGNIÈRES [1].

(Le Mans, 29 avril 1702.)

Vous avez contribué, Monsieur, à l'embellissement de l'Histoire de Bretagne par de beaux et précieux extraits que vous
avez eu la bonté de nous communiquer: et je croi que vous
ne trouverez pas mauvais que je vous apprenne qu'il y a près
d'un mois que j'ai mis la dernière main à cette Histoire pour
ce qui regarde la composition. Il reste, avant que de l'imprimer, à la polir avec le secours des savants, et c'est ce que
je ne puis faire en province. Pour me procurer les secours qui
me sont nécessaires dans cette rencontre, le R. P. prieur a
écrit au P. General, afin de demander une place pour moi à
Paris; mais je doute, si d'autres ne s'en meslent, que l'on se
presse beaucoup de m'y appeler, parce que les lettres et les
sciences commencent à manquer d'appui à St Germain des
Prés. Enfin, quoi qu'il arrive, rien ne me flatte davantage, dans
l'idée que je me forme que je pourrai y aller, que de me représenter que j'aurai l'honneur de vous voir et de profiter de vos
lumières.

Je vous supplie, en attendant, de vouloir bien me conserver

[1] Bibl. Nat. Ms. fr. 24,988, f. 129.

un peu de part dans votre souvenir; si M. de Valaincourt [1]
vous parle de l'Histoire de Bretagne, de lui en dire ce que je
vous en ai appris; et d'être persuadé que l'on ne peut être
avec plus d'attachement entièrement dévoué à vous que l'est,
Monsieur, votre très humble et très obéissant serviteur.

F. G. ALEXIS LOBINEAU.

A la Coulture, au Mans, le 29 avril 1702.

LIV

DOM LOBINEAU A DOM MABILLON [2].

(Le Mans, 16 août 1702.)

Pax Christi.

Mon Reverend Père, il est bien juste que tout le monde con-
tribue à l'ouvrage que vous avez entrepris pour la gloire de
tout l'ordre de Saint Benoist. Je vous envoie, pour ma part du
tribut que tous vos confreres vous doivent, cinq figures de
moines qui pourront peut estre servir à l'embellissement de
vos Annales [3]. Les deux premières, je les ai prises à Saint-
Aubin [4], où elles sont peintes sur les voûtes il y a plus de 600
ans. J'ai copié les trois dernières d'apres un monument qui
est dans nostre eglise de la Coulture. Le P. du Vivier l'a cru
du VIIIe siècle; mais il s'est trompé de près de 600 ans, comme
vous en jugerez vous-mesme par l'inspection de la crosse qui
est dans la troisième figure. Pour moi, je crois ces trois der-

---

[1] Il s'agit ici de J.-B.-Henri du Trousset de *Valincour,* secrétaire général de la
Marine et du comte de Toulouse, ami de Boileau, qui lui dédia sa satire XI, composée
en 1698. En 1699, il remplaça Racine à l'Académie française et mourut le 5 janvier
1730.

[2] Bibl. Nat., Ms. fr. *Correspondance de D. Mabillon,* t. VI, f. 259.

[3] *Annales Ordinis sancti Benedicti.*

[4] L'abbaye de Saint-Aubin d'Angers.

nières figures du XII⁰ ou du XIII⁰ siècle. De mon costé, j'ai enfin achevé l'Histoire de Brétagne ; vous avez dit trop de bien des commencements pour ne pas apprendre avec plaisir les nouvelles que je vous dis de la fin.

Je suis avec un respect singulier, mon Révérend Père, votre très humble et très obéissant serviteur et confrère.

G. ALEXIS LOBINEAU *M. B.*

A la Coulture, au Mans, le 16 aoust 1702. — Frère M. A. [1] renouvelle à V. R. les assurances de son tres humble respect et de son estime.

LIV *bis*

DOM LOBINEAU A DOM MABILLON [2].

(Le Mans, 20 décembre 1702.)

Pax Christi.

Mon Reverend Pere, je ne me suis pas contenté de ce que j'ai respondu à la lettre que vous m'avez fait l'honneur de m'escrire sur le sujet de Plats [3]. J'ai eu peur que Brain ne fust une pure production de l'imagination trop vive du feu P. Gallois; j'en ai escrit au P. prieur de Redon, qui m'a fait la response que je vous envoie qui décide l'affaire en faveur de Brain. Quand vous croirez que je pourrai vous estre bon à quelque chose, je vous prie de ne pas m'épargner. Je suis avec

[1] Frère Maur Audren.

[2] Bibl. Nat. Ms. fr. *Corr. de Mabillon*, VI, 265.

[3] Plats, Platz ou Plaz, en latin *Placium* ou *Placitum*, indiqué dans les actes de saint Melaine comme le lieu de naissance de ce grand évêque, est représenté aujourd'hui par le village de Placet en la commune de Brain, canton et arr. de Redon, Ille-et-Vilaine. Ce village, omis par la carte de l'état-major, figure sur celle de Cassini (n° 129), à l'ouest du bourg paroissial de Brain et très-près de la Vilaine, rive droite.

beaucoup de respect, Mon Reverend Père, votre tres humble
et tres obéissant serviteur et confrere.

G. ALEXIS LOBINEAU *M. B.*

A la Coulture, le 20 decembre 1702. — Si vous croiiez que
des extraits d'un cérémonial de la Coulture, escrit au
commencement du XIII⁰ siècle, pussent vous estre de quelque
usage, je les ferois volontiers pour vous. Je vous prie de faire
mes compliments au R. P. Dom Thierri Ruynart.

LV

DOM AUDREN A M. DE GAIGNIÈRES [1].

(Le Mans, 9 janvier 1703.)

Au Mans, le 9 janvier 1703.

Monsieur, je vous souhaitte à mon tour la bonne année et
tout ce qu'il faut selon votre goût pour vous rendre parfaitement heureux. Je suis toujours très sensible à l'honneur de
votre souvenir et aux marques que vous avez la bonté de me
donner. Je n'oublierai jamais les heureux moments que j'ay eu
l'avantage de passer en votre compagnie, et je fais tout le cas
que je dois de l'honneur de votre connoissance que votre
séjour au Mans m'a procuré. Je vous demande avec instance
toujours quelque part dans l'honneur de votre amitié.

L'Histoire de Bretagne est finie, et j'ay fait quelques tentatives pour ménager une place à Paris à dom Alexis Lobineau,
dans le dessein de donner à cet ouvrage toute la perfection
dont il est capable par le moien des personnes éclairées qu'on
ne trouve point en province. On ne m'a pas voulu accorder ce

[1] Biblioth. Nat. Ms. fr. 24, 985, f. 50.

que je demandois, et on s'est contenté de me mander que je
pouvois la faire imprimer en Bretagne.

Dans le mois d'octobre dernier, dom Alexis se trouva chez
M. le procureur general de la Chambre des comptes de Bretagne, où il lut une bonne partie de l'Histoire à M. l'abbé de
Caumartin, qui marqua en être très content et s'est chargé de
demander au R. P. General une place à St Germain ou aux
Blancs Manteaux, persuadé qu'on ne le luy refusera pas. Voilà
l'état de cette affaire. Quand je verray quelque chose de fixé,
je prendray la liberté de vous en informer. Mais il faut attendre
l'effet de la négociation de M. l'abbé Caumartin pour pouvoir
parler sûrement.

Je suis toujours penetré de sentiments de respect et d'estime
pour vous, et vous assure qu'on ne peut être d'un dévouement
plus entier et avec plus d'attachement que je le suis, Monsieur,
votre très humble et très obéissant serviteur.

Fr. Maur Audren M. B.

LVI

Dom Lobineau a M. de Gaignières

(Le Mans, 10 janvier 1703.)

Je n'ai point reçu, Monsieur, la lettre que vous m'avez fait
l'honneur de m'ecrire de Forges, et je suis ravi d'apprendre
par votre dernière que vous ne m'avez point tout à fait oublié.
Je regarde comme une bagatelle que vous ayez oublié que je
m'appelois Alexis, et que vous m'aiez appelé Denis, et c'est
plutôt une faute de plume que de mémoire. Soiez persuadé,
je vous en conjure, que quelque part que je sois, vous trou-

---

¹ Bibl. Nat. Ms. fr. 24,988, f. 131.

verez toujours en moi une personne entièrement devouee à vous servir.

Il m'étoit déjà revenu d'ailleurs que M. l'abbé de Caumartin avoit dit du bien de l'Histoire de Bretagne, il m'a fait dire même qu'il avoit parlé à notre General, et que j'irois à Paris. Comme ce voyage ne depend pas tout à fait de moi, je n'en suis nullement entesté, je supprimerai même l'Histoire si on veut : trop content si on me permet de ne m'occuper que de l'affaire du salut.

Je vous prie de me conserver toujours quelque part dans vos bonnes grâces et de croire que je suis avec respect, attachement et reconnoissance, Monsieur, votre très humble et très obeissant serviteur.

F. G. ALEXIS LOBINEAU.

A la Coulture, le 18 janvier 1703.

LVII

DOM AUDREN A M. DE GAIGNIÈRES

(30 mai 1703.)

Le 30 may 1703.

Monsieur, enfin nous avons tant pressé le R. P. General, qu'il m'a donné ordre d'envoyer dom Alexis à St Germain des Prés quand je le jugeray à propos. J'espère le faire partir avant un mois. M. l'abbé de Caumartin a beaucoup travaillé pour cela, et outre son crédit, il a employé celui de M. le comte de Thoulouse et de Messieurs les députés des Etats de Bretagne. Je fais un si grand fonds sur votre bonté pour moy et pour dom Alexis, que j'espère que vous ne nous refuserez pas vos

---

[1] Bibl. Nat. Ms. fr. 24,985, f. 51. — Cette lettre doit avoir été écrite du Mans, aussi bien que la suivante.

lumières et celles de vos amis pour la protection de l'Histoire de Bretagne. Je vous le demande instamment. Dom Alexis ne partira pas sans une obedience particulière pour vous. Personne n'est d'un dévouement plus entier que je le suis, Monsieur, votre très humble et très obéissant serviteur.

FR. MAUR AUDREN M. B.

LVIII

DOM AUDREN A M. DE GAIGNIÈRES

(10 juin 1703.)

Le 10 juin 1703.

Monsieur, enfin voilà dom Alexis à Paris. Je vous conjure de le prendre sous votre protection, et de prendre à son egard la qualité de son ange tutelaire. Je vous abandonne tous mes droits et sur l'historien et sur l'Histoire. C'est presentement votre ouvrage, et si dans la suite le public se plaint qu'il n'a pas toute la perfection qu'il pourroit avoir, je ne manqueray pas de dire qu'on s'en doit prendre à M. de Gaignières. Vous trouverez dans l'historien toute la docilité qu'on doit exiger d'un autheur qui souhaite passionnément de donner au public un ouvrage fini et qui contente.

M. Bricard [2] travaille à mettre les archives du chapitre du Mans en ordre. Si, dans la conjoncture, je pouvois vous être bon à quelque chose, vous m'obligeriez très sensiblement de m'employer. Vous pouvez toujours compter que personne n'est avec plus de respect et d'estime, ny d'un dévouement plus entier que je le suis, Monsieur, votre très humble et très obéissant serviteur.

FR. MAUR AUDREN M. B.

---

[1] Bibl. Nat. Ms. fr. 24,985, f. 53.

[2] Ou peut-être *Boicard,* qui sans doute se serait prononcé *Boiçard.*

LIX

Dom Lobineau a M. de Gaignières

(Paris, 18 juin 1703.)

Le transport de joie où j'ai été en vous voyant, soit chez vous, soit ici, m'a fait oublier, Monsieur, que j'avois une lettre du R. P. Audren à vous rendre. Je vous demande pardon du peu d'attention que j'ai eu, en vous voyant, à toute autre chose qu'à vous seul. J'ai trouvé aujourd'hui M. Hoiau dans la rue de la Harpe ; sa rencontre m'a fait beaucoup de plaisir ; il m'a dit qu'il viendrait me voir, et cela m'en ferait encore beaucoup si je croyais qu'il fût vu de bon œil de quelques personnes avec qui j'ai à me ménager. Je vous supplie, si vous le voyez avant moi, de vouloir bien lui marquer que je ne le puis voir que chez lui, et que ce sera le plus souvent qu'il me sera possible, y étant porté par inclination. Pardon de la liberté que je prends. Je suis avec tout le respect et l'attachement possible, Monsieur, votre très humble et très obéissant serviteur.

Fr. G. Al. Lobineau.

A St-Germain des Prez, le 18 juin 1703.

LX

Première note du P. Léonard de Sainte-Catherine [2].

(Août à novembre 1703.)

Memoire concernant l'impression de la nouvelle Histoire de Bretagne composée par les Bénédictins.

A Paris, le 10e aoust 1703. — Dom Alexis Lobineau, moine

[1] Bibl. Nat. Ms. fr. 24,988, f. 133.
[2] Archives nationales, carton K 1151, n° 17. — Le P. Léonard de Ste-Catherine,

Bénédictin de la Congregation de Saint-Maur, qui n'a gueres plus de trente ans [1], et neantmoins habile dans les langues, les actes, theologie, histoire ecclésiastique, etc., est venu à Paris depuis peu. Il demeure à l'abbaye de Saint Germain des Prez.

Le R. P. dom Audren, prieur aujourd'hui de l'abbaye de la Coûture au Mans, et qui est ordinairement abbé de Saint Vincent au Mans, a beaucoup contribué au travail de la nouvelle Histoire de Bretagne, pour laquelle ledit dom Alexis a esté envoyé à Paris, pour traiter avec un libraire de l'impression de cette Histoire et sçavoir à quelle somme les frais pourront monter, etc., afin que les Estats de Bretagne, qui en veulent faire la dépense, establissent fonds pour ce, la première assemblée qui se doit tenir.

Il devoit y avoir trois volumes in-folio, mais on les a réduits à deux, sçavoir un de l'*Histoire* et l'autre des *Preuves*. On commencera d'imprimer par le dernier. Le premier traitera de l'histoire civile et, par incident, de l'ecclésiastique.

M. l'abbé de Caumartin, qui est de l'Académie françoise, a cet ouvrage entre les mains pour en retoucher le langage.

Les PP. DD. Denis Brient, Le Gallois, Cossin, Vissieres [2] et dom Alexis Lobineau, ont travaillé le plus à cette Histoire sous le P. D. Audren. Le second et le troisième sont morts il y a du temps, le quatrième est sorti, etc.

Ils ont commencé cet ouvrage en 1689 environ. Dom Alexis

religieux Augustin du couvent des Petits-Pères de Paris, dont il fut prieur vers 1707, puis bibliothécaire jusqu'en 1712, a laissé sur les affaires de son temps toute une série de mémoires et de notes manuscrites, rédigées au jour le jour, de 1692 à 1712, dont partie se trouve aux Archives nationales, partie dans les collections de la Bibliothèque Nationale. Elles sont en général très-sûres et souvent très-curieuses.

[1] Il en avait alors environ 37, étant né en 1666.

[2] *Sic*. Veyssière. Quant à Cossin, nous n'avons aucunement connaissance qu'un religieux de ce nom ait travaillé à l'*Histoire de Bretagne*. En revanche, le P. Léonard oublie D. Rougier.

Lobineau est bien fâché d'avoir mis le manuscrit de son
ouvrage entre les mains de M^r l'abbé de Caumartin, qui l'a
remis entre les mains d'un autre qui en retranchera etc.

De S..., *26 sept. 1703* [1]. — Deux Bénédictins sortent d'icy;
l'un, qui a travaillé à l'histoire de Bretagne pendant quelque
temps, m'a dit que c'estoit à M^r l'abbé de Longueruë que cete
histoire avoit esté confiée pour estre reveuë avant l'impression ; que cet abbé, leur ami, estoit d'avis qu'on retranchât
tout ce qui y estoit des saints de Bretagne, pretendant que ces
choses, estant tirées des legendaires, estoient toutes fausses; il
pensoit qu'on devoit retrancher tout ce qui regardoit l'ancienne
Armorique. Il dit qu'on ne déférera pas à ces avis ; il ajoute
qu'ayant consulté les pieces sur les lieux, ils estoient mieux
instruits et plus capables de juger de ces choses qu'aucun
sçavant de Paris. —

Les Bénédictins ont obtenu des Estats de Bretagne, en 1703,
20,000 ɮ pour l'Histoire de cette province-là, qu'ils font imprimer, à la charge qu'ils fourniront 500 exemplaires en
present [2].

Des 20,000 ɮ dom Audren en prend 3,000 ɮ, apparemment
pour des frais ; le P. Lobineau 3,000 ɮ pour sa pension qu'il
doit payer à Saint Germain des Prez et pour quelques frais.
Le reste sera pour l'impression et la relieure des 500 exemplaires qu'ils doivent fournir aux Estats.

Ces 20,000 ɮ de gratification ont esté obtenues sur la lettre
que dom Lobineau escrivit aux Estats assemblez. Elle est du
15 octobre 1703 [3]. Cette [gratification] fut accordée avec peine,
principalement du costé de la noblesse, ainsy qu'on peut le

---

[1] Tout ce paragraphe est d'une autre main que le reste et inscrit sur un carré
de papier recollé sur la feuille.

[2] Voir ci-dessous le n° LXIV.

[3] Voir ci-dessous le n° LXIII.

voir par la lettre cy jointe [1] de ce Pere à son amy, du ... novembre 1703.

Le s^r Anisson, libraire à Paris, demande pour l'impression de cette Histoire 18,000 #, y compris les frais des graveures. Le s^r Leonard, libraire, ne demande que 16,000 #.

LXI

MEMOIRE DE D. LOBINEAU AUX ETATS DE BRETAGNE [2].

(Paris, 20 septembre 1703.)

1° — *Memoire pour l'Histoire de Bretagne.*

On supplie tres humblement Nosseigneurs des Estats de faire attention à trois choses :

1. Que le R. P. dom Maur Audren, qui a entrepris cette histoire, a fait une despense considérable, sur l'assurance que les Estats lui donnèrent, en 1689 et en 1693, qu'ils y auroient égard; et cette despense, pendant 14 ou 15 ans, se monte, selon le calcul que l'on en a fait voir à monsieur le Sindic des Estats, à 4,537 livres, sur quoi l'on n'a touché que 1,000 l.

2. Que le séjour du P. Lobineau, auteur de cette Histoire, à Paris, où il est depuis le 15 juin de cette année pour travailler à la perfection de son ouvrage et à en procurer l'impression par les plus fameux imprimeurs, lui couste 30 s. par jour pour sa nourriture et sa chambre seulement, ce qui va par an à 540 l. et plus.

3. Qu'il ne se trouve point de libraire qui vueille se charger de tous les frais de l'impression, à cause qu'il s'agit d'une

---

[1] Ci-dessous n° LXV.

[2] Archives départementales d'Ille-et-Vilaine. — Fonds des Etats de Bretagne, liasse 5, D. 1. — Les deux parties de ce mémoire sont écrites en entier de la main de dom Lobineau.

Histoire particulière, qu'ils supposent qui ne peut pas estre d'un aussi grand debit que des Histoires generales.

Toutes ces choses presupposées, le R. P. Audren et l'auteur de cette Histoire declarent que ce n'est point par un interest sordide qu'ils ont rendu service à leur patrie ; et que s'ils ont quelque chose à demander, ce n'est pas dans le dessein de se recompenser eux-mesmes. Ils abandonnent entierement à Nosseigneurs des Estats ce qui touche la recompense, pour ne parler ici que de certaines despenses qui paroissent necessaires.

La première est le remboursement des avances faites par le R. P. Audren. Le Roi a bien voulu marquer à monsieur de Chamillard que c'estoit en quelque façon une dette de la Province ; et S. A. S. Monseigneur le comte de Toulouse l'a escrit de mesme à Monseigneur le mareschal d'Estrée [1].

La seconde est d'assigner une pension à l'auteur pendant qu'il est uniquement occupé de travailler pour la Province, et cela dans un lieu où son séjour lui couste extremement.

La troisiesme est que Nosseigneurs des Estats vueillent bien faire une partie des frais de l'impression. L'on a consulté plusieurs libraires, et tous conviennent que l'impression de l'histoire en deux volumes in-folio, de 225 fueilles chacun, l'un en caractères de saint augustin à 40 l. la feuille et l'autre en caractère de petit cicero à 45 l. la fueille, reviendra à 19,125 l. sur le pied de mille exemplaires. Il y a outre cela pour 5,000 l. de gravures ; quoiqu'on se soit retranché à ce qui est absolument necessaire, comme le portrait de S. A. S. Monseigneur le comte de Toulouze, ceux d'Alain Fergent, d'Ermengarde, de Jean IV, de Jean V, de Pierre II, de Françoise d'Amboise et d'Artur III ; les tombeaux de Pierre Mau-

---

[1] Voir les instructions données à ce sujet aux Commissaires du roi, ci-dessous, n° LXII.

clerc, de Jean I, d'Artur II, de Jean IV, des conestables Guesclin et Clisson, de François II et d'Yoland de Dreux ; le buste
de la reine Anne; 400 sceaux, dont il y en a 67 de 4 pouces de
diametre, 116 de 3 pouces, 149 de 2 pouces, le reste plus
petits ; et une seule vignette pour l'Epistre dedicatoire.

Celui que l'on a trouvé, parmi tous les libraires, qui
demande le moins aux Estats, offre de leur donner 500 exemplaires, à condition que la province fasse les trois-cinquiemes
parties de la despense totale, c'est à dire, qu'elle donne
14,000 l., et cela en un ou deux termes, comme elle le trouvera
bon. Sur quoi il est à remarquer que les 500 exemplaires qu'il
promet aux Estats, à 30 l. chacun, feroient 15,000 l., c'est à
dire 1,000 l. plus que les Estats ne donneroient; et que ce
grand present du libraire retardant le débit du reste des
exemplaires, il est juste qu'il demande un peu plus de la moitié des frais (quoi qu'il garde la moitié des exemplaires) pour
ne pas perdre les intérêts de ses avances.

On n'a pu trouver de composition moins onereuse pour
Nosseigneurs des Etats. On espere qu'ils ne refuseront pas de
faire quelque attention à la bonté que le Roi a eue de marquer
qu'il consentoit qu'ils fissent dans cette rencontre tout ce
qu'ils jugeroient digne d'eux.

Si la despence paroist un peu forte à quelques uns, on les
supplie de considerer que c'est uniquement pour la gloire de
la province que l'on a travaillé ; qu'il ne revient aucun profit
à ceux qui se sont donné la peine de mettre l'Histoire dans
l'estat où elle est; enfin, que Nosseigneurs des Estats peuvent
partager en deux termes ce qu'ils jugeront à propos de
donner.

2° — *Memoire de la despense qui a esté faite pour la nouvelle Histoire de Bretagne.*

1690. — Pour le voiage du P. Gallois et du P. Rougier à Lambale, afin d'y voir les archives de Penthievre, et à St-Brieuc et aux environs pour y voir les archives des catedrales et abbaïes [1], lequel voiage a esté de 5 mois, à 3 l. par jour, sont 450 l. . . . .   450 l.

1691. — Pour le voiage du mesme P. Gallois à Nantes, où il a séjourné pendant 6 mois avec 3 autres religieux, et visité les archives du Chasteau de Nantes et de la Chambre des Comptes [2], à 6 l. par jour, sont 1.080 l. . . . .   1.080 l.

1691. — Pour le voiage et le sejour du P. Rougier à Blein [3], où il a travaillé pendant 2 mois et demi avec 2 autres religieux, à 4 l. 10 s. par jour, sont 337 l. 10 s. . . . .   337 l. 10 s.

1691. — Pour le voiage du R. P. Audren en Basse-Bretagne [4] avec 3 autres religieux, pendant 2 mois, afin de visiter les archives des abbaies et des catedrales, à 8 l. par jour, sont 480 l. . . . .   480 l.

1692. — Pour un autre voiage fait à Guerrande

---

[1] En 1690, D. Le Gallois travailla aussi dans la ville et dans le diocèse de Vannes d'après les lettres de D. Audren des 21 et 30 mars 1690 (ci-dessus n°ˢ XV et XVII).

[2] Ce travail eut lieu, non en 1691, mais l'année suivante, d'après les lettres de D. Audren des 6 et 25 mars 1692 (ci-dessus n°ˢ XXIII et XXIV); il dit même, dans sa lettre du 19 février 1693 (ci-dessus n° XXVIII), qu'il y a « encore pour un mois de travail dans la Chambre des Comptes. »

[3] Cf. lettre de D. Audren du 6 mars 1692.

[4] Ce voyage ne dut avoir lieu qu'en 1692, d'après la lettre de D. Audren du 6 mars de cette année (ci-dessus n° XXIII.)

et aux environs par un religieux pendant
6 semaines, afin de visiter quelques archives,
75 l................................... 75 l.

1691. — Pour le sejour du P. Gallois et du
P. Rougier à St Melaine de Rennes pendant
6 mois[1], 450 l........................... 450 l.

1692. — Pour le transport des memoires et
papiers de l'Histoire, de Redon au Mans [2], 45 l. 45 l.

1694. — Pour le voiage du P. Lobineau et du
P. Brient en Touraine et en Anjou pendant
4 mois, afin d'y voir plusieurs archives d'abbaïes
qui ont des prieurés en Bretagne, et celles des
catedrales de Tours et d'Angers, 180 l........ 180 l.

1696. — Pour le voiage du P. Gallois et du
P. Brient au Mt-St-Michel, Dol, et les environs,
pendant 4 mois [3], 135 l.................... 135 l.

1699. — Pour le voiage du P. Lobineau à
Saint-Malo, Painpont, Dinan et les environs,
pendant 2 mois, 90 l...................... 90 l.

1701. — Pour le voiage du mesme à Nantes et
sejour pendant 4 mois, afin d'achever de voir
la Chambre des Comptes, avec un dessinateur
qu'il a emploié à Nantes et envoié à Ploermel,

[1] Bien que cet article soit daté de 1691, D. Lobineau l'a placé, comme nous le faisons ici, entre deux articles datés de 1692.

[2] Ce transport n'eut lieu qu'en 1693, D. Audren n'ayant été nommé que cette année-là abbé de Saint-Vincent du Mans; il était même encore à Redon le 19 février 1693; voir le n° XXVIII ci-dessus.

[3] Ce voyage est nécessairement de 1695, D. Le Gallois étant mort le 5 novembre de cette année; voir la lettre de D. Audren du 18 décembre 1695 (ci-dessus n° XLII).

Josselin et ailleurs tirer les portraits et tombeaux des ducs, 360 l. ·   360 l.

Pour le voiage du mesme à Paris et sejour, afin d'y perfectionner l'Histoire qu'il a faite ; le voiage 60 l. et le sejour à 30 s. par jour pour 6 mois ; sont 270 l. et 60 l. · · · · · · · · · · · · · · · ·   330 l.

Pour 3 ou 4 rames en plus de grand papier de compte, emploié aux memoires et à dresser quelques genealogies, 80 l. · · · · · · · · · · · · · · · ·   80 l.

Pour 4 rames de papier moien, de 9 l. la rame, 36 l. ·   36 l.

Pour 3 rames de moindre papier, 9 l. · · · · · · · ·   9 l.

Pour les ports de lettres et de pacquets, messages et presents faits aux gardes des chartres, pendant l'espace de 14 ans, 400 l. · · · · · · · · · · · ·   400 l.

Somme totale · · · · · · · · · · · · · · · · · · ·	4.537 l. 10 s.
Receu ·	1.000 l.
Reste ·	3.537 l. 10 s.

Arresté à St Germain des Prés, le 20e de septembre 1703.

F. Gui Alexis Lobineau.

LXII

Instructions pour les Commissaires du Roi aux États de Bretagne [1].

(Fontainebleau, 2 octobre 1703.)

Projet d'instruction pour Mr le comte de Thoulouze, amiral

---

[1] Archives nationales, carton coté G 7 183 (Contrôle général des Finances). — Ces instructions forment un cahier ms. de 8 ff. pet. in-f° ; l'article que nous reproduisons commence au 7e f. v° et termine la pièce.

de France, gouverneur et lieutenant general pour le Roi
au païs et duché de Bretagne, ou en son absence le s^r comte
d'Estrées, mareschal de France... comme aussi les s^{rs} Be-
chameil de Nointel, conseiller d'Estat, la Guibourgere,
conseiller au Parlement de Bretagne, pour assister en
qualité de Commissaires de Sa Majesté en l'assemblée des
Estats convoquée à Vannes le 22 du present mois (octobre
1703.)

Sa Majesté aiant permis aux Estats de faire travailler à
une nouvelle Histoire de la province de Bretagne, à laquelle
deux Pères Bénédictins de la ville du Mans ont vacqué pendant près de 14 ans, dont la depense jusqu'à present est esti-
mée, suivant leurs memoires, à 4,537 #; et lesdits Estats aiant
fait connoistre à Sa Majesté le dessein qu'ils ont de la faire
imprimer d'une manière qui soit digne du prince à qui ils ont
intention de la dedier et de la province qu'elle représente, dont
on estime que les frais pourront monter à 14,000 # ou environ;
ce que lesdits Estats n'osent entreprendre dans la conjoncture
presente de leurs affaires, qui ne peut leur permettre une
pareille entreprise sans la permission de Sa Majesté : lesdits
sieurs Commissaires examineront avec les sieurs deputés
desdits Estats les memoires qui leur seront donnés pour ce
travail par lesdits Pères Bénédictins, pour estre ensuite pourveu par les Estats au fonds qu'il conviendra, tant pour la
depense du passé que pour celle qui reste à faire, sçavoir.
moitié dans la prochaine tenuë des Estats et l'autre moitié
dans la tenuë des Estats qui se fera en l'année 1705.

Fait à Fontainebleau le 2e octobre 1703.

LXIII

PREMIÈRE LETTRE DE LOBINEAU AUX ÉTATS DE BRETAGNE

(15 octobre 1703.)

Lettre à Nosseigneurs des Estats de Bretagne touchant la nouvelle Histoire de la Province composée par les soins du R. P. dom Maur Audren, sur les titres et les auteurs originaux, par le P. Lobineau assisté du P. dom Denys Brient. — M.DCCIII [1].

NOSSEIGNEURS,

Il y a quatorze ans [2] que vous engageâtes le R. P. Audren de Kerdrel à travailler à une nouvelle Histoire de Bretagne. Il estoit absolument necessaire, comme vous le jugeâtes vous-mêmes, d'en faire une nouvelle, les anciennes estant fort éloignées de la perfection où l'on pouvoit atteindre.

La plus ancienne de toutes est celle de Pierre Le Baud. Elle a son mérite ; l'auteur estoit d'un grand travail et d'une grande exactitude : mais sans compter que cette histoire ne va que jusqu'à la mort du duc Artur III, les commencements en sont remplis de beaucoup de fables insoutenables, et dans la suite il y manque une infinité de faits.

La Cronique de Bretagne, écrite par Alain Bouchard quelque temps après, est un ouvrage qui a tous les mêmes défauts et plus sensibles encore, les fables y estant étendües et les faits racourcis.

L'Histoire de M. d'Argentré est venue ensuite. Le respect qu'il a eu pour le travail de Pierre Le Baud l'a empêché de rien changer à ce qu'il y a trouvé, mais on ne peut assez louer l'exactitude avec laquelle il a continué l'ouvrage jusqu'au temps de l'union de la Bretagne à la couronne de France. Cependant, nonobstant cette exactitude laborieuse, il luy est échappé beaucoup de faits très-importants, qu'il a fallu chercher ailleurs pour rendre notre histoire complette, et ces faits se sont trouvés, tant dans les auteurs qui n'étoient point imprimés du temps de Pierre Le Baud, ni du temps de M. d'Argentré, que dans les titres originaux, que ni l'un

---

[1] Imprimé de 11 pages chiffrées in-4°. Pris sur l'exemplaire du greffe des États de Bretagne. Arch. d'Ille-et-Vilaine, liasse 5 D 2. 15.

[2] En 1689.

ni l'autre n'avoient pu voir ou dont ils avoient negligé de faire la recherche.

Aussitost que vous eûtes marqué vos intentions au R. P. Audren, pour lors prieur de Redon, il chercha parmi les religieux de la province des gens capables de travailler à cet ouvrage et chargea les uns du soin d'examiner les livres imprimez et les autres de visiter les archives de la province et des païs voisins.

Personne n'étoit plus capable que luy de vacquer à cette recherche, de faire une critique exacte des faits, et même de composer l'Histoire; mais les occupations de la superiorité l'empêchant de se donner tout entier à cette sorte de travail, il s'est contenté de presider à l'ouvrage, de diriger ceux qu'il employoit, de les animer, de les proteger contre toutes les contradictions que l'on a eu à souffrir, et de fournir liberalement à toutes les dépenses qu'il a fallu faire, soit pour l'achat des livres necessaires, soit pour les longs et frequents voyages que l'on a esté obligé d'entreprendre pour ramasser les materiaux, soit pour l'entretien des religieux qu'il a employez à cet ouvrage, qui estoient regardez comme surnumeraires dans leurs communautez, ne pouvant, à cause de leur occupation, y rendre tous les mêmes services que les autres.

L'effet de ses soins a esté que l'on ne croit pas qu'il se trouve, dans les livres imprimez, aucun fait digne d'avoir place dans l'Histoire de Bretagne qui ne soit venu à nostre connoissance, et qu'on a fait un recueil très-ample et très-precieux de titres, d'actes de saints, de croniques, et d'autres memoires, tant pour l'histoire en general que pour ce qui regarde les maisons et les familles particulières.

Ce grand et riche recueil eust esté inutile, s'il ne se fust trouvé quelqu'un, qui par le moyen d'une critique exacte, judicieuse et sévère, eust sçû débrouiller la verité d'avec l'erreur, donner aux faits leur veritable place, accorder les contrarietez des auteurs, fixer les dates obscures ou incertaines et découvrir les interests et les motifs qui ont esté cause des evenemens; et cette critique laborieuse estoit une disposition necessaire à l'Histoire, qui est cependant un travail fort different, demandant un stile simple et uni, qui puisse instruire agréablement le lecteur, par la nouveauté, la sureté et l'enchainement des faits, sans l'ennuyer par des discours embrouillez, tels que le sont assez ordinairement les dissertations critiques.

La première partie de ce travail, qui se devoit faire sur les memoires, c'est-à-dire l'examen des faits, a esté heureusement executé par le

P. dom Denis Brient, lequel avec un soin laborieux a débrouillé ce qui estoit obscur, ruiné la fable, établi la verité et arrangé tous les faits jusqu'à l'an 1364, sans compter un grand nombre de généalogies des plus illustres maisons, qu'il a dressées sur les titres, et les catalogues des évêques et des abbez, qu'il a rétablis [1].

Son travail, qui a esté d'un si grand secours à l'auteur de la nouvelle Histoire de Bretagne, n'eust pas esté moins utile au P. Gallois, si Dieu n'en eust disposé autrement. Le P. Gallois estoit un esprit du premier ordre, et quand il se chargea de composer l'Histoire, on peut dire qu'elle estoit tombée en partage à un homme très-capable de la bien faire. Mais, à peine estoit-il sorti de ces temps obscurs, où l'on n'a que les légendaires pour guide, que Dieu l'appela.

Une mort subite l'ayant enlevé tout d'un coup, on jetta les yeux sur celuy qui fait cet exposé aux Estats, et on le chargea d'acquitter la parole qui leur avoit esté donnée. Deux raisons, l'honneur de la province qui luy a donné le jour, et ce qu'il devoit au R. P. Audren, qui l'a élevé dans la vie religieuse, l'engagèrent à quitter toute autre étude, pour se consacrer uniquement à l'histoire de sa province; et il y a sacrifié sept années de son temps [2] avec toute l'application dont il a esté capable.

Il est enfin venu à bout de ce long et penible travail, et a mis l'Histoire en état de paroistre; à moins que vous ne cessiez, Nosseigneurs, de favoriser la fin, comme vous avez bien voulu favoriser les commencements.

On peut dire que la nouvelle Histoire n'est point au dessous de vostre attente, et que l'auteur, en la traitant avec aussi peu de prevention que si c'eust esté une histoire étrangère, a cependant fait autant d'honneur au pays, et surtout à la noblesse, que l'écrivain le plus partial et le plus passionné en auroit pu faire. En effet, pourquoy affecter la flatterie, quand on trouve dans la vérité toute nüe des avantages plus solides? Il n'y a point d'eloge plus glorieux, et moins sujet à exciter la jalousie, que le simple récit des actions qui meritent des louanges. Mais il ne faut pas croire que l'auteur se soit borné à ne parler que de ce qui estoit avanta-

---

[1] Ainsi, ces catalogues, qui ont été imprimés à la fin du tome II de l'*Histoire de Bretagne* de D. Morice, et que l'on a l'habitude d'attribuer à celui-ci ou à D. Taillandier, son continuateur, sont en réalité, au moins pour la plus grande partie, de D. Denys Briant (car c'est la vraie orthographe de ce nom).

[2] D'après cela, c'est en 1696 que Lobineau fut appelé à remplacer D. Le Gallois dans la composition de l'*Histoire de Bretagne*: ce qui cadre très-bien avec la lettre de D. Audren du 18 décembre 1695, ci-dessus n° XLII.

geux à la nation; il eût esté contre la bonne foi d'ensevelir sous le silence tout ce qui ne pouvoit pas servir de matière à une eloge ; l'auteur s'est souvenu qu'il composoit une histoire et non pas un panegyrique; et qu'il est presqu'aussi avantageux de savoir les fautes de nos ancestres que les actions qui leur ont acquis le plus de gloire.

Pour donner une idée juste de cette Histoire, il faut en faire voir icy, en peu de mots, la suite et l'economie. On y a suivy l'ordre des temps et on l'a divisée, non pas en chapitres, ni par regnes, mais en livres à peu près egaux. La première sorte de division est plus propre aux traitez de doctrine qu'à de grandes histoires, et sans exemple dans les anciens auteurs que l'on s'est proposé pour modèle ; et la division par regnes eût esté sujette à trop d'inegalitez ; d'ailleurs ce n'est pas tant l'histoire des Ducs que l'on a faite que celle du pays même.

Ces livres sont au nombre de vingt-deux, et ils contiennent le recit de tout ce qui s'est passé en Bretagne depuis l'an 458 jusqu'à l'an 1532, aussi bien que des entreprises où les Bretons ont eu part. La première de ces deux époques est, à peu près, celle de l'arrivée des Bretons dans l'Armorique; et l'autre est celle de l'union de la Bretagne à la couronne de France. Il est facile de voir, par la date que l'on a mise dans cette Histoire pour l'arrivée des Bretons, que l'on s'est écarté du système des autres historiens de Bretagne; on trouvera dans les preuves du premier livre les raisons que l'on a eües d'en user de la sorte [1], et l'on verra par la lecture de ce premier livre la difference qu'il y a entre la fable et la verité.

Dans ce livre et dans les suivants, on trouvera un nombre prodigieux de faits obmis par les autres historiens de Bretagne et beaucoup qui ne sont même dans aucun auteur. Du nombre de ces faits nouveaux sont plusieurs eloges de saints, un très grand nombre de fondations d'eglises catedrales et d'abbayes, beaucoup de conciles, plus de trois ou quatre cens ambassades, un grand nombre de traitez de paix et de confederation, des mariages inconnus aux auteurs, des princes et princesses dont personne n'avoit parlé, le vray lieu de plusieurs batailles découvert, plusieurs voyages et expeditions des Ducs et des princes bretons, quelques souverains de la Bretagne dont personne n'avoit fait mention, beaucoup de sieges qu'on ne voit point ailleurs, la vie de plusieurs grands hommes de la province,

[1] Malheureusement, l'obligation de restreindre à deux les trois volumes de l'*Histoire de Bretagne* préparés par Lobineau (voir ci-dessus, n° LX) contraignit, à l'impression, de supprimer ces preuves.

de grands differens entre les eglises, des accords singuliers entre les seigneurs, des enquestes très curieuses, des guerres entre particuliers in-
connües jusqu'à present, beaucoup de conferences et d'entrevues de
princes , des détails très-amples de guerres ou de negociations qui n'a-
voient esté touchées que legèrement par les autres auteurs, le détail de
quelques conspiration dont personne n'avoit parlé, l'origine des ermines
de Bretagne, le catalogue des chevaliers de l'ordre de l'Ermine, des intrigues fort extraordinaires, le vrai traité de Pierre Mauclerc avec S. Louis
substitué à la place du faux que l'on trouve dans les auteurs bretons et
françois, le lieu de la sepulture de plusieurs Ducs rétabli contre ce que
plusieurs autres historiens ont dit, l'histoire du procès de la regale trai-
tée d'une manière particulière et très curieuse, les constitutions du duc
Jean II et de Jean III, les droits des Ducs éclaircis; l'affaire de la metro-
pole entre Tours et Dol dans toute son étendue, l'origine de plusieurs
droits tant des seigneurs que des ecclesiastiques, plusieurs tenües d'Estats dont les auteurs n'ont rien dit, les noms de plusieurs seigneurs et
capitaines corrompus dans les autres auteurs et rétablis dans cette Histoire, beaucoup d'acquisitions des Ducs dont les historiens n'ont rien écrit.
On ne fait pas ici un plus grand détail des faits nouveaux et des découvertes particulières à cette Histoire, mais on peut assurer en general
que cela fait plus de la moitié de cet ouvrage.

Il faut adjouter au nombre des découvertes les portraits des mœurs
que l'on a donné à la fin des IXe, XIe, XIIe et du XVe siècle; morceaux
d'autant plus à estimer, qu'on n'y a rien mis qui n'ait sa preuve : on y a
aussi parlé de l'origine de la noblesse et de l'origine des grandes maisons
de la province

On a, en même temps, donné un catalogue de plus de cinq mille noms
de familles nobles differentes, que l'on a trouvées dans les titres; encore
ne les a-t-on pas tous vûs; le temps, les guerres, les incendies, la défiance
ou la negligence des particuliers nous ayant dérobé la connoissance d'une
bonne partie de ces sortes de pièces.

Cette Histoire, qui est d'une si grande étendue, a esté composée avec
une exactitude scrupuleuse sur les titres et les auteurs originaux. On y a
evité les conjectures trop hardies, les raisonnemens metaphysiques et
même les reflexions étudiées. Tout y est uni, simple et naturel; enfin ce
ne sont que des faits dont l'enchainement, qui paroîtra aisé au lecteur,
n'a pas laissé de coûter beaucoup à l'auteur.

Quand on s'est servi des auteurs imprimez, on s'est contenté de les citer à la marge, excepté quand il a esté question de quelques termes energiques et decisifs; alors on a raporté les propres paroles des auteurs. Pour ce qui est de ceux qui n'ont pas encore vu le jour, on en a mis fidellement dans les Preuves tout ce qui convient au sujet.

Ces Preuves sont un corps à part, et relevent extremement le merite de l'Histoire, dont elles sont le double ou le triple, quoy qu'on en fera qu'un volume in-folio, de même que de l'Histoire; mais on imprimera les Preuves en plus petit caractère et à deux colonnes.

Outre les auteurs non imprimez, les croniques manuscrites, les actes originaux des saints et quelques éclaircissemens sur des dates obscures et sur des points d'erudition, l'on trouvera dans ces Preuves une quantité surprenante de pièces, comme fondations, transactions, notices, sentences, arrests, traitez de paix, confederations, negociations, instructions d'ambassadeurs, deliberations, procedures, tenües d'Estats, testaments, contrals de mariages, partages, rolles de montres, estats de la maison des Ducs, enquestes, comptes des tresoriers generaux, compagnies d'hommes d'armes, erections de baronnies, de bannières et de justices; créations d'offices, privileges, ambassades actives et passives, ceremonies, tournois, duels, choix d'armes, reglemens pour la justice et pour la milice. Enfin c'est un tresor pour les savans, et encore plus pour la noblesse du pays, qui trouvera dans ce recueil de quoy se faire honneur, avec cet avantage, qu'il n'y a aucune autre province qui ait encore produit rien de semblable.

Ces pièces ont été tirées des archives du Chasteau de Nantes, de la Chambre des Comptes de Bretagne, des registres du Parlement, du presidial de Rennes, des archives de la maison de Rohan au chasteau de Blein; des titres du Chastel, d'Acigné et de Malestroit et autres grandes terres, à Brissac; du tresor de Chasteau-Brient; des archives des eglises catedrales de Nantes, de Rennes, de S. Malo, de S. Brieuc, de Quimper, de Dol, de Vannes, de Treguier, de S. Pol et de plusieurs autres chapitres; des abbayes de Redon, de S. Melaine, du Mont Saint Michel, de Landevenec, de Kemperlé, de Busé, de Villeneufve, de Savigné, de la Vieuville, de S. Aubin des Bois, de Marmoutier, de Fontevrault, des abbayes d'Angers, de S. Florent et autres, du chasteau de Vitré, des archives de Penthièvre et des titres de quelques maisons particulières. Le tout a esté copié fidellement sur les originaux par les frères dom Antoine Le Gallois, dom Joseph Rougier, homme infatigable pour le travail et très habile à déchifrer les vieilles écritures; dom Denys Brient, non moins laborieux et surtout excellent critique; par l'auteur de cette Histoire, et quelques autres.

On a fait aussi dessiner les portraits de plusieurs Ducs et leurs tombeaux par un homme très entendu dans cette sorte de travail, et l'on doit les faire graver en taille douce. On y ajoutera près de quatre cens sceaux des Ducs et des seigneurs particuliers, ce qui fera un ornement à l'Histoire, sans lequel elle seroit imparfaite.

Voilà, Nosseigneurs, quelle a esté l'execution de ce grand travail, auquel vous nous avez engagez. Il ne reste plus qu'à le donner au jour, avec toute la perfection qu'il merite, tant par rapport à S. A. S. Mgr le comte de Toulouse, à qui on l'a dedié, que par rapport à la province dont on y a fait l'histoire: et c'est surquoy l'on attend quelle sera votre resolution.

L'on n'entre icy dans aucun détail avec vous sur ce sujet; quelques personnes de distinction et de cette illustre assemblée ont bien voulu se charger de vous faire ce détail, en vous assurant qu'il estoit difficile de jetter les yeux sur personne, pour faire l'Histoire de vostre province, qui avec autant d'amour pour la vérité, eust pour vous, Nosseigneurs, plus de zèle, de veneration et d'attachement, que celuy qui a pris la liberté de vous adresser cette lettre.

Le 15 octobre 1703.

LXIV

DÉLIBÉRATION DES ETATS DE BRETAGNE [1].

(Vannes, 9 novembre 1703.)

Du vendredi 9e novembre 1703, 8 h. du matin.

Monseigneur l'evesque de Vannes
Monseigneur le duc de Rohan
Monsieur le sénéchal de Vannes [2].

Mr le Procureur general sindic a remonstré que les Peres Benedictins qui ont travaillé à l'Histoire de Bretagne luy ont

---

[1] Archives d'Ille-et-Vilaine. Registre des délibérations des États de Bretagne, tenue de 1703, à Vannes.

[2] Ce sont les présidents des trois Ordres, nommés, selon l'usage, en tête du procès-verbal de la séance.

envoié un memoire [1], par lequel ils representent qu'ils en ont
entrepris la composition sur l'assurance que leur donnèrent
Messieurs des Etats, aux années 1689 et 1693, de pourvoir à la
depence qu'un si grand ouvrage demandoit. Ils y ont travaillé
pendant quatorze à quinze ans consecutifs avec des recherches
incroyables et une exactitude laborieuse, et sont enfin venus
à bout de ce long et penible travail, qu'ils ont mis en état de
paroistre, pourveu que les Etats en favorisent le succès par le
remboursement de la depence qui a esté faite et en fournis-
sant aux frais de l'impression, graveure et relieure. Qu'à cet
effet lesdits religieux ont donné le memoire de la depence par
eux faite jusqu'à ce jour, qu'ils font monter à 4.537 livres 10
sols. Sur quoy les Etats n'ayant payé que 1.000 livres seulement, il leur est encore deub 3.537 livres 10 sols de reste. Et
qu'à l'égard des frais pour l'impression de l'Histoire en deux
volumes in-folio de 225 feuilles chacun, l'un en caractere de
saint-augustin et l'autre en caractere de petit cicero, et pour
la graveure, outre celle du portrait de Son Altesse Serenissime
Mgr le Comte de Toulouze, qui a permis que le livre luy soit
dedié, ceux d'Allain Fergent, d'Ermengarde, de Jean IV, de
Jean V, de Pierre II, de Françoise d'Amboise et d'Artur III,
les tombeaux de Pierre Mauclerc, de Jean Ier, d'Artur II, de
Jean IV, des conestables du Guesclin, Clisson et de Richemont,
de François II et d'Yolande de Dreux, le buste de la royne
Anne, 400 sceaux dont il y en a 67 de quatre pouces de dia-
mètre, 149 de deux pouces, le reste plus petit, et une vignette
pour l'épître dedicatoire, le tout en papier carré d'Auvergne,
ils ne trouvent point de libraires qui se veuillent charger de
cette entreprise à moins de 14.000 livres pour les trois cinquiesmes de la depence totale, les deux autres cinquiesmes

[1] C'est le mémoire de Lobineau, du 20 septembre 1703, imprimé ci-dessus sous
le n° LXI.

restans pour le compte de l'imprimeur, lequel, en faveur des 14.000 livres qu'il demande, fournira gratis à MM. des Etats 500 exemplaires de l'*Histoire* et autres 500 exemplaires des *Preuves,* deuement reliés ; parce qu'aussi ils assigneront une pension au Père Benedictin qui en est l'autheur, dans la ville de Paris, jusqu'à la perfection de l'impression. Mondit sieur le Procureur general sindic a remonstré de plus que Nosseigneurs les Commissaires l'ont chargé d'informer l'Assemblée que Sa Majesté a permis qu'elle examine la depence convenable pour cet ouvrage et pour le remboursement des PP. Benedictins, et qu'en informant Nosdits seigneurs les Commissaires, il sera permis à MM. des Etats de faire fonds de cette depence.

Pour deliberer sur cette proposition, Messieurs des Ordres se sont retirés aux chambres et, retournés sur le théâtre, Les Estats, sur la requeste des Peres Benedictins, ont accordé aux dits Pères Benedictins qui ont travaillé à l'Histoire de Bretagne la somme de vingt mille livres, dont il leur sera fait fonds en cette tenue et dans les deux subsequentes, tiers à tiers, tant pour le payement de la depence faite jusqu'à ce jour que pour les frais de l'impression, graveure et relieure et pour toutes choses en general, y compris mesme la pension du religieux qui restera à Paris jusqu'à l'impression parfaite, sans que lesdits religieux ny aucune autre personne puissent rien demander à ce sujet aux Estats, sous quelque raison et pretexte que ce soit ; et seront obligés les imprimeurs qui entreprendront l'ouvrage de le rendre parfait et relié en veau, avec l'écusson aux armes my-party de France et de Bretagne, dans trois ans pour tout delay, et d'en fournir dans le mesme temps aux Estats 500 exemplaires de l'*Histoire* et autres 500 exemplaires des *Preuves* deuement reliés et bien conditionnés, pour estre distribués aux trois Ordres, sçavoir 200 à l'ordre de l'Eglise, 200 à l'ordre de la Noblesse, et 100 à l'ordre du Tiers

Estat, pour ceux des trois ordres qui sont actuellement presents en cette assize ; et dès à present M. le President du Tiers
a réglé le mémoire de ceux de son Ordre auxquels la distribution s'en doit faire, qu'il a signé, ci-joint au present pour
estre enregistré au greffe des Estats et y avoir recours en
temps et lieu ; et fourniront de plus les exemplaires pour les
officiers des Estats. Et pour faire la révision de l'ouvrage et
veiller à sa perfection, impression et édition, mesme pour
l'ordre et les termes du payement des 20.000 livres ordonnées
en cette assemblée, Mr de Caumartin, abbé de Buzé, a esté
nommé par les Estats et prié d'en prendre le soin ; et pour
servir d'instruction, a esté ordonné que les deux memoires des
Pères Bénédictins, l'un signé *Guy-Alexis Lobineau,* datté
de l'abbaye de St Germain des Prez le 20^{esme} septembre 1703,
et l'autre de la mesme main dudit Père Lobineau sans datte,
avec la lettre imprimée adressée par luy à Messieurs des
Estats [1], demeureront en leur greffe.

> Signé : F. D'ARGOUGES, *E. de Vannes,* LOUIS DE ROHAN-
> CHABOT et P. DONDEL [2].

LXV

DOM LOBINEAU A M. HOYAU [3].

(Novembre 1703.)

A Paris, en novembre 1703 [4]. — La lettre que j'ay escritte

---

[1] Reproduite ci-dessus sous le n° LXIII.

[2] Signatures des présidents des trois Ordres.

[3] Archives nationales, carton coté K 1151, n° 16. — D'après une copie contem-
poraine jointe aux notes du P. Léonard de Sainte-Catherine, qui la mentionne dans
son Mémoire imprimé ci-dessus sous le n° LX. — En tête de cette copie est écrit
ce titre : *Lettre de dom Alexis Lobineau, Bénédictin, à M. Hoyau, au Mans, au sujet
de la nouvelle Histoire de Bretagne.*

[4] Ce n'est point là évidemment la date que Lobineau avait donnée à sa lettre;

aux Estats de Bretagne fit une tres favorable impression sur
toutte l'assemblée, où elle fut luë publiquement par le sindic
des Estats, qui lut ensuitte un autre memoire plus detaillé de
la depense passée et future, puis fit entendre que le Roy
donnoit son entière approbation à l'ouvrage et approuveroit
tout ce que les Estats feroient en cette rencontre. Cela dit,
chascun des trois Ordres se retira à part. Le Clergé et le Tiers
Estat, sans hesiter, ordonnèrent les vint mille livres. La Noblesse, au contraire, ne vouloit rien donner du tout. Un vieux
gouverneur, mon patron particulier, plus fin que les autres,
leur dit : Messieurs, cela est hónteux de ne rien donner ; au
moins faut-il rembourser les frais du passé. — Son avis fut
appuyé de mes autres amis, et il fut enfin reglé qu'on donneroit 1,000 escus, et rien plus.

Ce qu'il y a de fin dans ce petit tour de main, c'est que,
quand un des trois corps [1] ne donne rien, les deux autres
ne peuvent rien donner ; mais, un donnant, les deux autres
peuvent augmenter le don *ad libitum.*

Cela estant fait et les chambres rassemblées [2], la Noblesse
se mit à crier : *Rien, rien!* — Surtout un certain Pouldu [3]
crioit : *Cela est honteux de donner 20 mille livre à des
moines qui sont si riches, pendant que tant de pauvres gentilshommes meurent de faim!* — Mon vieux patron respondit : Messieurs, il n'est plus temps de dire *rien,* puisque nous
venons de dire *mille escus.* — M. le duc de Rohan et l'evesque

c'est celle du mois où le P. Léonard fit entrer dans sa collection de mémoires ce
fragment de lettre, car il n'y a ici qu'un extrait et non une lettre complète. Mais le
détail très-circonstancié que renferme cet extrait prouve que la lettre avait été écrite
au lendemain de la délibération des États, peu de jours après le 9 novembre 1703.

[1] Un des trois Ordres.

[2] C'est-à-dire les trois Ordres s'étant réunis pour prendre une délibération en
commun.

[3] C'était un Rohan d'une branche cadette, fort inférieure en biens aux branches
de Soubise et de Guémené, mais en orgueil leur égale.

de Vannes, qui avoient l'affaire à cœur [1], aussy bien que le président du Tiers Estat, dirent qu'il avoit raison, et l'avis des 20 mille livres fut suivi. On en fit le rapport aux Commissaires du Roy, qui approuvèrent la délibération. Cette petitte affaire ne laissa pas d'occuper les Estats depuis neuf heures du matin jusques à deux heures apres midy.

LXVI

DOM AUDREN A M. DE GAIGNIÈRES [2].

(18 novembre 1703.)

Le 18 novembre 1703.

Je ne suis pas si indifferent que vous le marquez, Monsieur, à l'egard de mon sejour de Paris, puisque j'ay l'avantage d'y avoir un si genereux ami que vous. Rien ne me pourroit être plus agréable que de demeurer auprès d'une personne que j'honore, que j'estime, que je respecte, souffrez que j'ajoute, que j'aime autant que vous. Mais il se faut soumettre aux ordres de la Providence, qui jusqu'à present en a disposé autrement : je ne sçay ce qui en arrivera dans la suite.

Dom Alexis se peut consoler facilement de mon absence, puisque vous avez la bonté de vous interesser à la perfection de l'Histoire de Bretagne, et que par un surcroît de genérosité vous y joignez le secours de vos amis. La part que je prends à cette entreprise m'oblige à vous en marquer ma parfaite reconnaissance, et à vous assurer que je suis plus que personne, et d'un entier dévouement, Monsieur, votre très humble et très obéissant serviteur.

FR. MAUR AUDREN *M. B.*

---

[1] Les Rohan-Chabot, dont était le duc, n'entrèrent point dans la petite guerre, odieuse et ridicule, déclarée à Lobineau par les Soubise, les Guémené et les Pouldu. Voir ci-dessous les nᵒˢ LXVII, LXXVI, LXXVII.

[2] Biblioth. Nat. Ms. fr. 24,985, f. 55.

LXVII

Seconde note du P. Léonard de Sainte-Catherine [1].

(Mai 1704.)

*Memoire concernant la nouvelle Histoire de Bretagne que
les PP. Benedictins veulent faire imprimer.*

A Paris, ce 21 may 1704. — Dom Alexis Lobineau, moine
benedictin, trouve de grandes difficultez pour faire imprimer
l'Histoire de Bretagne, pour quoy il a esté envoyé à Paris il
y a un an environ.

La maison de Soubize, cadette de Rohan, a employé son
crédit, qui est grand, pour empescher que M[r] le Chancelier ne
fît delivrer le privilege. Madame de Soubize, qui est puissante [2], ayant appris que les auteurs de cette histoire traitoient
de fable celle de Conan Meriadek, roy de Bretagne, dont les
Rohan se vantent de descendre, cette dame en a esté porter
ses plaintes à M[r] le Chancelier, qui a dit à dom Lobineau qu'il
ne luy accorderoit point de privilege pour la susdite Histoire,
à moins que madame de Soubize n'en fût satisfaite.

Pour cet effet, il a fallu que le moine ayt porté le manuscrit
de cet ouvrage, avec l'abbé de Caumartin qui s'intéresse fort
pour ce livre [3], chez Mr de Soubize, evesque de Strasbourg [4]
qui est à Paris, fils de ladite dame, qui a examiné cette His-

[1] Archives nationales, carton K 1151, n° 18.

[2] Anne Chabot, dame de Soubise, morte en 1709, seconde femme de François
de Rohan, fils d'Hercule de Rohan, duc de Monbazon. Sans avoir jamais été la maî-
tresse avouée du roi, elle jouit constamment auprès de Louis XIV de la plus haute
faveur. Jusqu'ici on ignorait que cette faveur l'eût érigée en juge des ouvrages
d'érudition et des doctrines historiques.

[3] Il est abbé de Buzay dans le diocèse de Nantes (note du P. Léonard).

[4] Armand-Gaston de Rohan-Soubise, fils de Mme de Soubise, plus tard grand
aumônier du roi et cardinal; né en 1674, mort en 1749.

toire; et comme il a de la capacité, après plusieurs conférences au sujet de cet ouvrage dans les points d'histoire qui regardent sa maison, et surtout au sujet de Conan Meriadek, il a reconnu que c'estoit une fable. Mais il a declaré que sa maison pretend qu'on insère dans cette Histoire un memoire qu'ils ont fait dresser en leur faveur, touchant l'ancienneté de la famille de Mrs de Rohan. Et comme il est apparemment contre la vérité de l'histoire, dom Lobineau ne peut se résoudre à y consentir, quoique les superieurs de la Congregation, dom Thierry Ruinart et le sçavant P. dom Mabillon etc., le portent de donner satisfaction à la maison de Soubize. M^r l'evesque de Strasbourg l'est venu trouver deux ou trois fois pour conférer avec luy et prier ce moine de ne pas faire cette difficulté [1].

C'est l'abbé Renaudot qui a esté nommé par M^r le Chancelier pour examiner cette histoire; il finit sur la fin de may 1704.

Il est à remarquer que cette famille de Soubize est (depuis deux ou trois ans [2]), en grand differend avec M. le duc de Rohan-Chabot, qui est duc de Rohan pour en avoir espousé l'heritière. Les Soubize ne veulent pas que le duc se qualifie simplement de Rohan sans y ajouter le nom de Chabot, prétendant qu'ils sont d'une plus ancienne et illustre noblesse, et M^r le duc de Rohan pretend par ses factums que la famille des Chabot est plus illustre et ancienne, et que les Soubize n'ont tiré toute leur grandeur et éclat que par les Rohan, etc.

De plus il y a une antipathie au sujet de l'ancienneté entre la famille de Soubize et la maison de Bouillon. Ces derniers pretendent descendre d'Acfred, duc de Guyenne et comte

---

[1] Tous ces faits, jusqu'ici inconnus, font le plus grand honneur au caractère de dom Lobineau.

[2] Ces cinq mots, que nous mettons entre parenthèse, sont en marge dans l'original.

d'Auvergne, ainsi qu'ils en ont voulu produire des titres, contre lesquels on a escrit pour en faire voir la fausseté.

Ainsy, si l'on met quelque faux titre dans cette Histoire [1], on ne manquera pas d'escrire contre.

On ne doute point que les Estats de Bretagne, qui ont adopté cette Histoire et qui ont donné 20,000 l. pour l'impression, ne soient pas contents de ce procedé de la maison de Soubize, d'autant plus qu'elle n'a point de rang aux Estats, et que M[r] le duc de Rohan, qui en a, y est adoré.

LXVIII

Le comte de Lannion a dom Lobineau [2].

(Bischheim, 9 octobre 1705.)

Mon Reverend Père, je vous suis infiniment obligé de la table que vous m'avez envoyé de ce que vous avez dit de mon nom et de mes ancestres dans le 2e volume des *Preuves* de vostre Histoire de Bretagne, que vous avez fait imprimer avant l'Histoire mesme. Mr Feugray m'a aussi mandé qu'il y avoit des pièces qui lui estoient incognues, aussi bien qu'à moy. Comme il a fait beaucoup de recherches pour les preuves d'une fille que j'ay chanoinesse en Allemagne, où il n'y a que des comtesses d'Empire qui y entrent; l'abbesse estant de la maison de Furstemberg et parente de Madame de Lannion par la maison de La Marck, elle a désiré avoir une des filles de Madame de Lannion dans son chapitre, et comme il ne veullent dans leure chapitre que des maisons très illustrées, Mr Feugray a esté obligé de faire chercher dans la Chambre des Comptes de Nantes et ailleurs tous les titres honorifiques qui

---

[1] Dans l'*Histoire de Bretagne* des Bénédictins.
[2] Bibl. Nat. Ms. fr. 20,941, f. 86.

regardoient mon nom et ma maison. Je vous envoie un memoire de tous ces titres, dont il a les originaux, qu'il pourra vous faire voir si vous le desirez, afin de pouvoir placer ce que vous trouverez le plus à propos dans votre Histoire. Vous me ferez plaisir, mon Reverend Père, si vous y pouvez placer encore quelques uns de ses articles.

Je suis honteux du petit present que Mr Feugray vous a fait. Soyez persuadé, mon Reverend Père, que je n'en demeurerai pas là; je chercheray toute ma vie avec empressement et vivacité les occasions de vous pouvoir marquer qu'on ne peut vous honorer et estimer plus parfaitement que je fais, qui suis, mon Reverend Père, votre très-humble et très obeissant serviteur,

LE COMTE DE LANNION.

Au camp de Bischen [1], près Strasbourg, le 9e octobre 1705.

Le Roy m'a destiné pour commander cet hiver dans la province d'Alsace ; mon principal sejour sera à Huningue. J'espere que vous me ferez la grâce de m'y escrire quelquefois et m'informer de vos nouvelles. Je suis tres touché de ce que cela m'empeschera d'avoir l'honneur de vous voir cet hiver à Paris. Depuis le commencement de cette guerre je n'ay pu obtenir de congé, et je n'ay pas quitté tous les hivers la frontière.

LXIX

DÉLIBÉRATION DES ÉTATS DE BRETAGNE [2].

(Vitré, 23 novembre 1705.)

Du lundy 23e novembre 1705, 9 h. du matin.

Monsieur le Procureur general sindic a dit que Sa Majesté

[1] Bischheim, commune du canton de Schiltigheim, arrond. de Strasbourg, Bas-Rhin.
[2] Archives d'Ille-et-Vilaine. Registres des délibérations des États de Bretagne, tenue de 1705 à Vitré.

demande qu'il soit fait un fonds de 13,333 l. 6 s. 8 d. pour le second et troisième payement de la somme de 20,000 livres, que les Estats sont convenus de payer aux Peres Benedictins qui travaillent à l'*Histoire de Bretagne.*

Pour deliberer sur les propositions faites par M^r le Procureur general sindic, Messieurs des Ordres se sont retirés aux Chambres et, retournés sur le théâtre ¹, LES ESTATS ont ordonné.......

.....Et sur la demande de 13,333 l. 6 s. 8 d. pour le second et troisiesme paiement des 20,000 livres accordées aux Pères Benedictins qui travaillent à l'*Histoire de Bretagne,* ordonnent LES ESTATS que leur deliberation, arrestée en leur dernière assemblée à Vannes l'an 1703, sera executée selon sa forme et teneur ².

---

¹ Le *théâtre* était la salle dans laquelle les trois ordres des États de Bretagne se réunissaient pour conclure leurs délibérations en commun, après avoir délibéré séparément *aux chambres.* La réunion des trois ordres pour les délibérations en commun s'appelait l'*assemblée.*

² Il est nécessaire d'expliquer ici en quoi consistait la différence entre la demande du Procureur-syndic et la résolution prise par les États. Le 9 novembre 1703, les États avaient alloué aux Bénédictins, pour l'*Histoire de Bretagne,* une somme de 20,000 livres qui devait être votée, tiers par tiers, dans chacune des trois tenues des États de 1703, 1705 et 1707 (les États de Bretagne ne se réunissant alors que de deux en deux ans). Le premier tiers (6,666 l. 13 s. 4 d.) avait été voté en 1703, et les États n'entendaient voter en 1705 que le second tiers, remettant à la tenue de 1707 le vote du troisième ; et comme les États se tenaient vers la fin de l'année, ce dernier tiers n'aurait pu être payé qu'en 1708. Le roi, au contraire, voulait et demandait par ses Commissaires (comme on le verra dans la délibération du 27 novembre, ci-dessous n° LXX) que l'on achevât de payer les 20,000 livres aux Bénédictins avant la fin de l'année 1707, afin que la publication de l'*Histoire de Bretagne* ne fût pas retardée. Le 23 novembre, les États maintinrent leur système de 1703 ; mais les Commissaires du roi insistèrent et, le 27 novembre, ils eurent gain de cause (voir n° LXX).

LXX

AUTRE DÉLIBÉRATION DES ETATS DE BRETAGNE

(Vitré, 27 novembre 1705.)

Du vendredi 27 novembre 1705, 10 h. du matin.

M^r le Procureur general sindic a dit que Nosseigneurs les Commissaires du Roy l'avoient chargé de demander aux Estats leur reponse positive sur tous les articles dont le Roy veut qu'ils fassent le fonds en cette assemblée et qu'il a proposés de leur part le 23e de ce mois ; qu'ils avoient mesme esté informés que l'ordonnance rendue en cette assise ² pour les Peres Benedictins qui travaillent à l'*Histoire de Bretagne,* au sujet du paiement des 13.333 livres 6 sols 8 deniers qui leur sont deues de reste des 20.000 livres à eux accordées par les Estats en 1703, n'est pas conforme aux intentions du Roy, qui veut que la somme leur soit payée dans le courant des années 1706 et 1707, suivant les instructions de la Cour, requérant l'assemblée d'y satisfaire ³.

Pour deliberer sur le requisitoire dudit Procureur general sindic a esté renvoyé aux chambres, l'assemblée remise à ce

---

¹ Arch. d'Ille-et-Vilaine. Registres des délibérations des Etats de Bretagne, tenue de 1705 à Vitré.

² En cette session des Etats de Bretagne.

³ Cette insistance du gouvernement du roi pour faire payer le plus tôt possible aux Bénédictins l'allocation de 20,000 livres — c'est-à-dire pour procurer le plus tôt possible la publication de l'*Histoire* de Lobineau — est à noter. On a dit souvent que le gouvernement de Louis XIV avait été hostile à cette *Histoire,* parce qu'elle fournissait des armes aux défenseurs des libertés provinciales de la Bretagne. Cette assertion est, on le voit, tout à fait fausse. Le gouvernement, qui avait fait examiner cette histoire par ses censeurs, y avait reconnu une œuvre scientifique d'un haut mérite; il était mieux disposé en sa faveur, plus pressé de la voir publier que les Etats de Bretagne eux-mêmes. Après avoir un instant paru lâcher la bride aux ressentiments de Mme de Soubise et des Rohan, il avait très-justement refusé de s'associer à ces ridicules colères, devenues par cet abandon entièrement impuissantes. Cela est bon à constater.

jour, 3 heures de l'après-midi, ce qui a esté banny par le héraut.

Dudit jour 27 novembre 1705, 3 h. de relevée.

A l'egard de la somme de 13.333 l. 6 s. 8 d. qui restent à payer aux Peres Benedictins qui travaillent à l'*Histoire de Bretagne,* pour le second et dernier tiers de la somme de 20.000 livres leur accordée aux Estats à Vannes par ordonnance du 9e novembre 1703, confirmée en cette 'assemblée par autre ordonnance du 23 de ce mois, LES ESTATS ont ordonné qu'il en sera fait fonds pour leur estre payé, sçavoir, 6.666 l. 13 s. 4 d. pour le second tiers au commencement du mois de janvier prochain, et 3.000 livres sur le dernier tiers à la fin de l'année 1706, en rapportant un certificat de Mr l'abbé de Caumartin que les 500 exemplaires des *Preuves* luy auront esté fournis pour les trois Ordres, mesme ceux pour les officiers des Estats, le tout relié en veau et bien conditionné, avec l'écusson my-party de France et de Bretagne ; et le surplus du dernier tiers, qui est 3.663 l. 13 s. 4 d., leur sera payé à la fin de l'année 1707, en raportant par lesdits Peres Benedictins une descharge des Estats de leur avoir fourny, en leur assemblée de ladite année 1707, les 500 exemplaires de l'*Histoire de Bretagne,* et outre ceux pour les officiers des Estats, le tout relié en veau et bien conditionné, ainsi qu'il est porté dans l'ordonnance de 1703.

LXXI

DOM LOBINEAU AU COMTE DE LANNION

(Paris, 14 mars 1706.)

Il ne faut point, Monsieur, me mettre l'équité devant les

---

¹ Pris sur une copie insérée dans une *Généalogie ms. de la famille de Lannion* appartenant à M. Pol de Courcy, qui a bien voulu nous en donner communication. Cette copie est précédée de ce titre : *Copie d'une lettre du R. P. Lobineau, escrite de Paris le 14e mars 1706 à M. le comte de Lannion.*

yeux pour me porter à vous rendre justice; il suffit de me marquer ce que je puis faire pour vous obliger et laisser à mon inclination à faire le reste. Cette inclination a deux pôles : le premier est d'honorer le nom de Lannion, et l'autre est d'honorer mon ouvrage par un nom comme celuy-là. Ainsy vous devez croire qu'ayant ces deux raisons d'être attentif à ce qui touche la maison de Lannion, il ne m'eschapera rien, après tous les soins que vous vous êtes donnés et après toutes les recherches que j'ay faites. Je puis mesme vous dire qu'il n'y a guère de nom que je ne retranchasse pour faire place au vostre, s'il se trouvoit quelque endroit où il fallût opter; mais j'ay toujours tâché de ne point deplacer les petits en faisant place aux grands, et vous n'aurez point le déplaisir de voir que, pour faire place à Lannion, j'aye mis en oubli quelque autre famille moins considérable.

Mr Feugray et Mr le comte de Murat m'ont remis deux de vos lettres, et le P. Marquer s'est donné la peine de tirer de Mr du Fourny quelques extraits qui m'ont fait plaisir. J'ay eu aussy l'honneur de voir Mr l'abbé de Lannion, qui m'a parlé amplement de ce qui vous regarde. Je ne puis que vous repeter toujours la mesme chose, qui est, Monsieur, que je suis sûr que vous serez content de moy.

Je voudrois bien que vous puissiez estre aux prochains Estats, afin d'y faire regler quelque récompense pour moy, qui m'engageast à continuer mes travaux pour la province; mais je ne souhaite point que vous reveniez qu'avec le baston, que vous avez sy bien merité.

Je suis, avec tout le respect et le dévouement possible, Monsieur, vostre très-humble et très-obéissant serviteur.

G. A. LOBINEAU.

LXXII

DOM AUDREN A M. DE GAIGNIÈRES

(1er septembre 1706.)

Monsieur, on ne peut être plus sensible que je le suis à toutes les marques de bonté et de generosité que vous continuez de me donner. Je vous en fais mes très humbles remercimens, et vous assure que j'en fais tout le cas que je dois. Je vous en demande la continuation, et vous proteste que je conserve pour vous tous les sentiments de respect et d'estime que je vous dois par une infinité de titres.

Il est vrai que notre bibliothèque profite de mon retour à St-Vincent, et si Dieu me conserve encore quelques années dans ce poste, j'espère en faire une des meilleures bibliothèques du royaume. Elle occupe presentement tout le haut du bâtiment neuf. Vous jugez qu'il faut bien des livres pour remplir un vaisseau qui est si vaste. M. Rigaud, avec qui je suis en commerce depuis treize ans, a eu la bonté de faire ma commission à la vente de la bibliothèque de M. Bigot et me mande qu'il m'envoie environ trois milliers pesant de livres, que j'avois designés sur ce catalogue. S'il avoit sçu l'étroite liaison que j'ai l'honneur d'avoir avec vous, il ne vous en auroit pas fait mystère. Il est vray que je luy avois demandé le secret, mais en le luy demandant j'avois plus en vue nos confrères que toute autre personne. Je n'en auray jamais pour vous, je vous en assure, et j'agirai toujours avec vous dans une entière confiance, puisqu'on ne peut être avec plus de respect et d'estime que je le suis, ni d'un dévouement plus

---

[1] Bibl. Nat. Ms. fr. 24,985, f. 57. — Cette lettre doit être écrite du Mans.

entier, Monsieur, votre très humble et très obéissant
serviteur.

FR. MAUR AUDREN *M. B.*

Le 1ᵉʳ septembre 1706.

LXXIII

DOM LOBINEAU AU COMTE DE LANNION [1].

(Paris, 17 novembre 1706.)

L'aplication que j'ay aportée, Monsieur, à faire la table de
mon premier volume, m'a empesché de repondre plus tost aux
trois lettres que vous m'avez fait l'honneur de m'escrire. En
recompense, je vous envoie l'extrait de ma table sur le nom
de Lannion, et cela servira d'excuse à ma paresse.

Vous m'avez apris, dans vostre lettre du 3ᵉ d'octobre, beaucoup de particularités qui m'ont fait plaisir. Le mesme jour
que je la receus, j'eus l'honneur de voir icy M. l'abbé de Lannion, qui m'aprit où l'on pouroit trouver la preuve de toutes
ces choses, et qu'il avoit veu le commencement d'une histoire
des troubles [2], dont je n'ay que deux ou trois cahiers, et qui
feroit le plus bel ornement de mon Histoire, troisiesme volume.
Il me dicta pendant la conversation le memoire que je prends
la liberté de vous envoyer, auquel vous avez respondu par
avance par votre lettre du 24 octobre. Vous m'avez fait plaisir de m'aprendre, par celle du premier de ce mois, où je pourrois trouver encore des memoires de la Ligue en Bretagne,
pendant les guerres civiles sous le règne de Henry IV.

Le seigneur de Quinipily estoit general de l'armée qui estoit

---

[1] D'après une copie insérée dans la *Généalogie ms. de la famille de Lannion* appartenant à M. Pol de Courcy. Cette copie est précédée de ce titre : *Seconde lettre du
R. P. Lobineau en date de Paris, du 17 novembre 1706.*

[2] Des troubles de la Ligue.

en Bretagne, et son frère M. d'Aradon commandoit sous luy, son autre frère le baron de Camor pareillement. George d'Aradon, le quatrième, evesque de Vannes, a travaillé et fait un memoire des guerres de la Ligue dont je suis très-content, et ce sera un des beaux ornements de mon troisième volume. J'y ay aussy veu que Claude de Lannion, baron des Aubrays, estoit beau-frère de M. de Quinipily, et qu'il s'est trouvé en plusieurs actions de guerre avec luy, et que Pierre de Lannion, baron du Vieuxchastel, fils de Claude de Lannion, avoit épousé la fille unique du seigneur d'Aradon.

Je suis toujours, avec un dévouement très sincère et entier, Monsieur, vostre très-humble et très-obéissant serviteur.

G. A. LOBINEAU.

LXXIV

DOM LOBINEAU A UN RELIGIEUX BÉNÉDICTIN DE LA
CONGRÉGATION DE SAINT-MAUR [1].

(Sans date, 1707.)

Le peu de loisir que j'ai ne me permet pas, mon Reverend Pere, de respondre aussi amplement que je le pourrois à la

---

[1] Bibl. Nat. Ms. fr. 20,941, f. 99. — Cette pièce est tout entière de la main de Lobineau ; elle n'a ni date ni signature ; mais c'est visiblement la minute d'une réponse aux critiques d'un censeur, transmises par l'intermédiaire d'un religieux de la Congrégation de Saint-Maur pendant l'impression du tome I*r* de l'*Histoire de Bretagne* contenant la narration historique ; et comme Lobineau renvoie le critique « à l'ouvrage qui s'imprime, » il y a lieu de croire que cette impression était déjà avancée quand il écrivit cette lettre : ce qui la place en l'année 1707. — Dans sa *Réponse* (manuscrite et incomplète) à l'*Histoire critique de l'établissement des Bretons dans les Gaules* de l'abbé de Vertot, dom Lobineau confirme entièrement cette conjecture et nous apprend que le censeur auquel il répond lui avait été donné par les supérieurs de la Congrégation de Saint-Maur et était le Bénédictin dom Liron ; mais il ne nous dit pas le nom de l'intermédiaire auquel cette lettre était adressée pour arriver au censeur. Nous reviendrons ailleurs, avec plus de détail, sur cette affaire, en publiant la *Réponse* inédite de Lobineau à Vertot.

lettre qu'on vous a envoiée. D'ailleurs, je vous avoueray que les entretiens par escrit, entre gens qui se peuvent parler, n'ont jamais esté de mon goust. La surprise, la précipitation, le defaut de memoire ou d'attention, font qu'il eschape de tems en tems des fautes aux esprits les plus exacts, quand on s'entretient avec des amis familierement; et il est tres facheux, lorsque l'on s'aperçoit d'une faute, de n'estre plus le maistre de la reparer. Pour n'en faire que le moins que je pourrai, je respondrai en peu de mots à la lettre dont il est question, renvoiant pour le surplus vostre ami à l'ouvrage qui s'imprime.

Le premier reproche qu'on me fait, c'est d'avoir loué d'Argentré. Je ne pouvois en user autrement, escrivant aux Estats d'une province où la memoire de cet historien est en veneration ; c'en est bien assez de ruiner son ouvrage par le mien, sans insulter encore à sa memoire et faire l'important aux despens d'un mort qui ne peut plus se deffendre.

Autre reproche. J'ai dit ; *l'union de la Bretagne à la couronne de France,* au lieu de dire: *la réunion de la Bretagne au domaine de la couronne.* J'ai parlé comme François premier et les Estats de Bretagne parlèrent en 1532. On ne parla alors que d'*union,* et il ne fut nullement question de *réunion :* ce qui fait voir que ceux qui parlent autrement aujourd'ui ont pris un système inconnu à François Ier. Ce qu'on dit que la Bretagne avoit esté unie à la couronne de France par Clovis en 502, est sans preuve. Charlemagne est le premier qui ait domté les Bretons, qui secouèrent entierement le joug sous Charles le Chauve qui fut contraint d'aprouver ce qu'il ne pouoit empescher. Depuis ce tems-là jusqu'à Gui de Thouars, les Bretons ont vescu dans l'independance qu'ils avoient aportée dans le païs. Cet hommage de la Bretagne aux ducs de Normandie, dont on vous parle dans la lettre, est une fausseté, quoiqu'elle ait plus de cinquante auteurs pour garents. On fait dire à Jean de Montfort beaucoup de choses qui ne sont point dans ses productions de 1341. Il est vrai que, pour faire sa cour au roi, il pretendoit que la Bretagne estoit fief du royaume, et que par consequent la succession au duché se devoit juger par la Coustume de Paris et non par la Coustume de Bretagne ; mais l'arrest de Conflans, en rejettant ses conclusions, a refuté ses principes ; et l'auteur du *Songe du Verger,* qui escrivoit à Paris dans le mesme tems, a establi comme un fait constant que la Bretagne estoit inconfiscable, n'estant point un bienfait des rois, qui ne pouvoient se l'approprier que l'espée à la main, par la loi du plus fort.

Le terme de *souverain,* attribué aux ducs de Bretagne, choque l'auteur de cette lettre. Je n'ai à respondre à cela, sinon que dans tous les hommages rendus aux ducs on les traitoit de *tres redoutés et tres souverains seigneurs,* qu'il y a mille lettres des rois, pour une, où ils déclarent ne vouloir donner aucune atteinte aux droits, préeminences et souverainetés des ducs. A-t-on attendu les temps de Jean IV et de François II pour declarer aux ducs que les rois ne pretendoient avoir aucune inspection en Bretagne sur ce qui regardoit les armes et la monnoie ?

Mais je sens que je m'engage plus que je n'avois compté de m'engager ; cependant je ne puis m'empescher de demander qui est-ce, de nos ducs, qui a esté exécuté et condamné à mort sous la première race de nos rois ? Ce fait m'est inconnu.

Les ducs de Bretagne, dit-on, estoient convoquez à l'arrière ban. Mais on ne dit pas qu'en mesme temps les rois leur donnoient des lettres, par lesquelles ils reconnoissoient que c'estoit sans obligation qu'ils joignoient leurs troupes à celles de la couronne et par le seul devoir d'amitié.

Les rois ne levoient point d'imposts en Bretagne ; ils y

levoient quelquefois des decimes sur le clergé, mais c'estoient
les Papes qui leur en donnoient le droit et non leur couronne.
Le clergé breton n'a jamais esté sous la garde des rois ; ils ont
bien fait des tentatives pour s'attribuer ce droit, mais quand
on en est venu à l'éclaircissement, ils s'en sont desistez, non
seulement depuis Jean IV, mais plus de cent et deux cents ans
auparavant.

On establit comme un fait avéré que les ducs de Bretagne
estoient hommes liges des rois. On n'a aucun hommage d'eux,
par escrit et en original avant celui d'Artur Ier, qui le fit lige.
C'estoit un enfant qui estoit entre les mains du roy. Tous ses
successeurs, à la réserve de Jean Ier, ont tous protesté qu'ils
n'estoient point hommes liges du roi. Cette ligence n'est donc
pas un fait si constant qu'elle doive servir de fondement à un
sistème.

On dit encore qu'on a toujours appellé des sentences des
juges de Bretagne au parlement de Paris. Il est bon de dire ici
qu'on n'y a jamais appellé des sentences de mort.

On dit que je n'ai pas vu le Tresor des chartes du roi. Il est
vrai ; mais j'en ai vu l'inventaire, et c'est tout ce que l'on en
peut voir, et cela suffit.

Du reste, je n'ai épousé aucun sistème, je n'ai d'autre guide
que les faits, persuadé qu'un historien doit suivre les faits et
non pas les amener à ses vües et les tirer par force, pour les
faire entrer, bon gré mal gré, dans la structure d'un sistème
que la prevention seule aura formé. La nature nous a tous faits
paresseux, et c'est la cause pourquoi la pluspart des hommes
aiment mieux establir quelques lois generales pour juger de
tous les faits, que de se donner la peine de juger de chaque
fait en particulier. Cette paresse, qui se répand sur tout, est la
source d'une infinité d'injustices dans la morale, aussi bien
que de tous les travers que l'on voit dans la littérature.

On vous loue ma modestie d'une maniere qui me fait juger qu'elle est suspecte. Mais en vérité je n'ai rien dit, qui ne devienne sensible avec le tems.

Je finirai en remerciant l'auteur de la lettre des louanges qu'il donne à ma politesse; c'est une des vertus civiles des plus necessaires dans le commerce de la vie, et l'on ne doit pas trouver mauvais si j'ai cru qu'il estoit de mon devoir de la cultiver.

LXXV

DEUXIÈME LETTRE DE LOBINEAU AUX ETATS DE BRETAGNE

(1er septembre 1707.)

Lettre à Nosseigneurs des Estats de Bretagne.

> .... *Juvat immemorata ferentem*
> *Ingenuis oculisque legi, manibusque teneri.*
> Horat. I, Epist. xix.

A Paris.
Chez la Veuve François Muguet, Premier
Imprimeur du Roy, du Clergé de France et de
M. l'Archevesque de Paris.
M DCC VII.

AVERTISSEMENT

*On a osté du premier volume de l'*Histoire de Bretagne *la table généalogique; et on la mettra dans le troisième, plus correcte.*

LETTRE A NOSSEIGNEURS DES ESTATS DE BRETAGNE.

MESSEIGNEURS.

Le bonheur que j'ai eu d'executer ce que je vous avois promis, et dans

---

[1] Brochure imprimée de 2 feuillets liminaires et 28 pages chiffrées in-4°. Les 3 premières pages contiennent la *Lettre* proprement dite, et les 25 autres un *Catalogue* de pièces, dont nous donnons un extrait. Il y a un exemplaire de cette *Lettre* à la Bibliothèque Nationale, Imprimés, sous la cote Lk² 454.

le terme qui m'a esté proposé de vostre part, me fait prendre d'autant plus hardiment la liberté de vous entretenir d'un troisième volume de vostre Histoire, que j'ai preparé en imprimant les deux premiers. Il en arrivera de ce volume, comme des deux autres. Quoique je ne me sois proposé, dans ceux-ci, que d'ecrire la verité avec un desinteressement entier, on peut dire cependant que c'est un eloge presque continuel de la nation, parce que les faits parlent d'eux-mesmes à sa gloire. Je puis assurer que le troisième volume n'honorera pas moins nostre patrie. Il est composé de trois sortes de pieces: les unes avoient esté obmises dans le cours de l'impression, soit qu'elles eussent échapé à mes recherches, soit que la peur que j'avois de grossir trop mes volumes, m'eust obligé à les supprimer, ou les abreger; les autres ont esté nouvellement recouvrées; les dernieres enfin regardent les tems postérieurs à l'époque où j'avois jugé à propos de finir l'Histoire de nostre province. Ce recueil ne peut manquer d'estre agreable au public par sa nouveauté, et utile par les lumieres que l'on en peut tirer pour l'Histoire generale, pour les mœurs, et pour le droit commun; mais il doit exciter particulierement la curiosité de nostre province, qui s'y verra distinguée, parmi toutes les autres provinces du Roïaume, par l'éclat d'une noblesse florissante et nombreuse, une pieté singuliere, une fidelité constante, un courage que les dangers n'ont jamais affoibli. Je n'entre point ici dans le détail des pieces qui composent ce recueil, pour en faire valoir le merite particulier; vous le reconnoistrez vous-mesmes mieux que je ne le pourrois expliquer, si vous voulez bien en parcourir le catalogue qui suit cette lettre. J'y ai ajousté une liste de plus de quatre cent sceaux, qui n'ont pû trouver place dans le second volume, parce qu'ils n'y ont point esté appellez par les actes que l'on y a rapportez; mais qui m'ont paru trop dignes d'estre conservez à la postérité, et trop glorieux à ceux qui peuvent y prendre interest, pour ne leur pas donner place à la fin de ce troisième volume, dans lequel on pourra mettre encore quelques portraits, comme celui de la reine Anne dans sa jeunesse, du second Mareschal de Rieux, beau-frere du duc François II, du Mareschal de Gié, de Marie de Bretagne, femme de Gui de Chastillon, etc. L'experience que j'ai faite de vos bontez, MESSEIGNEURS, me fait esperer que le volume que je vous promets ne sera pas receu moins agreablement de vous, que ceux que je prends la liberté de vous presenter. Seize années de mon plus bel âge, consacrées au service de la province, m'ont fait une habitude nécessaire de m'appliquer uniquement à ce qui regarde son Histoire, tant generale que particuliere. Mais cette habitude n'est point de celles dont le joug indispensable fait quelquefois gemir ceux qui les ont contractées; elle est glorieuse pour moi ; et tant que mes services vous seront agreables, je m'estimerai heureux d'avoir esté engagé à preferer cette occupation à toutes les autres dont j'aurois pû me rendre capable. Je suis, avec un profond respect, une parfaite reconnoissance, et un devouëment entier,

MESSEIGNEURS,

Vostre tres-humble, tres-obéissant et tres-obligé serviteur, GUI ALEXIS LOBINEAU, Prestre, et Religieux Benedictin de la Congregation de Saint Maur.

A Paris, le premier Septembre 1707.

—

Catalogue des pièces contenuës dans le troisième volume de l'Histoire de Bretagne [1].

Lettre de François le Senechal, seigᵣ de Kercado, à Messᵣˢ du Conseil, à Rennes, sur la prise, par lui faite, de deux ligueurs.

Projet de règlement dressé par Sébastien de Molac, Gouverneur de Quimper, touchant les droits et prééminences du Gouverneur, pour estre présenté au Roi et ratifié.

Memoire du Gouverneur de Dinan touchant l'estat de la Bretagne, et de ceste place en particulier, pendant la Ligue.

Relation du siége de Vitré fait par le duc de Mercœur, escrite par le Sieur de la Meriaie.

Journal de ce qui s'est passé à Saint Malo depuis le 30 avril 1578 jusqu'au 29 mai 1591, composé par Nicolas Frotet de la Landelle, l'un de ceux qui avoient le plus de part dans les conseils et dans l'execution.

Lettre de Henri IV au Mareschal de Brissac.

Histoire de ce qui s'est passé en Basse-Bretagne pendant les troubles de la Religion, par George d'Aradon, Evesque de Vannes.

---

[1] Ce catalogue, qui n'a pas moins de 25 pp. in-4° (p. 4 à 28), d'un petit caractère serré, renferme, à très-peu de choses près, l'indication de toutes les pièces que Lobineau n'avait pas publiées dans son tome II et qui l'ont été depuis par D. Morice, dans les *Preuves de l'Hist. de Bretagne ;* il indique même bon nombre de documents que D. Morice n'a point imprimés ; nous nous sommes ornés à relever les principaux, qui se trouvent indiqués aux pp. 24, 26 et 28 de la *Deuxième Lettre* de Lobineau.

Memoire des Marchands et Habitans de Saint-Malo presenté au Roi sur le sujet de la Nouvelle France.

Arrest du Conseil d'Estat touchant la seance des Evesques de Rennes et de Dol aux Estats.

Harangue tres-vive faite aux Estats de 1623, contre l'établissement de nouveaux financiers et des tailles en Bretagne, proposé de la part du Roi.

Autre harangue, faite aux mesmes Estats [de 1623], pour les detourner de demander au Roi de passer en Edit qu'il n'y auroit plus que les neuf Barons qui presidassent aux Estats, et qu'en leur absence on procederoit à l'election. L'auteur fait voir que cela est contraire aux interests de la Province, et que les Bannerets ont naturellement droit de presider.

Provision de la charge de Gouverneur de Bretagne pour le Mareschal de Themines, à la place du Duc de Vendosme, arresté, 1626.

Lettre de cachet du Roi au Gouverneur de Quimper, concernant la garde et nourriture de partie des prisonniers faits à Mardik par le duc d'Orléans, enuoïez tenir prison audit Quimper, 1646.

Provisions du Gouvernement de Bretagne pour la Reine Mère, 1647.

Advisamenta Styli Curiæ Ecclesiasticæ Briocensis.

Les Obituaires de plusieurs Eglises, qui peuvent tenir lieu de Croniques.

Extrait de la Cronique de Lamballe de maistre Jean Chapelain, chanoine de Lamballe.

L'histoire de Bertran du Guesclin, escrite en vers du tems. C'est l'original d'où l'on a tiré l'histoire que Menard en a donnée en prose, in-4º. Cette histoire en vers pourroit contenir quarante feuilles d'impression.

Le Catalogue de tous les Officiers du Parlement de Bretagne, depuis son institution jusqu'à present.

Le Catalogue des Officiers de la Chambre des Comptes de Bretagne, par filiations et successions de chaque charge en particulier.

Le Catalogue general de tous les noms nobles que l'on a trouvez dans les titres, depuis l'an 1100 jusqu'à l'an 1532. Ce Catalogue en contient près de six mille; et sur chacun l'on a eu soin de marquer la plus ancienne date que l'on ait trouvée, et les qualitez de Chevalier ou d'Escuïer, avec les emplois et dignitez considerables.

Extrait du livre de Navarre, Herault, contenant le blason des armes de plusieurs Seigneurs Bretons, dans le quatorziéme siecle.

Blasons de la grande vitre de Bon-repos.

Blasons de la Sacristie de Melerai.

Blasons de la grande vitre de Daoulas et de celle de Saint Mahé.

LXXVI

DÉLIBÉRATION DES ESTATS DE BRETAGNE

(Dinan, 29 octobre 1707.)

Du samedy 29 octobre 1707, 3 heures de relevée.

Monsieur de Coetlogon, Procureur general sindic, a raporté une requeste presentée aux Estats par MM^{rs} les princes de Guemené, de Montbazon, de Soubize et de Rohan, par laquelle ils exposent que, sachant qu'il paroist une nouvelle Histoire de Bretagne que le Père Lobineau, religieux bénédictin, pretend avoir fait par ordre et aux frais des Estats, et cette pretendue Histoire pouvant leur estre prejudiciable, soit par obmission, inadvertance, manque de connoissance de l'autheur ou autrement, ils ont esté conseillez de faire leurs protestations à l'effet que ledit pretendu livre ne leur puisse nuire ny prejudicier, et d'en demander acte, qu'il plaira aux Estats leur accorder.

Sur quoy, apres avoir deliberé aux chambres entre les trois Ordres, et retournés sur le théâtre, LES ESTATS ont ordonné que la requeste de MM^{rs} les princes de Guemené, de Montbazon, de Soubize et de Rohan sera deposée au greffe, et acte leur est donné des protestations portées par icelle.

† VINCENT-FRANÇOIS, *evesque de Saint-Malo.* LOUIS B. A. DE ROHAN CHABOT, *prince de Léon.* MICHAU [2].

---

[1] Arch. d'Ille-et-Vilaine. Registre des Etats de Bretagne, Tenue de 1707 à Dinan.

[2] Signatures des présidents des trois ordres.

LXXVII

LE PRINCE DE SOUBISE A M. JALLET

(4 novembre 1707.)

Ce 4 novembre 1707.

Je ne veux pas, Monsieur, vous retarder la joyë de vous aprendre que nos protestations sont enregistrées aux Estats et ont esté receuës et accompagnées de l'applaudissement universel de tous les trois Ordres [2], avec toutes les demonstrations de respect, de grandeur et de bienseance que nous pouvions souhaiter. Je vous feray savoir les actes et les lettres de M[rs] le M[al] de Chateaurenault, l'Intendant, le Sindicq, et le porteur desdites protestations, qui vous feront voir que le nom de Rohan ne sera point avily par un moine, qui decide bien legerement sur des matieres que l'antiquité rend tres respectables, aussy bien que la tradition et la notoriété de toute la province depuis bien des siecles.

J'ay ramassé toutes les cartes genealogiques que j'ay ; je voudrois bien les confronter avec celles que vous pouvez avoir. Vous me fairiés un sensible plaisir de me les faire voir au plus tost et à Mme de Soubise [3], et particulierement celle que vous m'aviés prestée de l'ancien temps de nos roys que l'on veut detruire [4]. C'estoit la carte que Mr Gaignar [5] pretendoit

---

[1] Biblioth. Nat. Ms. fr. n° 22,313, f. 119.

[2] Ces prétendus applaudissements n'empêchèrent pas les États de voter des remerciements à dom Lobineau, et de lui donner le titre d'*historiographe de Bretagne* avec une pension. Voir ci-dessous n°° LXXIX et LXXX.

[3] Anne de Rohan-Chabot, dame de Soubise, seconde femme de François de Rohan-Guémené, à cause d'elle prince de Soubise, et auteur de la présente lettre. Nous avons parlé de Mme de Soubise ci-dessus, p. 113, note 2, sur notre n° LXVII. Son mari mourut en 1712.

[4] Conan Mériadec et sa fabuleuse dynastie. Voir ci-dessus p. 113-114.

[5] Voir sur Gaignart la *Biographie Bretonne*, t. 1, p. 752-754.

suivre et prouver dans son Histoire de Bretaigne qu'il avoit projetée, et il m'a dit plusieurs fois qu'elle estoit presque achevée et qu'il n'avoit plus besoin que de fort peu de temps pour la mettre en estat de paroistre, et dans un ordre qui donneroit beaucoup d'esclat à la maison. Mais, bien malheureusement pour nous, Madame la princesse de Guemené [1] occupa les dernieres années de sa vie à faire des terriers, qu'un autre que luy auroit bien peu faire, dans un temps où nous aurions peu profiter du travail qui l'avoit occupé le plus agreablement une partie de sa vie.

Je suis tout à vous.

LE PRINCE DE SOUBISE.

Il faut advertir M[r] et Mme de Guemené, M[r] et Mme de Monbason, qu'il ne fault point parler ny doner au publicq nos protestations, pour ne pas atirer, dans le troisiesme volume qu'on doit imprimer, de nouvelles preuves qu'il fault esviter par les superieurs de ce moine, à qui on fera cognoistre sa temerité et de plus facheuses suites, si, au lieu de racomoder ce qu'il a tasché de gaster, il ne travailloit plustost à le racomoder, de crainte de trouver en son chemin à qui parler [2].

LXXVIII

DÉLIBÉRATION DES ÉTATS DE BRETAGNE [3].

(Dinan, 4 novembre 1707.)

Du vendredy 4 novembre 1707, 9 h. du matin.

Monsieur de Coetlogon, Procureur general sindic, a raporté

---

[1] Mère ou belle-mère de l'auteur de cette lettre.

[2] Quoique dom Lobineau n'ait point travaillé à ce *raccommodage*, les menaces exprimées dans ce charabia restèrent sans effet.

[3] Archives d'Ille-et-Vilaine. Registre des États de Bretagne, tenue de 1707 à Dinan.

une requeste presentée à l'assemblée par le Père Lobineau, religieux Bénédictin, autheur de la nouvelle Histoire de Bretagne, par laquelle il demande qu'il soit nommé deux députés de chaque ordre pour examiner la depence par luy faitte tant preveue qu'impreveue à l'occasion de cet ouvrage, et luy prescrire des ordres sur les nouveaux titres qu'il a recouvrés, depuis l'édition de son livre, à la Chambre des Comptes de Paris et ailleurs et autres pièces dont il est saisy, qui peuvent beaucoup servir à l'augmentation et embellissement de l'Histoire et à la preuve des faits y contenus.

Sur ce délibéré, LES ESTATS ont ordonné qu'auparavant de rien statuer sur la requeste du Père Lobineau, les délibérations des 9 novembre 1703 et 27 novembre 1705 seront executées selon leur forme et teneur; ce faisant, qu'il fournira et delivrera incessamment entre les mains de MM. les Presidens des Ordres le nombre des exemplaires de l'*Histoire de Bretagne* et des *Preuves* portez dans lesdites délibérations pour estre distribuez aux trois Ordres, et outre, des exemplaires de l'*Histoire* et des *Preuves* pour les officiers des Estats.

† VINCENT-FRANÇOIS, *evesque de Saint-Malo*. LOUIS B. A. DE ROHAN CHABOT, *prince de Leon*. MICHAU [1].

LXXIX

AUTRE DÉLIBÉRATION DES ÉTATS DE BRETAGNE [2].

(Dinan, 18 novembre 1707.)

Du vendredi 18 novembre 1707, 9 heures du matin.

Monsieur de Coetlogon, Procureur general sindic, a remontré

---

[1] Signatures des présidents des trois Ordres.
[2] Archives d'Ille-et-Vilaine. Registre des États de Bretagne, tenue de 1707, à Dinan.

que le Père dom Guy Alexis Lobineau, religieux benedictin, autheur de la nouvelle Histoire de Bretagne, avoit cy devant [1] presenté une requeste à l'assemblée, par laquelle il demandoit des deputez de chaque Ordre pour examiner la depence qu'il a faict, tant preveüe qu'impreveüe, à l'occasion de cet ouvrage, et luy prescrire des ordres sur les nouveaux titres qu'il a recouvrés, depuis l'édition de son livre, à la Chambre des Comptes de Paris et ailleurs, et autres pieces et memoires dont il est saisy, qui peuvent beaucoup servir à l'augmentation et embellissement de l'Histoire et à la preuve des faits y contenus, dont il a dessein de composer un troisième volume si l'assemblée le trouve à propos ; que, par deliberation du 4e du present mois, il a esté ordonné qu'auparavant de statuer sur 'adite requeste, le P. Lobineau fourniroit, conformement aux deliberations des années 1703 et 1705, le nombre des exemplaires de l'*Histoire* et des *Preuves* y portés, pour estre distribuez dans les trois Ordres et aux officiers des Estats : à quoy ayant regulierement satisfait, il suplioit les Estats de faire droit sur sa requeste.

Sur ce deliberé, LES ESTATS ont ordonné que le Père dom Guy Alexis Lobineau sera remercié de son travail, de ses soins, et de l'exactitude avec laquelle il a remply les obligations auxquelles il estoit engagé envers la province. Et pour examiner les nouveaux titres par luy recouvrez, et autres pieces et memoires dont il propose de composer un troisiesme volume, ont esté deputez, de l'Eglise, Mgr l'evesque de Rennes [2], Mr l'abbé de Marbeuf et MMrs de Guersans, deputé de St-Brieuc, et d'Avaugour, deputé de Nantes ; de la Noblesse, MMrs du Bois de la Motte père, de Callouet, de Talhouet de Keravéon, de la Guière fils ; et du Tiers, MM. le maire de Rennes,

[1] Dans la séance du 4 novembre précédent, ci-dessus n° LXXVIII.
[2] Jean Baptiste de Beaumanoir de Lavardi , évèque de Rennes de 1677 à 1711.

de la Bréjollière, député de Nantes, de la Goupillière, député
de Vitré, et Plancher, député de Lamballe.

† VINCENT FRANÇOIS, *evesque de Saint Malo*. LOUIS B. A.
DE ROHAN CHABOT, *prince de Léon*. MICHAU [1].

LXXX

AUTRE DÉLIBÉRATION DES ETATS DE BRETAGNE [2].

(Dinan, 2 décembre 1707.)

Du vendredy 2me decembre 1707, 4 heures de relevée.

Monsieur l'abbé de Marbeuf, pour luy et ses codeputez,
sur le deport de Mgr l'evesque de Rennes, a fait raport à l'assemblée de l'examen par eux fait des nouveaux titres et pièces
dont le Père dom Guy-Alexis Lobineau, autheur de l'Histoire de
Bretagne, propose de composer un troisième volume, et a dit
que l'avis de la Commission a esté que, pour remercier ledit
Père Lobineau de ses soins et de son travail, on ne pouvoit
mieux luy marquer la reconnoissance des Estatz qu'en luy
accordant le titre d'historiographe de Bretagne, en luy assi-
gnant une pension viagère, et en luy faisant un fonds de 6,000
livres, sous le bon plaisir de Sa Majesté, pour l'impression de
ce nouvel ouvrage.

Sur ce deliberé aux chambres entre les trois Ordres, LES
ESTATS ont accordé au Père dom Guy Alexis Lobineau, le
titre d'historiographe de Bretagne, avec une pension viagere

---

[1] Signatures des présidents des trois Ordres.
[2] Arch. d'Ille-et-Vilaine. Reg. des États de Bret., tenue de 1707, à Dinan.

de 300 # par chacun an, dont il luy sera fait fondz, sous le bon plaisir du roy, dans chaque tenue des Estatz [1].

† VINCENT-FRANÇOIS, *evesque de Saint-Malo*. LOUIS B. A. DE ROHAN CHABOT, *prince de Leon*. MICHAU [2].

LXXXI

DOM LOBINEAU A DOM THIERRI RUINART [3].

(Rennes, 25 décembre 1707.)

Pax Christi.

Mon Reverend Pere, il seroit tres aisé de satisfaire Mgr le Cardinal d'Estrées, puisqu'en partant de Paris j'ai laissé chez Mme Muguet un exemplaire de l'Histoire de Bretagne pour Mr le duc de Coislin ; mais Mme Muguet, qui m'avoit jusques là marqué tant d'amitié, a changé tout d'un coup, dez que je lui ai fait savoir que Messieurs des Estats n'avoient pas voulu me tenir compte de ce que j'avois avancé pour la relieure et le transport de leurs 500 exemplaires. J'ai emploié à ces deux articles ce qui me restoit d'argent, que je devois à Mme Muguet, et je comptois que j'en serois remboursé aux Estats. On ne l'a pas jugé à propos, et Mme Muguet de son costé s'est tout d'un coup declarée contre moi, a porté ses plaintes au R. P. General, a fait saisir ma pension, et a retenu tout ce qu'elle avoit entre les mains. Nous en sommes, Mr de Valincour et moi, à chercher les moïens de satisfaire cette femme, qui ne se con-

---

[1] Suivent, dans la minute, deux lignes biffées, ainsi conçues: « Et sur le surplus, pour fraiz d'impression du troisième volume, ont renvoyé ledit Père Lobineau... » La phrase n'est pas achevée ; sans doute elle devait se conclure par un ajournement à la prochaine tenue.

[2] Signatures des présidents des trois Ordres.

[3] Biblioth. Nat. Mss. fr. n° 17,680, f. 136-137.

tente pas d'avoir trouvé le secret, par le moïen de cette histoire, de se defaire de son fonds et de paier toutes ses dettes, d'avoir eu pour rien 21 mille estampes, d'avoir vendu 500 exemplaires qui luy restoient 10 mille livres, et d'avoir touché près de mille escus de moi. Vous pourrés lui faire demander l'exemplaire que je lui ai laissé pour Mr le duc de Coislin, mais je ne vous respons pas qu'elle le delivre.

Je suis maintenant occupé à faire des extraits des registres des Estats depuis l'an 1567. On me les a confiés, et j'en aurai pour quelque temps; après quoi je pourrai travailler sur ceux du Parlement, surtout à ceux qui sont du tems de la Ligue, si le R. P. General le trouve bon. Je vous prie de vouloir bien le lui marquer, en lui communiquant ma lettre. Il y a quelque temps que j'attends ses ordres là dessus.

J'ai sceu la maladie de D. Jean Mabillon, et il n'a pas tenu à mes voeux et à mes infructueuses prieres qu'il n'en ait esté plus tost delivré.

On dit qu'il est fort honorable d'estre pensionnaire et officier des Estats ; pour moi je n'ai point recherché cet honneur, et j'aurois mieux aimé qu'on m'eust rendu justice sur ce que je demandois; on me fait esperer de la part de Mgr le Cte de Toulouse qu'on me la rendra aux prochains Estats, et cela devroit appaiser Mme Muguet, qui a assez gagné avec moi pour attendre encore deux ans un remboursement qui ne lui est deu que par la trop grande facilité que j'ai eue de signer un marché qu'elle a dressé tel qu'elle a voulu, et que je n'ai point examiné, parce qu'il estoit recommandé par Mgr le Cte de Toulouse.

V. R. voudra bien presenter mes humbles respects au tres R. P. General, aux RR. Peres assistans, au R. P. Prieur, et à D. Jean Mabillon, l'honneur de nostre ordre, aussi bien qu'à D. Georges Louvel. Je souhaite les bonnes festes à V. R. et suis avec toute l'estime et le respect possible, Mon Reverend

Pere, vostre tres humble et tres obeissant serviteur et confrere,

F. G. A. LOBINEAU *M. B.*

A Rennes, en l'abbaïe de Saint-Melaine, le jour de Noël 1707.

V. R. voudra bien aussi faire mes complimens à D. Bernard [1], à D. Bandouri, à D. Gainier, au P. Doien, et à D. Julien Garnier. Je vous demande pardon de la liberté que je prends de vous charger de tant de saluts.

(L'adresse porte: *Au Reverend Pere Dom Thierri Ruinart, Relig^x Benedictin de l'abbaïe de St Germain des Prez, à Paris.*)

LXXXII

DOM LOBINEAU A L'ABBÉ CHOTARD [2]

(Rennes, 24 juin 1708.)

A Rennes, le 24 juin 1708.

J'apprens par vostre lettre du 12 may, cher blondin, que vous n'avez point receu celle que je vous ai escrite au commencement de fevrier, adressée à M. de Pressiat à Rome, et dont je n'avois pas manqué de paier le port jusqu'à Lion, à moins que le porteur de ma lettre ne m'ait friponné le port, comme il est assez ordinaire. J'y avois joint une lettre de madame Chotard, qu'elle m'avoit adressée à Paris pour vous la faire tenir. Je suis fasché de n'avoir pas plus tost appris que

[1] Dom Bernard de Montfaucon.
[2] Archives départementales de la Loire-Inférieure, fonds *Chotard*. — L'abbé Chotard, prêtre bel-esprit, faiseur de vers, même en un temps fort mondain, tenait en commende, non loin d'Ancenis, le prieuré du Cellier, où il avait une maison et où il séjournait assez souvent. — Cette lettre si originale nous a été indiquée très-obligeamment par M. Léon Maitre, archiviste de la Loire-Inférieure.

vous n'avez pas receu ma lettre; je vous aurois escrit plus
tost; mais comme je vous mandois que j'attendrois ici de vos
nouvelles à Pasques, je ne savois que penser de vous, n'en
entendant point parler. Je vous avois mandé que vous pourriez
donner la musique italienne [1] à Mr de la Tullaie, mais je voi
qu'il ne s'ennuie pas à Rome. Il s'est passé une belle occasion
de me l'envoier avec d'autre qu'un de mes amis d'ici a fait
venir, mais je ne l'ai sceu qu'après que l'occasion a esté
passée. Tant mieux, le recueil en sera plus riche.

Je vous faisois quelques reproches du peu de confiance que
vous m'aviez marquée par le mistere que vous m'aviez fait du
principal mobile de tout vostre voiage. Il ne m'arrivera jamais
d'estre si clos et couvert avec vous, et je suis fasché, vous
aimant autant que je vous aime, d'avoir pareille chose à vous
reprocher. Je ne suis nullement curieux des secrets d'autrui,
mais je vous avoue que quand j'en decouvre qui regardent mes
amis, et où je leur ai esté suspect, j'en suis chagrin à mourir.
Le sire Nigaldus [2] vous avoit batizé D. Diegue le menteur, je ne
sais pour quoi; mais si mentir et dissimuler sont la mesme
chose, je vous confirmerai sans estre evesque. Après m'avoir
caché une bagatelle, vous m'en cacherez bien d'autres. Je m'y
attens et n'en aurai point de peine pendant que je ne le sçaurai
point d'ailleurs; mais si d'autres me font vostre confession, je
vous en ferai si grand honte que vous [vous] cacherez dans un
trou de taupe.

Je m'estonne que le P. Doé, qui envoie au pere La Parre tous
les ouvrages des moines de la Congregation de St Maur, ne
luy ait pas envoyé l'*Histoire de Bretagne* qui fait un assez
grand bruit ici. Il est honteux pour ces RR. PP. que Mgr le

[1] Lobineau était grand amateur de musique; on en verra d'autres preuves dans
la suite de cette correspondance.
[2] Sobriquet donné à quelqu'un des confrères de Lobineau, qui n'était point chiche
de ce genre de présents.

cardinal Gualtieri l'ait et que Sa Sainteté ne l'ait pas. Un moine de St Germain des Prez, appellé Liron (c'est une petite beste), s'est avisé d'escrire contre moi une brochure intitulée *Apologie des Armoricains,* où il s'est avisé de me citer à faux partout où il me cite, et de soustenir en escrivant contre moi toutes les mesmes choses que j'ai soustenues. Dieu sait comme je l'ai vanné et renvoié à apprendre à lire. Son General l'a repassé de son costé, et il ne lui manque rien [1]. Il a aussi fait une brochure contre une traduction que j'ai faite de l'*Histoire des deux conquestes d'Espagne par les Mores,* de l'espagnol de Miguel de Luna. Il a raison pour le coup ; mais cela regarde plus Miguel de Luna que moi, quoiqu'il m'ait un peu peigne aussi. Par malheur je n'ai point de represailles sur lui, car il ne fait rien que porter envie aux autres.

Messieurs des Etats de Languedoc ont chargé leur President de me demander au Chapitre general, et il en a escrit à tous ces gros *dabo* [2]; mais je ne sai point la response qu'ils lui ont faite. Ils m'en font un secret, mais il ne m'importe : je sui Breton encore pour long tems, et j'ai de quoi faire encore deux ou trois volumes, si je continue de trouver une aussi abondante moisson que celle que j'ai commencé de trouver ici dans les registres des Etats et dans ceux du Parlement. Je vous dirai que j'ai plus de satisfaction ici dans un jour que je n'en avois à Paris dans un mois.

En contr'echange de vos nouvelles des cendres de Neron, je vous dirai que j'ai deterré ici les vestiges de trois villes anciennes [3], où j'ai trouvé inscriptions, monumens, temples,

---

[1] On le renvoya de Paris dans un couvent de province (au Mans). Nous tirerons au clair toute cette affaire, en publiant la *Réplique* inédite de Lobineau à l'*Histoire de l'établissement des Bretons* de l'abbé de Vertot.

[2] Nous dirions, familièrement aussi, les *gros bonnets* de la congrégation de Saint-Maur.

[3] Allusion à des découvertes d'antiquités romaines, faites vers cette époque à Corseul, à Aleth (Saint-Servan), et probablement à Rennes.

sepulcres et medailles de touttes sortes. Je suis entré en goust de l'antiquité, et je croi que je deviendrai medailliste et antiquaire. Si vous aimez les medailles, ne vous fiez pas trop à ces forfantes [1] qui sçavent en contrefaire à merveille. Pour moi, je suis bien sûr que nos païsans Bretons ne sçavent que les effacer, à force de les frotter sur le grais pour voir si ce n'est point de l'or.

D. Denis Brient (*sic*) va demeurer à St Vincent du Mans pour travailler au *Gallia Christiana* du P. Ste Marthe, qui est devenu assistant de nostre R. P. General. Le sire Nigaldus est je ne sais où, car depuis qu'il ne veut pas me rendre ce qu'il me doit, je ne sai guere de ses nouvelles. Il y a trois ans qu'il devroit me l'avoir rendu, et il s'est fasché quand je l'en ai fait souvenir. Je l'ai laissé fasché et n'y pense plus, que pour regretter d'avoir perdu un ami par ma facilité à lui faire plaisir.

Pour moi, je suis ici pour plus de deux ans ; ainsi j'espere y recevoir de vos nouvelles et vous voir de retour. Je souhaite que ce soit avec un bon gros benefice. Amen. Je vous prie d'assurer de mes respects Mr de la Tullaie. Je vous embrasse de tout mon cœur et suis avec une parfaite amitié, mon cher blondin, vostre tres humble et tres obeissant serviteur

G. A. LOBINEAU.

(L'adresse porte : *Lion port payé. Monsieur Monsieur l'abbé Chotard, à Rome. Recommandé à Monsieur de la Forest, rue Gadagne, pres du Change, pour lui faire tenir, à Lion.*)

---

[1] « *Forfante*, subst. masc. Terme injurieux emprunté de l'italien *forfante*, qui signifie maraut, coquin, scélérat. » (*Dictionnaire* de Furetière, édit. de 1691.)

LXXXIII

DOM LOBINEAU A MADAME DE CAUMARTIN [1]

(Rennes, 12 juin 1709.)

Madame, nous avons eu ici quelque temps Monsieur de
Rennes, qui s'estoit venu loger dans la maison abbatiale pour
tâcher de se remettre par le secours du bon air de nostre
Thabor ; mais il luy a esté impossible, pendant plus de quinze
jours, d'y mettre le pied, à cause des pluies continuelles ; ce
qui l'a contraint de s'en retourner dans son triste manoir [2].

Sur les plaintes du peuple, nous avons eu recours à l'inter-
cession d'un saint en qui tout le païs a beaucoup de confiance:
c'est S. Amand [3], predecesseur de S. Melaine; et dans le moment
que l'on a exposé ses reliques (que nous conservons religieusement), la pluie a cessé et le soleil a paru, ce qui continuera
sans faute pendant toute la neufvaine. Je vous en parle avec
certitude, pour avoir veu pareille experience il y a deux mois;
et cela n'a jamais manqué de memoire d'homme, non plus
que la pluie quand on en a souhaité. Je ne suis pas credule
sur les miracles, et je ne pretens pas vous persuader que c'en
soit un ici. Tout ce que je puis vous dire bien affirmativement,
c'est que la foi du peuple est grande, quoique les libertins,

---

[1] L'original de cette lettre m'appartient. — Madame de Caumartin était probablement la belle-sœur, en tout cas, une proche parente par alliance de l'abbé de
Caumartin qui, comme on l'a vu ci-dessus (nᵒˢ LXIV et LXVII), portait un vif intérêt
à l'*Histoire de Bretagne* des Bénédictins.)

[2] Monsieur de Rennes, c'est l'évêque Lavardin-Beaumanoir. Le manoir épiscopal
se trouvait situé entre la rue Saint-Guillaume et la cathédrale, quartier fort sombre
alors, aujourd'hui encore assez peu gai. Le Thabor était le magnifique jardin de
l'abbaye de Saint-Melaine de Rennes, maintenant la plus belle promenade de cette
ville. Lobineau écrivait cette lettre de Saint-Melaine.

[3] Évêque de Rennes vers la fin du Vᵉ siècle ou le commencement du VIᵉ. Ses
reliques sont encore honorées dans la cathédrale de Rennes.

sans en excepter le premier magistrat [1], disent que les moines ont soin de consulter l'almanach avant que de tirer leurs reliques.

Nous n'avons point esté surpris de cette raillerie du magistrat, après ce qu'il a dit, il y a trois semaines, à Mr de Rennes, au sujet des mesures qu'il falloit prendre pour assister les pauvres [2]. Mr de Rennes lui dit qu'avant toutes choses il falloit congedier les comediens, et qu'il estoit honteux de voir que ces gens gagnassent par jour 80 ou 100 pistoles, pendant qu'une infinité de familles n'avoient pas de pain. Le magistrat, fort affectionné aux comediens et à la comedie, à laquelle il assiste tous les jours en robe, respondit au prelat : Je veux bien congedier les comediens, pourveu que vous chassiez aussi les vostres, tous ces moines fainéans qui vivent aux depens du public et ne sont dans le fond que des basteleurs. — Je l'ai entendu de la propre bouche de Mr de Rennes ; ainsi je ne vous dis point un conte.

J'ai peur que c'en soit un ce qu'on publie du mariage de *l'Infante* [3] avec Monsieur le duc de Gesvres. S'il est vrai, je souhaite qu'il soit heureux et beni du ciel. Si j'estois à Paris dans le temps des nopces, je ne me presenterois pas les mains vuides devant l'Infante. Comme elle a toujours aimé les bestes et la menagerie, je lui ferois present du plus joli *fouquet* qui soit au monde (c'est ainsi qu'on apelle un ecureuil en Anjou) ; mais elle voudra bien avoir egard à mon eloignement et me tenir compte de ma bonne volonté. Vous voudrez bien me permettre de l'assurer de mon respect, et *le Petit Cœur,* aussi bien que Mr Mauger, de mon estime.

---

[1] Pierre de Brilhac, vicomte de Gençay, premier président du Parlement de Bretagne de 1703 à 1734. Il n'était pas Breton.

[2] A cause de la disette qui causait une rude misère.

[3] *L'Infante* et, plus bas, *le Petit Cœur,* surnoms familiers donnés à des personnes de l'intimité de Mme de Caumartin et peut-être de sa famille.

Je suis, avec un profond respect et une parfaite reconnoissance, Madame, vostre tres humble et tres obeissant serviteur.

F. G. A. LOBINEAU.

Rennes, le 12 juin 1709.

(Au haut de cette lettre, vers l'angle gauche du feuillet, est écrit de la main de Lobineau : *A Mad⁰ de Caumartin.*)

LXXXIV

TROISIÈME LETTRE DE LOBINEAU AUX ÉTATS DE BRETAGNE

(Sans date, 1709.)

Lettre à Nosseigneurs des Estats de Bretagne ¹.

MESSEIGNEURS,

Le soin que vous eustes en 1703 de faire deposer au Greffe les mémoires que j'avois pris la liberté de vous envoyer touchant les frais de l'impression de la nouvelle Histoire de Bretagne ; le témoignage honorable que vous avez bien voulu me rendre aux derniers Estats de Dinan par la declaration publique, que vous y avez faite, que vous vous rapportiez entierement à ma bonne foy ; enfin les discours tenus depuis par plusieurs personnes, ou mal instruites, ou mal intentionnées, me mettent dans l'obligation de vous faire un fidelle recit de tout ce qui s'est passé à l'egard de cette impression et de la distribution des exemplaires, tant pour en laisser un monument dans vos archives, comme il paroist que vous l'avez souhaité, que pour oter d'erreur ceux qui sont mal instruits, et fermer la bouche à ceux qui peuvent écoûter leurs passions au prejudice de la verité.

¹ Bibliothèque Nationale, Ms. fr. 12804 (ancien Suppl. fr. 1526 ²), fol. 96-97. Cette pièce forme 3 pages d'impression in-4°, non chiffrées, sans nom d'imprimeur. La p. 1ᵉ a 26 lignes, sans compter le titre et le *Messeigneurs* ; les p. 2ᵉ et 3ᵉ ont 41 lignes ; la 4ᵉ, 36 lignes, sans compter la souscription. Cette lettre, fort rare quoique imprimée, prouve que la libéralité des Etats de Bretagne laissa encore à la charge des Bénédictins, auteurs de l'*Histoire de Bretagne,* bien des frais qui ne semblent pas leur avoir jamais été remboursés.

10

J'eus l'honneur de vous marquer, par un de mes memoires deposé au Greffe des Estats, que j'avois reçu les propositions de plusieurs libraires, entr'autres des sieurs Anisson et Leonard, et m'arrestant à celuy qui demandoit le moins, et en meme temps faisoit de plus belles offres, qui etoit le sieur Leonard, je vous proposai de contribuer de 14.000 liv. pour les trois cinquiemes parties des frais de l'impression et de la graveure, à condition que l'on vous delivreroit 500 exemplaires; et par un autre memoire, aussi deposé à vostre Greffe, je vous supplios de faire attention aux frais que nos Religieux avoient faits pendant plusieurs années qu'ils avoient travaillé à recueillir les memoires necessaires pour la composition de cette Histoire, qui montoient à 4537 liv., sur quoi l'on n'avoit touché que 1100 liv. des Estats en deux tenues differentes. Enfin je vous representois que je ne pouvois vacquer à Paris aux soins de la revision et de l'impression de mon ouvrage sans le secours de vos liberalitez, vu que dans l'abbaye de Saint Germain des Prez, où j'estois, il falloit payer 540 liv. par an pour la table seulement et le logement. Je n'osay vous faire toutes ces propositions sans consulter auparavant le Ministre qui voulut bien en parler au Roy, et Monsieur de Mejusseaume [1], ancien Procureur General syndic, vous rendit témoignage en pleine assemblée que S. M. avoit déclaré qu'il estoit juste que vous remboursassiez les frais avancez, et pour tout le reste avoit consenti que vous suivissiez les mouvements de vostre generosité ordinaire. Vous eûtes la bonté d'accorder 14000 liv. pour les frais de l'impression, payables en trois tenües d'Estats, et 6000 liv. tant pour le remboursement des frais avancez, qui se montoient à 3437 liv., que pour mon entretien à Paris; mais outre la condition proposée de vous fournir 500 exemplaires vous en adjoutastes deux autres, c'est à sçavoir que les 500 exemplaires seroient düement reliez et ornez de l'écu my parti de France et de Bretagne sur le plat, et qu'il en seroit fourni par dessus ce nombre aux officiers des Estats.

Ces deux conditions m'allarmerent avec raison, et je fus sur le point de renoncer à l'effet de vos liberalités. Je representé là dessus à une personne dont le credit est fort respecté en Bretagne (avec justice, puisqu'elle n'en use que pour faire du bien à tout le monde) que la premiere de ces conditions emportoit plus de 2500 liv., et la seconde plus de 800. liv. On me repondit que je n'avois rien à apprehender, que je pouvois toujours commencer à faire travailler et qu'on trouveroit aisément le moyen de

---

[1] Coëtlogon, vicomte de Méjusseaume. Voir ci-dessus notre n° LXIV.

me tirer d'affaire. J'aurois pu jouir de l'effet de ces promesses, si les affaires infinies dont cette personne est occupée luy avoient permis de faire attention dans la suite à mes remontrances. Elle ne l'a pu faire, et 2526 liv. que m'a coûté cette relieure sont tombées sur moy en pure perte, aussi bien que 880 liv. qu'ont couté les exemplaires qui ont esté distribués aux officiers des Estats, que l'on a fait monter jusqu'au nombre de vingt deux.

Quand le sieur Leonard eut appris la deliberation des Etats du 9 novembre 1703 [1], les conditions cy dessus mentionnées le porterent à se dedire de ses offres, et il refusa de conclure le marché à moins de 16000 liv. J'estois prest d'y souscrire et de sacrifier pour cela la meilleure partie des 3437 liv. destinées pour le remboursement des frais avancez par nos monasteres, et je me flattois vainement que Messieurs des Estats me tiendroient compte de cette relieure ; mais l'execution de ce projet fut empêchée par une lettre que je reçus dans le même temps, par laquelle on m'imposoit en quelque sorte la necessité de me servir de la veuve Muguet, ce qui m'obligea de conclure marché avec elle à tant par feuille et de me charger du detail de toutes les graveures, au lieu que par le marché projetté avec le sieur Leonard j'étois dechargé de tout.

L'examen des propositions de la veuve Muguet m'ayant fait entrevoir à peu près la même dépense qui étoit portée par les mémoires du sieur Leonard, je ne fis aucune difficulté d'y donner les mains, et le marché fut passé en presence de Monsieur l'abbé de Caumartin, que les Estats avoient chargé du soin de revoir cet ouvrage et de veiller sur l'impression, et ratifié par Monsieur de Valincour, par ordre de S. A. S. Monseigneur le comte de Toulouse.

Comme la veuve Muguet n'étoit point en état de faire toutes les avances necessaires et n'y etoit pas obligée par son marché, je me trouvay dans l'obligation de payer manuellement les ouvriers et les marchands à mesure que l'impression et la graveure s'avançoient, ce qui me mit dans la necessité d'avoir recours à vos bontez ordinaires pour vous supplier de faire faire, dans vostre assemblée de 1705, le fonds du troisième tiers de la somme totale accordée en 1703, lequel dernier tiers ne devoit, selon la deliberation du 9 novembre 1703, être payé qu'en 1708. Vous ordonnates, le 27 novembre 1705 [2], que la moitié de ce dernier tiers seroit payé

---

[1] Ci-dessus, n° LXIV.
[2] Ci-dessus, n° LXX.

à la fin de 1706, et le reste aux Estats de 1707. Ce n'étoit pas tout à fait ce que je demandois, et l'ouvrage n'auroit pu être prêt pour les Etats de 1707, si S. A. S. n'avoit eu la bonté de faire avancer de deux ou trois mois ce dernier payement, ce qui ne portoit prejudice à personne, puisque le fond en estoit fait dans l'Estat general de 1705. Mais cette avance etoit d'une tres grande consequence pour moy, puisque sans cela je ne pouvois ny faire relier ny faire voiturer les exemplaires que je devois fournir aux Estats.

J'aurois pu me dispenser de faire les frais de cette voiture et j'aurois sagement fait, puisqu'on ne m'a tenu aucun compte de près de mille liv. que m'a couté ce transport. Je n'y etois obligé par aucune condition, et la deliberation des Estats du 27 novembre 1705 sembloit même m'en dé-charger expressement parcequ'élle m'imposoit seulement la necessité de delivrer les exemplaires à Monsieur l'abbé de Caumartin et de retirer un receu de lui. Je luy delivray le nombre de 423 exemplaires le 11 de sep-tembre 1707, et je les fis encaisser et emballer par son ordre ; le surplus, pour eviter des frais inutiles, fut, de son avis et de sa participation, aussi bien que de Messieurs les deputés des Estats qui estoient alors à Paris, distribué tant à la Cour qu'à Paris à ceux du corps des Estats qui s'y trouvoient, et à ceux à qui Monsieur l'abbé de Caumartin et Messieurs les deputez jugerent que les Estats en donneroient par honnêteté ou par devoir. On me donnoit parolle que cette distribution ne seroit allouée par les Estats ; mais de 83 exemplaires qui furent ainsi distribuez, Messieurs de l'Église ne m'en ont alloué que 29, et Messieurs de la Noblesse 18, et si l'on vouloit exiger le reste de moy, ce seroit 36 exem-plaires qu'il faudroit que je fournisse deux fois, qui couteroient à Paris 1440 livres.

En sortant de Paris pour venir presenter mon ouvrage à vostre Assem-blée de Dinan [1], je me trouvay les mains vuides, et bien loin d'avoir en reserve les 3437 liv. qui devoient estre remboursées à nos monasteres, je trouvai que je devois de reste à la veuve Muguet, par compte arresté, la somme de 2787 liv. 10 sols, employée à la relieure, l'emballage et le transport des exemplaires qui ont esté distribuez aux Estats.

Par tout ce detail, Messeigneurs, je ne pretens ni me plaindre, ni rien exiger de vous. Tout ce que j'ay en veue est de me conformer aux inten-tions que vous eustes en 1703, quand vous ordonnastes que mes memoires

[1] A la tenue de 1707.

fussent deposez au greffe. En effet, il est bon que la posterité sache ce qu'a cousté à la Province un ouvrage qui a fait quelque bruit et que mes soins ne borneront pas aux deux premiers volumes qui ont paru. Je l'ay deja dit en gros, et ceux qui voudront s'en instruire en detail pourront voir entre mes mains, quand il leur plaira, les quittances de 5142 liv. pour les graveures, de 3677 liv. pour le papier, de 2407 liv. pour ce qui a esté payé de l'impression de l'Histoire, de 875 liv. pour le tirage des estampes, de 2526 liv. pour la relieure, de 911 liv. pour l'embalage et la voiture des exemplaires : qui font en tout 15598 liv. : et si l'on y joint ce qui est encore dû de reste à la veuve Muguet, le tout montera à 18385 liv. qu'ont couté 500 tant d'exemplaires de mon ouvrage ; à quoi si l'on adjoute ma pension à Paris pendant 5 ans et 4 mois que j'y ay esté pour la revision et l'impression de cet ouvrage, les depenses necessaires pour mon entretien, les deux voyages que j'ay faits aux Estats de Vitré et de Dinan, les ports de lettres et de memoires, les pertes sur les billets de monnoye, et beaucoup d'autres frais necessaires dont il est inutile de faire icy l'enumération, l'on ne sera point surpris de l'état ou j'ay dit que je me trouvois en sortant de Paris.

Il ne me reste, après des travaux continuels de 16 ans et plus, outre la qualité de vostre Historiographe, soutenue d'une pension que je regarde plutost comme une marque d'honneur que comme un secours suffisant pour remplir les devoirs de la qualité que vous m'avez donnée, il ne me reste, dis-je, que la satisfaction d'avoir honoré ma Patrie, et excité les autres provinces, par le succez de mon travail, à tenter quelque chose de semblable. Il sera difficile qu'elles réussissent à donner une si belle Histoire, et ce n'est pas pour m'encenser moi-même que je parle de la sorte, c'est uniquement parcequ'il n'y a eu aucun Estat particulier qui ait eu une si longue suite de souverains que cette province, ni qui se soit distingué si longtemps et avec tant de gloire.

Je suis, avec un profond respect et l'entier devouement dont mon devoir et ma gratitude m'imposent l'obligation,

MESSEIGNEURS;

> Vostre tres humble, tres obeissant et tres obligé serviteur. FR. GUI ALEXIS LOBINEAU,
> Rel. Benedictin, Historiographe de Bretagne.

LXXXV

Dom Briant a dom Audren [1].

(Le Mans, 30 mars 1712.)

Benedicite.

Mon Reverend Pere, j'ay lu ou feilleté les *Origines Celtiques*
de Scrieck, excepté le flamand, autant qu'il est necessaire
pour vous en dire mon sentiment. Ces etymologies de tous les
peuples, villes, etc., tirées du flamand, ne me paroissent d'aucune solidité, quoy qu'il y en ait quelques unes d'assez heureuses pour être hazardées. Je ne say quel rapport a le flamand
au celtique de nos Bas-Bretons. Il ne seroit pas difficile a l'auteur de les accomoder ensemble, puisqu'il sait rendre l'hebreu
flamand. Mais la voye qu'il prend de n'avoir egard qu'aux
consonnes ne me paroist pas trop bien fondée, non plus que
d'attribuer le flamand à Gomer et à Japhet, et je suis persuadé
que l'invention des lettres par la diverse combinaison des-
quelles on exprime tous les mots n'est guères plus ancienne
que Moyse.

Les Celtes n'avoient point de lettres jusqu'à ce que des colonies des Grecs y apporterent les leurs, que Cesar dit y avoir
veues, mais qui n'avoient pas grand cours, et l'ecriture ne leur
est venue que des Romains, et je ne doute point qu'ils n'eussent
dû avoir une façon d'ecrire particulière, dont on ne trouve
pourtant aucun vestige. Ainsi je ne pense pas qu'on puisse
faire grand fonds sur les decouvertes de Scrieck, et j'en dirois

[1] Bibl. Nat. Ms. fr. 25,537, f. 104. — Dans les cinq lettres de dom Briant que
nous publions ici et dans la plupart des autres, émanées de nos Bénédictins, que
nous donnerons désormais, l'histoire de Bretagne ne revient qu'incidemment ; elles
n'en sont pas moins fort intéressantes par les détails qu'on y trouve sur les
travaux, le caractère et les habitudes de ces savants religieux.

bien autant de toutes les genealogies de nos peuples d'Europe dont on fait le partage de Japhet, qu'on revest de tant de conjectures frivoles.

Pour le livre du P. Lacarry *Des colonies des Gaules,* il est plein de bonnes recherches, mais il y en a aussi plusieurs auxquelles je ne voudrois pas souscrire. Vous diriez que presque tous les peuples de l'Europe doivent être venus des Gaulois. Les colonies de l'Italie me paroissent bien établies; mais il y a bien de l'excès dans celles de l'Allemagne.

Les autres colonies des Gaulois, en Grèce, en Espagne et en Angleterre, sont bien fondées. Pour les colonies qui sont venues d'ailleurs dans les Gaules, comme celles des Bourguignons, des Wisigoths et des François, elles ne sont pas mal établies, sauf quelque revision, s'il n'estoit pas entesté de les faire tous Gaulois d'origine. C'est dommage qu'ils ne le savoient pas, ils auroient dit qu'ils ne faisoient que reprendre l'heritage de leurs ayeux. Il parle pitoyablement de celles des Bretons et des Normans, qui mériteroient d'être solidement etablies, et il oublie certains Saxons qui étoient à Bayeux et au païs de Retz dans le VIe siècle, et qui apparemment y étoient avant l'arrivée des François.

J'adjouterai encore, à l'egard de Scrieck, qui fait passer son flamand pour la langue européenne, qu'il la concilie aussi au moins avec la grecque et l'ancienne latine, et ces deux ensemble puisqu'elles sont nées en Europe. De tout cela je concluds qu'il y a bien des choses à eviter et à omettre dans un ouvrage où l'on ne veut rien donner que de solide.

Les remarques du Sr Samson sur l'ancienne Gaule, dans la traduction de Cesar par d'Ablancourt, sont communément assez bonnes, elles serviront à ceux qui doivent former le supplement de la Notice des Gaules; et, à vray dire, cette Notice même de Mr de Valois est chargée de bien des discours inutiles, et toutes ses conjectures ne sont pas également heureuses. Mais il est à craindre qu'en rejettant tous ceux qui nous ont précédés nous ne fassions pas mieux qu'eux, et on nous dira que nous n'avons fait que les voler; c'est le mauvais goût de notre siècle, où assez de gens semblent n'etudier que pour pouvoir dire à ceux qui ecrivent qu'ils sont plagiaires et qu'ils ne savent rien faire de leur fonds. Je comprends fort bien, mon Reverend Pere, que je n'ay pas trop de raison de vous venir debiter mes petits sentiments, qui vous doivent être de peu de consideration. Mais c'est assez que je me suis imaginé que vous le souhaitiez ainsi.

Les memoires qu'on recueillera, selon le plan que V. R. en donne, seront toujours tres precieux et seront un thresor pour nos savants de St-Germain, quoy qu'ils n'aient pas toute la perfection qu'on y pourroit souhaiter. J'y contribueray autant que je le pourray et qu'il vous plaira de le m'ordonner.

Je ne say pas au vray si le R. P. de Ste-Marthe souhaite encore que j'aille en Bretagne [1], ou s'il a pris d'autres mesures. Je lui ecriray afin que, s'il est dans le même sentiment, je puisse partir après les festes de la Pentecoste sans attendre les autres festes, pour profiter de la belle saison. Comme une partie des memoires pour l'Histoire de Bretagne avoient été copiez, j'en ay déja quelques uns entre mains. Ce sera autant d'advancé.

D. Alexis [2] est apparemment vers Nantes, car il m'ecrivoit qu'il partoit pour tascher d'y aller faire imprimer sa reponse [3], et il n'aura peut-être pas reçu votre lettre.

Je ne say si V. R. sçait que nous avons icy le Pere Liron [4], toujours grand contrediseur et liseur perpetuel, homme fort

---

[1] Pour travailler au *Gallia Christiana*, sous la direction du P. Sainte-Marthe.

[2] Dom Lobineau.

[3] Sa réponse au premier traité de Vertot sur la mouvance de Bretagne.

[4] Le tortueux adversaire de Lobineau, voir nos nᵒˢ LXXXII et XCVI.

plein d'estime pour sa petite personne et de mepris pour tous les autres. Il faut avoir de bons poumons pour tenir contre luy. Il n'a pas encore voulu se resoudre à retourner à Paris, quoy qu'on l'y ait voulu rappeler, à ce qu'il dit.

On sçait deja icy de lundy que M^r l'abbé de Vassé est notre évêque [1], et on veut que la paix soict faite avec l'Angleterre et la Savoye: Dieu le veille!

Je supplie V. R. d'être persuadé que je suis toujours, avec tout le dévouement, toute la soumission et le respect possible, mon Reverend Pere, votre tres humble serviteur et tres obéissant religieux.

F. Denis Briant.

Le 30 mars 1712 [2].

LXXXVI

Dom Briant a dom Audren [3].

(Le Mans, sans date, 1712.)

Benedicite.

Mon Reverend Pere, les 250[#] du R. P. prieur de St-Denis [4] ne me tentent point, et il peut donner sa commission et son argent à quelque autre en qui il ait plus de confiance, et avec qui il ne soit pas obligé de prendre tant de mesures. Je m'en

---

[1] Évêque du Mans, d'où est écrite cette lettre. D. Briant était mal informé. Louis de la Vergne de Montenard de Tressan, mort le 27 janvier 1712, eut pour successeur, sur le siége épiscopal du Mans, Pierre Rogier du Crevix, qui était Breton; v. *Gall. Christ.* XIV, col. 416.

[2] Cette lettre, ainsi que les deux suivantes (n°° LXXXVI et LXXXVII), est adressée *Au Reverend Pere Dom Maur Audren, assistant du tres R. P. General de la Congregation de St-Maur, à l'abbaye de St-Germain des Prez, à Paris.*

[3] Biblioth. Nat., ms. fr. 25,537, f. 100 et 101. — Cette lettre, non datée, se place certainement entre la précédente (30 mars 1712) et la suivante (31 mai); cela résulte de ce que D. Briant écrit relativement au Pére Sainte-Marthe et au *Gallia Christiana*.

[4] Le Pére Sainte-Marthe, dont il est déjà question dans la lettre précédente, et qui dirigeait le travail du *Gallia Christiana.*

deporte [volontiers] et à plain. Ce n'est qu'en votre consideration que je me suis engagé à faire ce que j'ai fait pour le Maine. Je vous l'envoyerai quand il vous plaira dans l'etat qu'il est ; mais je ne comprends pas pourquoy il vient l'exiger de moy avec hauteur. S'il se prevaut si fort de ce qu'il a prié notre R. P. abbé de me laisser prendre quelques exemptions que je n'ay jamais poussées au delà de celles des ecoliers, j'y vais renoncer, sans qu'il soit besoin de le me dire, et aller à tout ponctuellement, et à ce moyen je me croy en droit de reprendre ma telle quelle liberté monastique. Si, d'autre costé, notre Père abbé, qui me dit à tout propos que je suis un volontaire, ne me voit pas de bon œil, je feray encore volontiers l'avance de demander au Pere visiteur Lantenac ou St-Gildas des Bois.

C'est assez pour moy d'achever de vivre et mourir en paix. Dans la vérité, la veue m'affoiblist tous les jours, et je suis hors d'etat de fouiller de vieux papiers. Je ne manqueray pas d'occupation, en quel lieu que je sois. J'ay une philosophie et théologie à ma manière, que des gens d'esprit ne desapprouvent pas, quoy qu'elle ne soit pas tournée de manière à la donner au public qui ne mérite pas qu'on le détrompe. Si je m'avise d'y donner la dernière main [1], j'y apprendray mieux à vivre et à mourir qu'en m'epuisant à aller chercher des noms d'abbés, dont personne ne se soucie, parmi une confusion impénétrable de vieux papiers. Je me trouve trop vieux pour passer une ferme de deux ans, bien loin que j'aye envie de me perpetuer sous l'ombre du grand nom de *Gallia Christiana,* comme il semble que le Pere Ste-Marthe se l'imagine. S'il m'ecrit, je le lui marqueray et je le diray ou l'ecriray au R. P. visiteur. Je supplie très humblement V. R. de me vouloir bien faire savoir si elle approuve ma résolution.

[1] Voir ce qu'il dit encore de cette *philosophie* dans la lettre ci-dessous n° LXXXIX.

J'ay feilleté l'*Histoire des grands chemins de l'Empire*[1]. Il y a des recherches fort savantes et très particulières, mais du verbiage à l'excès. Il n'y a que quelques endroits qui entrent dans le particulier de ce qui regarde les Gaules, comme quand il parle des restes des grands chemins des Romains autour de Rheims et des autres antiquités de cette ville. Ce qu'il y a de plus considerable à l'egard des Gaules, c'est la notice qu'il donne de quelques grands chemins, qui peut servir à l'explication des Tables de Putinger et des Itinéraires d'Antonin.

Je supplie très humblement Votre Reverence de me continuer toujours l'honneur de son affection et de se persuader que je suis toujours, avec le plus inviolable attachement, une veritable reconnaissance et une entiere soumission, mon Reverend Pere, votre très humble et très obeissant serviteur et religieux.

F. DENIS BRIANT *M. B.*

LXXXVII

DOM BRIANT A DOM AUDREN [2].

(Angers, 31 mai 1712.)

De Saint-Nicolas d'Angers, le 31 may.

Benedicite.

J'avois eu l'honneur d'ecrire a V. R. que je ne pouvois pas accepter la commission du R. P. prieur de St-Denis pour la Bretagne, aux clauses et conditions qu'il me prescrivoit. Il m'a ecrit la même chose par le R. P. visiteur, si ce n'est qu'il m'offre 250 # par chacun an, qui est 500 # pour deux ans. Mais un engagement de deux ans, à mon âge, à faire des courses

---

[1] De Nicolas Bergier.
[2] Biblioth. Nat., Ms. fr., 25,537, f. 96.

dans toute une province, toujours en maison empruntée, chevaux et valet de louage, lisant jour et nuit de vieux papiers quoy que je ne voye plus qu'à demy des lunettes sur le nez, avec le danger de ne pas contenter Sa Reverence avec tant de peines et d'embaras, etc., tout cela, et bien d'autres considerations particulieres, m'a fait croire que je ne m'y devois pas engager et que je ferois mieux de me borner aux simples exercices d'une vie religieuse : et le R. P. visiteur n'a pas paru me desapprouver.

Si j'avois dabord accepté la proposition de travailler sur la Bretagne, je ne comptois pas de m'engager à tant de courses ny à un travail de deux ans en vagabond, et je me promettois qu'après avoir passé quelques mois à Sᵗ-Melaine à dépouiller nos memoires sur l'Histoire de Bretagne, joint les memoires que j'avois déjà pour Kimper, Lantvenec, Doulas, Kimperlé, Sᵗ-Maurice, Lantenac, le Tronchet, Sᵗ Jagu, etc., j'en serois quitte pour un voyage dans le Nantois, et que je viendrois tranquillement arranger le tout en quelque maison, comme j'ay fait à Sᵗ-Vincent touchant le Maine, et qu'on trouveroit moyen de suppléer au reste. Je sçay qu'avec des travaux et depenses immenses on ne trouvera presque rien à Léon, à Tréguier, à Sᵗ-Brieu, ny à Vannes. Aussi, j'aime mieux qu'un autre que moy face d'aussi grands et aussi inutiles voyages.

Afin qu'on n'aie rien à me reprocher sur ma demeure au Mans et le reste, j'ay mis entre les mains du Père cellerier de Sᵗ-Vincent tout mon travail sur le Mayne, dans l'etat qu'il est, et tout ce que j'avois recueilli pour la Bretagne, sans en rien retenir, et je l'ay prié de l'envoyer incessamment à V. R. Elle le pourra communiquer au R. P. de Sᵗᵉ-Marthe et en faire au reste ce qu'elle jugera à propos. Je suis fâché qu'il ne soit pas plus au net et plus achevé, il m'auroit fait plus d'honneur.

Plusieurs messieurs du Mans, à qui j'avois communiqué partie de mes memoires, sont bien mortifiés de ce que je ne leur aye pas donné la derniere perfection. Mais puisque le P. prieur de St-Denis est si pressé, je n'ay pu faire autre chose que d'envoyer le tout dans l'etat qu'il est. J'espère que V. R. ne sera pas mecontente de mon procedé, et on verra du moins que je n'ay pas trop d'attache à mes tels quels ouvrages, ny à l'honneur de passer pour historien et pour un des suppôts du grand ouvrage du R. P. prieur Marthe.

Enfin, comme je n'avois plus rien à faire à St-Vincent et que nous ne sympathisions pas fort, le R. P. abbé et moy, j'ay demandé ma sortie au R. P. visiteur, qui m'a envoyé à Vertou etc. Je suis dans la route. Il n'est pas donné à tout le monde d'attraper tous les tours figurés des menues dévotions du R. P. d'Isard ¹, et sans cela point de salut avec lui. Il avoit eu soin de me faire sentir, par des negations affectées, que je pouvois prendre mon parti. Je me suis servi à cet effet de la presence du R. P. visiteur ; autrement, je ne l'aurais pas fait sans vous en demander votre avis. Tant de contrainte, surtout des rebuts et un visage peu favorable et toujours en garde, ne m'acommodoient pas.

Il m'accorda enfin de sortir en ville l'avant-veille de mon depart. Je vis Mr Hoyau le president, à qui je parlay sur la conduite de Mr T., le defunt ². Il me montra deux ou trois mains de papier contenant toutes ses lettres au s^r de Boismotay, rédigées en titre avec de bonnes gloses, et un écrit en forme à l'appuy de ces lettres, fait contre le defunt pour le procès du neveu dudit Boismotay. Il y est assez bien peint pour n'avoir pas besoin d'être retouché. Il me dit encore qu'il

---

¹ Charles d'Isart, abbé de Saint-Vincent de 1711 à 1714. V. *Gall. Christ.*, XIV, c. 468.

² Il s'agit peut-être ici de M. de Tressan, évêque du Mans, dont la mort était encore très-récente.

pourroit retrouver un manifeste ecrit contre le même defunt en 1698, qu'on attribue à M^r de St-Germain, et il me promit de me faire transcrire le tout et de l'envoyer à l'adresse que je lui marquerois. V. R. voudra bien m'ecrire à Vertou pour me marquer si elle souhaite d'avoir copie de ce que je viens de dire, afin que je l'ecrive au bonhomme president.

Je vais faire une reponse honneste et civile au R. P. de Ste-Marthe. Je souhaite qu'il en soit content. En tout cas, je demeureray caché à l'abry de la regularité monastique. Si je suis fasché de n'être presque plus bon à rien, c'est particulierement par l'inclination que j'ay de rendre quelque service à V. R., à qui je suis toujours parfaitement dévoué, étant avec toute la reconnoissance, l'attachement et le respect possible, mon Reverend Pere, votre tres humble religieux et tres obeissant serviteur.

F. Denis Briant.

LXXXVIII

Dom Briant a dom Denys de Sainte-Marthe [1].

(Angers, 1er juin 1712.)

De Saint-Nicolas d'Angers, le 1er juin.

Benedicite.

Mon Reverend Pere, ce n'est point par mauvaise humeur ny faute d'inclination de rendre service à Votre Reverence que j'ay cru ne me devoir pas engager aux recherches qui regardent la Bretagne par rapport à votre ouvrage, selon le système que vous m'avez fait l'honneur de me prescrire. Je suis dans un âge trop advancé, et trop incommodé de la veue, pour m'oser promettre de pouvoir remplir ce que vous me

---

[1] Biblioth. Nat., Ms. fr. 25.537, f. 94.

proposez et passer deux années en courses et en maison empruntée et dans une lecture perpetuelle d'une infinité de titres, dont on ne retire le plus souvent rien ou peu de chose après tant de fatigues.

Je ne comptois pas sur des courses et des discussions si étendues, et je croiois en être quitte pour passer quelques mois à St-Melaine à dépouiller nos memoires de l'Histoire de Bretagne, et faire un voyage par le Nantois pour demeurer ensuite en quelque maison à arranger et disposer le tout, en vivant religieusement comme j'ay fait à St-Vincent, parceque j'avois eu soin de recueillir des memoires pour Kimper, Lant-venec, Doulas, Kimperlé, St Maurice, Lantenac, le Tronchet, St Jagu, etc. J'envoye le tout au R. P. assistant [1], aussi bien que tout ce que j'ay fait sur le Maine, en l'etat qu'il est, afin qu'il le communique à V. R. et que vous en puissiez prendre ce qui est de votre sujet. Votre dessein entroit tout entier dans le mien, qui étoit pourtant plus étendu, puisque j'avois en veue de dresser des memoires pour une histoire du Maine.

Comme je n'avois plus rien à faire à St-Vincent après m'être depouillé de mon travail tel quel, j'ay demandé ma sortie au R. P. visiteur, qui m'a envoyé à Vertou. Je suis en route, et j'y ariveray vendredy, s'il plaît à Dieu.

Je supplie V. R. d'être persuadée que je suis toujours, avec tout l'attachement et tout le respect possible, mon Reverend Pere, votre très humble et tres obeissant serviteur.

F. Denis Briant *M. B.*

(L'adresse porte: *Au Reverend Pere Dom Denis de Sainte Marthe, prieur de l'abbaye de St-Denis. A St-Denis. Par Paris*).

[1] Dom Maur Audren.

LXXXIX

DOM BRIANT A L'ABBÉ CHOTARD [1].

(Landevenec et Brest, sans date.)

Je vous devois ecrire, mon cher abbé, quand je serois tranquille dans ma solitude. Je me souviens de ma parole, et ce n'est pas manque d'avoir songé tres souvent en vous que j'ay differé d'y satisfaire. J'attendois une voye secrete pour recevoir de vos nouvelles et vous donner des miennes à cœur ouvert, sans reserves. Mais il n'y a pas un homme en ce païs icy. Je me regarde comme un autre Don Guichot dans un château enchanté, si ce n'étoit que je ne voy point de Dulcinée. On ne sçauroit à la verité voir une solitude plus charmante que la nostre. Un bassin d'une lieue de mer borne notre jardin et fait la veue de notre monastère, où des montagnes nous mettent à couvert des tempestes ; des fleurs pendant toute l'année ; et en un besoin j'y pourrois placer le paradis terrestre [2]. Tout ce qui luy manque, c'est d'estre sur le chemin de Rome [3].

---

[1] Archives départementales de la Loire-Inférieure, fonds Chotard. — Cette lettre nous a été indiquée par M. Léon Maître ; comme elle n'est pas datée, nous l'avions mise simplement à la suite des quatre autres de D. Briant. Mais, ayant eu récemment l'occasion d'examiner le fonds Chotard, nous y avons trouvé la preuve que cette dernière lettre est certainement antérieure aux autres. De diverses pièces existant dans ce fonds il résulte : 1° que, au 1er juillet 1709, l'abbé Chotard venait d'être nommé chanoine de Saint-Pierre de Nantes, et qu'il prit, par procureur, possession de sa prébende avant le 2 juin 1710 ; 2° qu'il était encore en France le 16 avril 1707, mais que, le 7 novembre suivant, un de ses amis lui écrivait à Rome. — Or, la lettre de D. Briant a été écrite avant que l'abbé Chotard fût chanoine, puisque l'adresse ne lui donne pas ce titre, et avant même qu'il partît pour Rome, mais lorsqu'il se préparait déjà à ce voyage. — Elle doit donc être du 7 novembre 1706, commencée à Landevenec et achevée à Brest.

[2] Dans cette jolie description, il s'agit du site de l'abbaye de Landevenec.

[3] Parce que l'abbé Chotard devait sous peu aller à Rome.

J'y vis pourtant dans un etat violent de ne point, recevoir
de vos nouvelles. Je receus hier une lettre de Mr. Rondo, où
l'on m'apprend que vous vous portez bien et que vous m'avez
fait l'honneur d'y faire mention de moy. Je vous en rends
mille graces et c'est quelque chose pour moy de sçavoir que
vous êtes en bonne santé. Mais le projet de notre abbaye
forme-t-il quelque esperance? ou si le dessein du grand
voyage [1] subsiste? Je vous prie, mon tres cher Monsieur l'abbé,
de m'ecrire en paroles couvertes ce qui vous regarde, où je
prends plus de part qu'en ce qui me touche moy même, et
cela parceque je ne puis recevoir de lettres que le Pere prieur
ne lise auparavant ; et par la mesme raison vous ne ferez point,
s'il vous plaist, mention que je vous aye ecrit.

Je m'occupe icy uniquement de l'etude, et voicy la seconde
lettre que j'ay ecrit. La premiere est une reponse à Monsieur
l'Intendant, qui m'a envoyé icy le projet d'un recueil des
ordonnances de nos Roys depuis Hugues Capet jusqu'en 1400,
qui se fait par les ordres de M^r le Chancelier, ce qu'il a accompagné d'une lettre fort obligeante pour moy, avec ordre exprès
de me mettre le tout en main propre. Cela a donné un peu à
penser à notre prieur, mais je ne sçay s'il ne me fera pas
naître aussi l'occasion de retourner à S.-Vincent du Mans, où
nos memoires sont. Si cela arrive, il faudra vous aller embrasser chez vous dans le voyage, et nous y dirons toutes choses
à cœur ouvert. Je ne pus vous aller voir à mon depart, parceque je jugeay que vous n'etiez pas de retour de Châteaubriant.

Je ne sçay plus que vous dire, sinon que je vous aime plus
que je n'ay fait de ma vie et que vous remplissez tous les
vuides que ma solitude me donne. Je joindray à la presente de

[1] Le voyage de Rome.

la philosophie sur les purs esprits, si je ne pars pas demain matin pour Brest. Comme on n'a point icy d'autre compagnie que ces messieurs là, vous ne serez pas surpris que je vous en dise des particularités. C'est icy le vray païs de la philosophie. J'y vais eclorre [1] un dialogue de la stoïcienne, l'epicurienne et la chretienne, où elles conviendront enfin de principes pour former la morale d'un honnête homme et vray chretien sans hypocrisie. J'y veux aussi effacer les niaiseries de l'école *de Deo et attributis ejus etc.* et etablir ce que nous savons *de Deo unitrino*. Jugez si je ne vays pas devenir sçavant ou fol dans ma solitude, où la moitié du temps se passe cependant à dormir et prendre le tabac, partie de l'autre à feilleter de vieux livres qui ne m'apprennent souvent rien.

Je finis ma lettre de Brest le 7 novembre, et en partant de Lantvenec, le 2e, on me donna vostre lettre qui m'a fait tout le plaisir que vous pouvez penser. J'y trouve le projet de votre voyage plus prompt que je n'avois attendu, mais vous aurez encore une foys de mes lettres avant votre depart, avec quelque morceau de philosophie. Comme vous êtes occupé des preparatifs de votre grand voyage, je ne vous conseille point de vous rompre la teste à de nouvelles etudes. Vous en sçaurez toujours assez pour la cour de Rome, où l'intrigue sert plus que la science. Il faudra laisser à Marseille nos libertez gauloises de philosopher sur tout; et une teinture des Instituts abregez du droit canon fait un habile homme en ce païs là. Jugez si je vous puis etre bon à rien dans ce dessein, moy qui ay tant d'horreur de ces nouveautez dans la discipline et peutetre dans la foy, et qui ne sçaurois parler que de la bonne vieille chretienté!

J'ay esté à l'abbaye de Sᵗ-Mathieu, et je demeure encore aujourd'huy à Brest pour avoir l'honneur de saluer Mʳ le

---

[1] *Excludere,* pondre, mettre au jour.

maréchal de Chateauregnaut[1], qu'on attend icy ce soir. Je vous embrasse mille fois, mon tres cher M^r l'abbé, tout penetré de votre chere amitié et des plus tendres sentiments qui m'attachent à vous plus que persone du monde. Mon collegue Lobin vous donnera notre R. Procureur à Rome mieux que je ne puis faire d'icy. C'est ce que vous ne devez pas negliger.

Croiez moy toujours tout à vous, Monsieur, et la part où vous soiez, je vous prie que je puisse apprendre de vos cheres nouvelles. Mon adresse commune est : à moy, religieux Bene-dictin, à l'abbaye de Lantvenec au Faou prez Brest, Basse-Bretagne.

Encore une foys je suis, en vous embrassant, Monsieur, votre tres humble et tres obeissant serviteur.

F. Denis Briant.

(L'adresse porte : *A Monsieur Monsieur l'abbé Chotard, à sa maison au Celier. Prez Nantes.*)

XC

Dom Lobineau a M. de Caumartin [2].

(Rennes, 4 janvier 1713.)

Après vous avoir souhaité, Monsieur, une heureuse année, je vous apprendrai que j'ai mis au messager un pacquet à l'adresse de Madame de Caumartin, où, parmi plusieurs exemplaires de ma response aux Normands [3], il y en a un pour un Italien de mes amis appellé l'abbé Lama. Je vous prie

---

[1] Lieutenant-général du roi en Bretagne.

[2] L'original de cette lettre m'appartient. Le nom du destinataire n'est indiqué ici que par conjecture.

[3] *Réponse au traité de la mouvance de Vertot,* publiée en 1712 par Lobineau, qui n'y avait pas mis son nom.

de prendre cet exemplaire et de le delivrer à son adresse, quand l'abbé Lama ira vous le demander de ma part.

J'ai négligé cette année d'aller aux eaux de St-Brieuc, qui me firent tant de bien l'année precédente, 1711, et je m'en suis mal trouvé, car j'ai eu une cruelle nefretique. Elle est passée, grâce à Dieu, et c'est à moi à tascher de la prevenir.

Vous me feriez bien plaisir si vous pouviez me faire avoir quelques uns des escrits de la cause de notre pauvre Infante[1]. Et si vous pouviez y joindre des pieces de guitare de Mr de Visé, je vous promets que je vous les jouerai joliment la premiere fois que nous nous reverrons. Nostre jardinier [2] me demande aussi de la graine de choux-fleurs de l'Archipel, et je m'adresse à vous pour en avoir; mais taschez de mettre la main en meilleur endroit que l'an passé, parceque ceux-là n'ont pas réussi.

Je vous envoie pour estrennes un dialogue propre a etre mis en musique [3], et qui l'a déjà esté ici par mon maistre de viole et de guitare, qui est le vieux Colesse. Cela n'empeschera pas que vos habiles de Paris ne puissent exercer leur talent sur un sujet assez susceptible des différentes beautez de l'art.

Je vous prie d'assurer de mon estime Mlle Gautier. Je suis, avec la plus parfaite estime, Monsieur, votre tres humble et tres obeissant serviteur.

F. G. A. LOBINEAU.

Rennes, 4 janvier 1713.

---

[1] Sous ce nom de convention, Lobineau semble désigner la doctrine janséniste.

[2] Le jardinier de l'abbaye de Saint-Melaine de Rennes, où résidait alors Lobineau.

[3] Ce dialogue qui, selon toute apparence, était une pièce de vers composée par Lobineau, n'est malheureusement pas joint à la lettre, et nous ne le connaissons pas.

XCI

DOM AUDREN A DOM LOBINEAU [1].

(Paris, 19 avril 1713.)

P. C. [2].

Mon Reverend Père, j'ay reçu quelques titres pris dans la
Chambre des Comptes de Dijon, copiés par dom Guillaume
Aubrée, qui concernent l'histoire de Bretagne. Il m'en promet
encore d'autres. Il y en a trop pour les mettre à la poste, et
trop peu pour les mettre au messager. Je vous en rendray bon
compte. En attendant que j'en aye suffisamment pour faire un
paquet que je puisse mettre au messager, voici un seau d'Artur
de Bretagne, qui differe de celui qui est gravé dans l'Histoire,
en ce que le lion qui sert de cimier n'est point couronné et
que celuy-ci l'est. « Je l'ay fait dessiner sur l'original qui es
à la Chambre des Comptes de Dijon. » Ce sont les termes de la
lettre de dom G. Aubrée. Il ajoute qu'il auroit été à souhaitter
que l'on eût vu plusieurs pièces de la Chambre des Comptes
de Dijon :

« On n'auroit pas apparemment oublié le contrat de mariage
passé entre Artur de Bretagne et Marguerite de Bourgogne,
ny la lettre des Etats de Bretagne sur ce sujet. On y auroit
vu le duc de Betfort epouser Agnès de Bourgogne et non
Marguerite, comme l'assure l'historien de Bretagne. —
Je ne trouve rien qui puisse prouver que Hermengarde,
femme de Fergent [3], ait été religieuse à Larey, monastère qui
dependoit de St-Benigne [4]. Notre necrologe ne la qualifie ny de

---

[1] Bibl. Nat. Ms. fr. 20,941, fol. 2.

[2] *Pax Christi.*

[3] Alain Fergent, duc de Bretagne de 1084 à 1112.

[4] Saint-Bénigne, abbaye de Bénédictins, le principal et le plus ancien monastère

soror nostra, ny de *monacha congregationis nostræ,* ny de *conversa,* termes dont il se sert pour faire connoitre les religieuses de Larey. Nous n'avons encore aucune preuve de la donation que fait cette duchesse à Larey de l'isle de Caberon. Enfin j'ay trouvé plusieurs pièces dont il n'est fait aucune mention en l'Histoire de Bretagne. Je voudrois qu'elles pussent être à present de quelque utilité. Je les copierois avec plaisir [1]. »

Je viens de lui mander qu'il ne manque pas de copier exactement tout ce qui concerne la Bretagne, et que dans la suite on pourra en faire un bon usage.

Il faudra que le P. Le Long se contente de ce que vous m'avez envoié. Il ne pretend autre chose que de donner une notice de tous les ouvrages imprimés ou manuscrits qui peuvent servir à notre histoire generale ou à celles des provinces, sur le mesme plan que Mr Du Chesne a donné la Bibliothèque des autheurs, il y a près d'un siècle.

Il est sûr que tout le monde ignoroit ici les mauvaises demarches de Mr l'abbé de Vertot, ainsi nous ne pouvions prendre des mesures là dessus. Cet abbé travaille, dit-on, à l'histoire de Malthe, et il a pour cela 1500 l. de pension. Il est aggregé à l'Ordre et porte la croix. Voilà ce que j'ay appris des occupations de cet abbé. Nous ne serions pas fachés d'avoir ici copie des deux denonciations [2] et de vos deux reponses, si vous ne les faites pas imprimer.

---

de la ville de Dijon. Larrey, situé près de Dijon vers le Sud-Ouest, ancien monastère de femmes, était au XVIIIᵉ siècle un prieuré de Saint-Bénigne. Voir Expilly, *Dictionn. des Gaules et de la France,* IV, 151.

　[1] Tout ce paragraphe est évidemment transcrit de la lettre de dom Guillaume Aubrée à dom Audren.

　[2] Vertot avait dénoncé Lobineau comme ayant soutenu, dans sa *Réponse au traité de la mouvance* dudit Vertot, des propositions prétendues attentatoires aux droits de la couronne.

Je suis de tout mon cœur, mon Reverend Père, votre tres humble et très obeissant serviteur et confrère.

                                    FR. MAUR AUDREN *M. B.*
        Le 19 avril 1713.

(Sur l'adresse on lit: *Bretagne. Au Reverend Pere Dom Alexis Lobineau, religieux Benedictin en l'abbaye de St Melaine. A Rennes.*)

XCII

DOM LOBINEAU A L'ABBÉ CHOTARD [1].

(Rennes, 11 février 1714.)

Rennes, XI fevrier 1714.

Pendant que vous estiez encore à Angers, mon cher abbé, à discuter vos droits successifs, je partis d'ici pour aller à St-Brieuc boire des eaux minerales, remede qui m'avoit esté ordonné contre ma nephretique [2]. Je les bus avec assez de succez pendant trois semaines. Mais, le dernier jour, m'estant avisé d'aller faire une cavalcade sur le bord de la mer, monté sur un palefroi un peu plus fringant qu'il ne me convenoit, je fus paié de ma folie. Le cheval, estonné du bruit des flots et choqué de l'odeur de la mer, prit le mords aux dents, fit cent tours de manege malgré moi, terminez par cinq ou six sauts de mouton, dont le dernier m'enlevant de la selle m'envoia bien loin mesurer le sable, avec tant de vehemence que j'en eus le bras démis.

Je demeurai quatre jours dans cette dislocation, et je ne

---

[1] Archives départ. de la Loire-Inférieure, fonds Chotard. — Cette lettre nous a été indiquée par M. Léon Maître. Elle est tout entière, comme la suivante, de l'écriture de Lobineau.

[2] Voir ci-dessus, notre n° XC. — Cette « néphrétique » n'était autre que la gravelle.

fus remis que le cinquiesme, assez heureusement à la verité, mais avec cette mauvaise suite que je ne suis pas encore parfaitement gueri, quoiqu'il y ait plus de cinq mois de mon accident, et je ne sçai si je le serai jamais jusqu'au point de me pouvoir servir du bras malade aussi bien que de celui qui n'a point eu de mal.

J'estois encore occupé à faire des fomentations à ce mauvais bras, lorsque, le lendemain de Noël, ma nefretique revint me rendre une cruelle visite, dont je n'ai esté delivré qu'en poussant dehors douze ou treize pierres de quatre à cinq lignes de diametre.

Aussitost que j'ai eu quelque relasche à mon mal, il m'a fallu reprendre mon travail des archives du Parlement, où je passe toutes les matinées, et d'où je ne reviens que tres fatigué et presque hors d'estat de penser à rien de serieux.

Voilà un long narré, qui me conduit naturellement à vous faire entendre les causes de ma paresse, et qui me donne quelques droits de vous demander que vous l'excusiez. J'espère que vous ne serez pas assez dur pour me refuser cette justice. Je serois au desespoir qu'on pust dire qu'une amitié aussi tendre, aussi ancienne et aussi constante que la nostre, eust esté à la fin sujette au changement comme tous les autres estres sublunaires. Pour ce qui est de moi, je vous aime toujours comme par le passé, et si tant d'accidens differens m'ont empesché de continuer de vous le dire, je n'ai jamais cessé un seul instant de le sentir et de souhaiter que vous en fussiez toujours egalement persuadé.

Le livre dont vous avez eu la bonté de faire la correction, faveur singuliere et dont je connois tout le merite, a eu quelque succez, et j'en suis redevable à vos soins, dont je vous rends de nouveau mille et mille graces.

Je vous prie de m'envoier au plus tost des lettres d'aboli-

tion et d'amnistie au sujet de ma paresse, et d'estre persuadé
que personne ne vous aime avec plus d'ardeur ni plus de ten-
dresse que

GUIOMADES [1].

(L'adresse porte : *A Monsieur, Monsieur l'abbé Chotard,
chanoine de l'Église de Nantes. A Nantes.*)

XCIII

DOM LOBINEAU A L'ABBÉ CHOTARD [2].

(Rennes, 17 mars 1716.)

On ne compte point avec ses amis, mon cher abbé ; et c'est
pour cela que vous n'avez pas compté que je vous ai escrit il
y a long tems sans que vous y aiez fait attention. Je pensois
que quelques amours nouvelles avoient effacé les vieilles ami-
tiez, et je cherchois inutilement à me consoler. Enfin vous
avez bien voulu vous raviser, et comme vous estes bon prince,
vous me faites mesme grace et ne me grondez point de mon
silence.

Vous m'auriez grondé, mon cher blondin, que je ne l'aurois
pas trouvé mauvais, car on doit pardonner quelques brusque-
ries aux personnes affligées au point où vous devez l'estre de
la perte de vostre admirable reine. `Mais quoi ! les morts
seront donc bien heureux s'ils peuvent troubler nostre repos
malgré nous. J'ai bien perdu mon cher dom Denis [3], que j'ai-

---

[1] Pseudonyme, ou plutôt surnom familier de Lobineau dans ses relations avec
quelques intimes; on prononçait probablement *Guiomadès*, comme *Cléomadès* et
autres noms de forme analogue, qu'on trouve dans les romans du moyen-âge.

[2] Arch. départ. de la Loire-Inférieure, fonds Chotard. — Cette lettre nous a été indiquée par M. Léon Maitre.

[3] Dom Denys Briant mort le 6 février 1716, à l'abbaye de Redon. Il était lié lui-
même avec Chotard, comme on le voit par notre n° LXXXIX ci-dessus.

mois plus que vous n'aimiez la reine de P. [1], et je n'ai point
pour cela jetté les hauts cris, arraché mes cheveux, dégarni
mon menton. Il est mort : j'en suis en verité bien fasché, et
plus que personne. Mais qu'y faire ? *Omnes eodem cogimur.*
Ce diable de trou de taupe, par où il faut aller en paradis, est
le rendez-vous general de tous les humains, et les plus tost
rendus n'en sont pas toujours les plus avancez. Je m'egare
dans la morale, et ce n'est pas ce qu'il faut à une personne
affligée. Buvez, c'est le Sage qui le dit : *Date vinum iis qui
mœsto sunt corde.*

C'est au Mans que j'ai appris la mort du pauvre Denis. Vous
me croiiez en Basse Bretagne, et en effet j'y ai passé un mois,
et deux autres dans le Maine et dans l'Anjou. Je n'en suis de
retour que du 8 de ce mois.

J'ai prié celui qui m'a donné la requeste dont vous me parlez
dans votre lettre de la renvoier à Nantes, au veritable et naturel juge de ces matieres, qui est le bureau diocesain de la
capitation, composé de douze deputez des Estats qui jugent
souverainement toutes ces sortes d'affaires. S'il y avoit eu
quelque chose à faire ici, vous devez compter que je n'aurois
rien negligé pour vous faire plaisir.

Je vous embrasse mille fois et suis à vous, mon cher abbé,
plus que personne du monde.

GUYOMADES.

Rennes, 17 mars 1716.

(L'adresse porte : *A Monsieur, Monsieur l'abbé Chotard,
Chanoine de l'Eglise Cathedrale. A Nantes.*)

---

[1] La reine de Pologne, qui honorait l'abbé Chotard de sa protection, comme on le
voit par diverses lettres du fonds Chotard.

XCIV

DOM LOBINEAU A MADAME DE CAUMARTIN [1].

(Le Mans, 21 décembre 1718.)

Au Mans, 21 décembre 1718.

Madame, je me flatte peut estre un peu quand je m'imagine que mon retour à Paris feroit plaisir à beaucoup de personnes; mais si je me trompe, c'est leur faute, puisque leurs frequentes invitations me donnent lieu d'en juger ainsi. Mais elles seront fort inutiles, veu le pouvoir de subsister à Paris que m'ont osté les Estats en retranchant ma pension [2], si ceux de mes amis à qui mon retour seroit utile ou agréable ne font usage des versets 15 et 16 de la Lettre de S. Jacques, ou tout au moins de l'apologue que je leur ai cité dans ma *Queste poétique* [3].

Au reste, quand tout me manqueroit de ce costé-là, Madame, vous ne devez pas desesperer de voir l'Histoire des Saints de nostre province. Pour moi, j'espere que vous la lirez un jour et que vous benirez Dieu d'avoir aussi mis Saül au rang des prophetes, je veux dire, de m'avoir fait part de cet esprit d'onction qui convient à de pareils ouvrages. Le sujet de l'espece d'assurance avec laquelle j'ai l'honneur de vous en parler est l'envie que les imprimeurs de Rennes me témoignent d'avoir

[1] L'original de cette lettre m'appartient. Elle a perdu son enveloppe et par conséquent son adresse; mais au recto du premier feuillet, dans l'angle supérieur de gauche, on lit, de la main de Lobineau: *A Mad^e de Caumartin.*

[2] Sa pension d'historiographe des États de Bretagne, pour laquelle on n'avait point fait de fonds dans la tenue de 1718, mais qui fut rétablie, avec les arrérages, dans celle de 1720; voir ci-dessous notre n° XCV.

[3] Nouvelle preuve que Lobineau faisait des vers; voir ci-dessus notre n° XC. — Les versets de l'épître de saint Jacques auxquels il fait allusion, doivent être les 15e et 16e du chap. II, où il est dit: *Si autem frater et soror nudi sint et indigeant victu quotidiano, dicat autem aliquis ex vobis illis:* « *Ite et calefacimini et saturamini.* »

la preference pour mettre cette histoire au jour, et ce sera mon pis aller au deffaut de Paris. Vous estes en peine de Mr de la Noë Menard. Un gentilhomme de Nantes m'a promis la vie de ce saint prestre, mais il ne me l'a pas encore envoiée. Il ne me manque plus que cela, car tout le reste est fait ; je ne sai pourtant si les examinateurs permettront l'impression de ce morceau. Il faudra que je touche bien delicatement l'affaire de la Constitution [1], pour ne pas animer contre moi et mon livre des ennemis qui ne s'endorment point.

J'aurois honte de vous avouer que je ne vois point Madame l'abbesse du Pré [2], si je n'esperois que vous serez edifiée du parti que j'ai pris de me souvenir que je suis solitaire et de ne voir personne du dehors. Je laisse nostre R. P. abbé [3] s'acquiter de ce qui est dû au merite distingué de cette dame, dont il a l'honneur d'estre connu plus particulièrement que moi.

J'ai bien des grâces à vous rendre, Madame, non seulement de ce que vous voulez bien vous souvenir de lui, mais encore de ce que vous vous estes emploiée si efficacement auprès de Mr de Machaut [4] pour un ouvrage en faveur de la Constitution, venu de Rome, à qui nous avons destiné une place parmi les livres deffendus. Nous avons à peu près tout ce qui a esté fait contre la dernière Clémentine [5], et nous nous souviendrons avec reconnoissance que c'est à vos bons offices que nous serons redevables d'avoir un morceau aussi essentiel que cet ouvrage

---

[1] La constitution *Unigenitus,* dont il est encore longuement question plus bas. M. de la Noë-Ménard s'était distingué par l'ardeur de ses opinions jansénistes. Il n'est pas mentionné dans la *Vie des Saints de Bretagne* de Lobineau.

[2] Saint-Julien du Pré, abbaye de Bénédictines, au Mans, dont l'abbesse était alors Anne-Marie-Magdeleine de Beringhen, fille d'Henri, comte de Beringhen, et d'Anne d'Uxelles. V. *Gallia Christiana,* XIV, 505.

[3] Dom Maur Audren de Kerdrel. V. *Gall. Christ.,* XIV, 468.

[4] Lieutenant de police ; père de Machault d'Arnouville, qui fut plus tard (1745 à 1754) contrôleur des finances, ministre, et garde des sceaux.

[5] Encore la bulle *Unigenitus,* qui avait pour auteur le pape Clément XI.

jésuitique. Vous ne serez pas surprise, Madame, quand je vous dirai que nostre recueil là dessus passe quatre-vingt volumes. C'est une bibliothèque entière ; et une bulle qui ne vaut rien a donné lieu à quantité de bons ouvrages et à l'éclaircissement de beaucoup de questions importantes. Je ne doute point que vous n'en aiez lû une bonne partie, mais il faut vous armer de patience, nous ne sommes pas encore au bout. Les Muses se meslent aussi quelques fois de la partie, et je prens la liberté de vous envoier un sonnet qui fait du bruit. Le petit evesque d'Angers [1] y est maltraité ; mais pourquoi se rend-il le persecuteur de la verité ? Il n'a que ce qu'il merite, et l'on ne peut repandre trop de confusion sur les ennemis declarez de la grâce de J.-C.

J'ai l'honneur d'estre, avec un profond respect, après vous avoir souhaité par avance les bonnes festes et une heureuse année, Madame, votre tres humble et tres obeissant serviteur.

F. G. A. LOBINEAU.

XCV
DÉLIBÉRATION DES ÉTATS DE BRETAGNE [2].
(Ancenis, 18 octobre 1720.)

Du vendredy 18e octobre 1720, 8 h. du matin.

Monseigneur l'evesque de Nantes
Monseigneur le baron d'Ancenis
Monsieur le senechal de Nantes
Monseigneur l'evesque de Nantes [3] a representé un me-

---

[1] Michel Poncet de la Rivière, évêque d'Angers de 1706 à 1730 (*Gall. Christ.*, XIV, 586.)

[2] Archives d'Ille-et-Vilaine. Registres des délibérations des États de Bretagne, tenue de 1720 à Ancenis.

[3] Louis de la Vergne de Tressan, évêque de Nantes, de septembre 1717 à octobre 1723.

moire qui estoit presenté à l'assemblée par le Pere Lobineau, historiographe des Estats de Bretagne, par lequel il les suplioit de vouloir bien ordonner que l'on continuast, comme par le passé, à faire fonds pour le payement de sa pension viagère de 300 # par an, qui luy fut accordée aux Etats de 1707 ¹, et qu'il soit en outre fait fonds pour les années 1718 et 1719, qui s'estoient passées sans avoir rien touché d'une pension qu'il regardoit plustost comme une marque d'honneur que comme un moyen suffisant pour subsister à l'abbaye de Sᵗ-Germain des Prés, où il estoit presentement, et où les estrangers comme luy payent 500 # de pension. Et mondit seigneur de Nantes ayant en mesme temps marqué que Monseigneur le marechal d'Estrées ² luy avoit tesmoigné que cela luy feroit plaisir si l'assemblée vouloit bien se porter à ecouter favorablement la demande dudit Pere Lobineau :

Sur ce deliberé, LES ETATS ont, par la consideration qu'ils ont pour Monseigneur le maréchal ³, ordonné et ordonnent que, sur les hors-fonds ⁴ dont il sera fait fonds dans la presente tenue, le Pere Lobineau sera payé de la somme de 1500 # pour sa pension viagère, tant pour les années 1718 et 1719 que pour les années 1720, 1721 et 1722, à raison de 300 # par chacun an, conformément à la deliberation du 2ᵉ decembre 1707.

Ainsi signé : † L. DE TRESSAN, *evesque de Nantes*. BETHUNE CHAROST, *baron d'Ancenis*. et LOUIS CHARETTE ⁵.

¹ Par délibération du 2 décembre 1707; voir ci-dessus notre nᵒ LXXX.
² Lieutenant-général du roi en Bretagne.
³ C'est donc à l'intervention du premier représentant du roi en Bretagne, de son premier Commissaire près des États, que Lobineau dut le rétablissement de sa pension : circonstance d'autant plus remarquable qu'elle vint après les odieuses dénonciations, où Vertot avait voulu établir une véritable complicité morale entre l'*Histoire de Bretagne* de Lobineau et la conjuration bretonne de 1719, si cruellement châtiée en 1720 par le supplice du marquis de Pontcallec et de trois autres gentilshommes.
⁴ C'était une partie du budget de la province dont la libre disposition appartenait aux Etats.
⁵ Signatures des présidents des trois ordres.

XCVI

RÉFUTATION DE L'ABBÉ DE VERTOT

PAR DOM LOBINEAU.

(1721.)

Avertissement de l'Éditeur.

Une des discussions qui ont le plus vivement ému, au dernier siècle, l'opinion publique dans notre province, est celle que l'on désigne d'habitude sous le nom de *question de la mouvance de Bretagne.*

En droit féodal, on appelait *mouvance* le lien de sujétion et de dépendance qui rattachait un fief subalterne, quelle que fût son importance, à la seigneurie principale et dominante (comté, duché, royaume, etc.), dont il avait été dans l'origine extrait et séparé. Ainsi le roi de France Charles le Simple avait extrait du corps de la monarchie française, en 910, la province de Normandie, pour la donner en fief au duc Rollon, et tout le temps que la Normandie eut des ducs particuliers, c'est-à-dire jusqu'au moment où elle fut réintégrée au corps du domaine royal, ce duché fut dans la mouvance de la couronne de France.

Au contraire, les historiens bretons, et particulièrement Lobineau, dans sa grande *Histoire de Bretagne,* soutenaient que les Bretons avaient formé, dans la péninsule armoricaine, un établissement indépendant avant le temps de Clovis, c'est-à-dire avant l'établissement de la monarchie française : d'où suit que cette province, n'ayant point fait originairement partie du corps de la monarchie, n'avait pu être dans sa mouvance, quelles que fussent les marques d'honneur rendues plus tard aux rois de France par les ducs bretons.

Lobineau concluait de là que les rois de France, n'ayant point la mouvance de la Bretagne, n'avaient pu la transférer aux ducs de Normandie, comme les Normands prétendaient que l'avait fait Charles le Simple en faveur de leur premier duc Rollon; et Lobineau réfutait en outre, dans une dissertation spéciale [1], les récits mensongers d'un vieux chroniqueur (Dudon de Saint-Quentin) qui relatait cette prétendue cession.

---

[1] *Histoire de Bretagne,* t. II, col. 76-78.

Les Bretons embrassèrent sans hésiter l'opinion de Lobineau; non seulement elle les affranchissait, dans un passé déjà loin, de la suzeraineté normande; mais elle avait l'avantage de confirmer dans le présent la base des libertés administratives, des franchises et priviléges de la Bretagne. Puisque cette province n'avait point fait originairement partie du corps de la monarchie, les droits du roi de France sur elle ne se pouvaient tirer que du traité d'Union, passé en 1532 entre la Couronne de France et les États de la Bretagne, qui faisait du maintien des priviléges la condition *sine qua non* de l'union. Doctrine constamment admise depuis 1532, longtemps avant l'Histoire de dom Lobineau, qui n'avait nulle part indiqué, dans son ouvrage, les conséquences actuelles et présentes de la thèse historique soutenue par lui au seul point de vue de la science.

Lobineau était même plus modéré dans ses opinions qu'aucun des auteurs bretons venus avant lui. Il ne faisait point remonter l'établissement des Bretons en Armorique à l'année 383 et à Conan Mériadec, mais seulement à l'époque où la conquête de la Grande-Bretagne par les Anglo-Saxons contraignait les Bretons de l'île à venir chercher un refuge sur le continent, c'est-à-dire environ l'an 460. Cela suffisait pour faire cet établissement plus vieux que Clovis et la monarchie française.

Trois ans après la publication de l'*Histoire de Bretagne,* un Normand du pays de Caux, René Aubert, plus connu sous le nom d'abbé de Vertot, répondit à Lobineau dans un livre intitulé *Traité historique de la mouvance de Bretagne* [1], où il prétend que la Bretagne armoricaine aurait été conquise par Clovis et jointe à la monarchie comme le reste de la Gaule. Ce livre parut en 1710. L'année suivante, un autre Normand, Claude du Moulinet, abbé des Thuilleries, fit paraître une autre réponse, spécialement destinée à soutenir les droits des ducs de Normandie, comme l'indique ce titre : *Dissertations sur la mouvance de la Bretagne, par rapport au droit que les ducs de Normandie y prétendoient, et sur quelques autres sujets historiques* [2]. Lobineau répliqua en même temps à Vertot et à l'abbé des Thuilleries en 1712, dans un écrit plein de verve et d'érudition, intitulé : *Réponse au Traité de la mouvance de la Bretagne, par un ami*

[1] Paris, chez Pierre Cot, imprimeur-libraire de l'Académie des Inscriptions et Médailles, 1710; 1 vol. in-12.
[2] Paris, chez François Fournier, 1711; 1 vol. in-12. Il y a des exemplaires auxquels on a joint les répliques de des Thuilleries à Lobineau et au *Journal de Trévoux,* imprimées en l'an 1713.

du père Lobineau [1]. Il avait pris, pour être plus à l'aise, le parti de se cacher sous cette désignation. Des Thuilleries, en vrai Normand, continua son ergotage dans une *Lettre à M. l'abbé Vertot,* publiée en 1713 [2], ordinairement jointe à ses *Dissertations* de 1711. Quant à Vertot, rudement mené par Lobineau, au lieu de reprendre la plume, il chercha une revanche d'autre nature. Sous prétexte que Lobineau, dans sa réponse, avait parlé en termes un peu rudes de quelques vieux rois de France de la race carlovingienne, il envoya contre lui deux dénonciations consécutives au garde des sceaux, qui eut le bon goût d'en rire. Ridicule par l'insuccès de son odieuse manœuvre, Vertot guetta une autre occasion de vengeance. Il crut l'avoir rencontrée en 1720, lors des malheureux troubles de Bretagne terminés par le supplice de quatre gentilshommes, MM. de Montlouis, du Couédic, Talhouët Le Moyne et le marquis de Pontcallec, décapités sur la place du Bouffai de Nantes, le 26 mars. Vertot, toujours aheurté à faire le P. Lobineau criminel d'État, lança contre lui un factum en deux volumes, intitulé: *Histoire critique de l'établissement des Bretons dans les Gaules et de leur dépendance des rois de France et des ducs de Normandie* [3], où il soutient que l'origine de ces troubles est tout entière dans les propositions insolentes soutenues à l'occasion de la mouvance par les historiens de Bretagne, entre autres par Lobineau: propositions qu'à son sens. un bon Français ne peut lire sans indignation [4]. Lobineau est donc aussi coupable que les victimes du Bouffai. Pour donner jour à cette odieuse idée Vertot a fabriqué deux volumes, où la discussion du point historique n'est qu'un prétexte à dénonciation.

Au point où en étaient alors les choses, après les rigueurs extrêmes où l'insouciance du Régent s'était laissé entraîner, il eût été certainemen plus qu'audacieux d'accepter le combat sur ce terrain. Si Lobineau ne répondit pas, nul ne s'en est jamais étonné, nul n'a fait honneur de ce silence à la force des raisonnements de Vertot, qui sont pour la plupart

---

[1] A Nantes, chez Jacques Mareschal, 1712, in-8°.

[2] Paris, chez Michel Guignard et Robustel, 1713. In-12.

[3] Paris, chez François Barois, 1720; 2 vol. in-12. Le privilége est du 8 mars 1720, et l'approbation du 2 mai de la même année.

[4] « Je ne crois pas qu'il se trouve *aucun bon Français* qui puisse lire sans surprise et peut-être *sans indignation* les propositions suivantes et qu'on trouve soit dans l'Histoire de Bretagne, ou dans la Réponse au Traité de la Mouvance de la même province. » *Hist. de l'Etablissement des Bretons,* t. II, p. 374.

ridicules; tout le monde l'a attribué, je ne dis pas à la prudence de l'auteur qui ne semble pas avoir eu cette vertu dans un degré éminent, mais à celle des supérieurs de la Congrégation de Saint-Maur.

Lobineau, dès 1721, s'était mis à composer une réponse. Nous en avons retrouvé le commencement, faisant un morceau déjà assez long de quarante pages petit in-folio, tout entières de l'écriture de Lobineau, ainsi que les ratures et les surcharges, qui montrent que c'est un premier jet. Ce fragment, qui s'arrête au haut d'une page et au milieu d'une phrase, se trouve au volume XLII (pp. 589-628) de la Collection des Blancs-Manteaux, conservée à la Bibliothèque Nationale, département des Manuscrits. Il n'a jamais été imprimé ni même indiqué, et il est à croire que Lobineau, par ordre de ses supérieurs, n'a jamais poussé plus loin sa réponse. Il l'avait intitulée : *Réfutation de l'*Histoire critique de l'établissement des Bretons dans les Gaules, de M. Aubert, abbé de Vertot, — *par un homme de lettres de la province de Bretagne.* » Ce titre est écrit dans l'original de la main de Lobineau, mais au dessus des mots *homme de lettres* une main plus récente a ajouté : *M. Rosnyvinen de Piré.* C'est à tort; car le style, comme l'écriture du morceau entier, est de Lobineau, et les ratures et surcharges assez nombreuses ne permettent pas de méconnaître le premier jet de l'auteur. Parfois même, comme il arrive souvent en pareil cas, les phrases ne sont pas achevées ou manquent de quelques pronoms nécessaires à la régularité du discours. Nous avons suppléé ces mots omis. Vers la fin, au contraire, nous avons supprimé un passage, où Lobineau, emporté par une idée de représailles, s'est laissé aller à discuter beaucoup trop longuement quelques détails de l'*Histoire des Révolutions de Suède* de l'abbé de Vertot; nous en avons conservé assez pour montrer ce dont il s'agit; le reste est un hors-d'œuvre sans intérêt, que Lobineau eût retranché à l'impression.

Dans ce qui reste et qu'on va lire tout à l'heure, on retrouvera le raisonnement serré, le style solide et l'ironie incisive, qui caractérisent la polémique du docte Bénédictin, notamment dans sa *Réponse au Traité de la mouvance,* mais qui nulle part n'apparaissent en meilleur jour que dans la présente *Réfutation de l'abbé de Vertot.*

Au § 3 de cet écrit, on verra le curieux éclaircissement et la réfutation péremptoire d'une grave accusation de déloyauté, portée d'abord contre Lobineau en 1713 par l'abbé des Thuilleries [1], répétée en 1720

---

[1] Dans sa *lettre à M. l'abbé de Vertot,* pp. 60 à 64.

par Vertot, et depuis lors par beaucoup d'autres, mais qui, nous le croyons, ne pourra plus l'être désormais. Pour comprendre cette partie de la *Réfutation,* il est nécessaire d'avoir sous les yeux le passage de Vertot, qui se trouve dans la Préface ou Discours préliminaire de l'*Histoire critique de l'établissement des Bretons dans les Gaules,* pp. 63 à 72. Nous allons ici en donner le texte pour être dispensé d'en faire plus loin, au bas de la page, une note dont la longueur serait gênante. Voici comme Vertot formule son accusation, dans *une anecdote assez curieuse,* dit-il, qu'il avoue avoir tirée tout entière de la *Lettre* de l'abbé des Thuilleries, imprimée alors depuis sept ans. Les faits se rapportent à l'époque où Lobineau, travaillant à son *Histoire de Bretagne,* en mettait sous presse les premières feuilles :

« Le P. Lobineau (écrit Vertot, parlant de cette *Histoire),* non content d'avoir établi dans la Bretagne des souverains indépendants de nos Rois, avoit voulu en même temps procurer aux Bretons une supériorité sur les églises des Armoricains, en supposant que la plus grande partie de la province avoit reçu la foi par le ministère des Bretons. C'est dans cette vue-là qu'il avoit fait imprimer ces paroles à la page 7 de son premier volume (de l'*Histoire de Bretagne*) : « *Que la diversité des religions ne contribua pas peu à fomenter la division entre les Bretons et les Armoricains ; les Bretons étoient chrétiens, et les peuples de l'Armorique, si on en excepte ceux de Nantes et quelque peu de leurs voisins, adoroient encore les idoles ; — Que les Bretons firent part aux Armoricains de la connoissance du vrai Dieu par le ministère de quantité de saints évêques et de prédicateurs zelez qu'ils leurs envoyèrent ; le nom breton de Riothime, que l'on trouve à la tête des évêques de Rennes, est une preuve du zèle des Bretons et de la docilité des Armoricains, etc.*

« Le P. Lobineau, avant que son livre fût public, communiqua cet endroit au P. Liron, son confrère, pour en avoir son avis. Ce religieux n'oublia rien pour le détromper de sa vision sur l'apostolat prétendu de ses Bretons, et il lui représenta que son sentiment n'étoit appuyé sur aucun fondement solide et qu'il étoit aisé de le détruire et de prouver le contraire par tous les monuments ecclésiastiques des Gaules qui sont venus jusqu'à nous. La dispute s'échauffa ; on s'opiniâtra de chaque côté ; on en vint apparemment à quelque défi, et ce fut ce défi ou tel autre motif qu'on voudra qui fit naître la dissertation qui a pour titre : *Apologie pour les Armoricains et pour les églises des Gaules, particulièrement de la province de Tours* [1], où l'on fait voir que les églises de Bretagne sont plus anciennes que la descente des Bretons dans l'Armorique, et que cette province a reçu la foi chrétienne dans le IVe siècle de l'Église.

« On doit rendre cette justice à l'auteur de l'*Apologie* qu'il fait paroître dans tout son ouvrage une grande connaissance de nos antiquités, un

---

[1] Cet ouvrage a pour auteur dom Liron ; mais il fut publié sans nom d'auteur chez Charles Huguier, à Paris, en 1708. 1 vol. in-8°.

style aisé, simple, naturel, et, ce qu'on doit encore plus estimer, des expressions mesurées et un air de politesse, si convenable entre d'honnêtes gens quoique de sentimens opposés.

« Pendant que ce savant religieux travailloit de tout son cœur à l'*Apologie des Armoricains*, le P. Lobineau, qui sentoit bien qu'il n'échapperoit pas à la force de ses preuves, avant que d'abandonner son livre au public, en tira, sans avertir le P. Liron, la page 7, et y substitua un carton où on lit aujourd'hui un désaveu public de ses premiers sentimens, dans les paroles suivantes: « *Ce ne seroit pas*, dit-il, *estimer autant que l'on dcit les travaux apostoliques de saint Clair, d'Ennius, et de plusieurs autres prélats qui avoient établi la foi chrétienne dans le pays, que de croire que le culte des idoles s'y fût conservé jusqu'à ce temps. Mais quoique les Armoricains eussent apparemment tous reçu la véritable religion, il est à croire que ces nouveaux hôtes [les évêques et missionnaires venus de l'île de Bretagne] trouvèrent encore assez de vices et de pratiques superstitieuses à combattre, etc.* »

« Cependant, dit M. l'abbé des Thuilleries, le P. Liron qui ne savoit rien d'un tel changement, ayant de son côté fait imprimer l'*Apologie des Armoricains*, n'oublia pas d'y bien distinguer par des caractères italiques les termes mêmes des premières feuilles du livre qu'il critiquoit et de citer exactement les pages.

« Il faut convenir que le public trouva beaucoup d'érudition et de force dans ses preuves; mais quand il fallut confronter les citations pour juger si on y avoit rendu exactement les sentimens et les termes du P. Lobineau, on fut bien surpris de n'y rien trouver de ce qu'on lui imputoit. Le pauvre Père Liron avoit beau feuilleter l'*Histoire de Bretagne*, lire, relire, parcourir, se frotter les yeux; il n'avoit garde d'y découvrir ce qu'on en avoit ôté. Alors le P. Lobineau, ou telle autre personne qu'on voudra, répandit dans le public une lettre sous le titre de *Contr'Apologie ou Défense de la nouvelle Histoire de Bretagne* [1], où il la traite sans façon de menteur [2].

« Jamais réponse ne fut plus fière et plus insultante. On lui dit que son *Apologie* n'a que la calomnie pour fondement, et que la chimère qu'il y attaque n'existe que dans son imagination; qu'il cite faux pour avoir lieu de débiter quelques traits d'érudition; qu'au moins il devoit lire l'auteur qu'il avait entrepris de réfuter; que ceux qui ont, comme lui, beaucoup d'imagination voient des choses que personne ne voit; que ses raisonnements sont hétéroclites et ses discours perdus... etc.

« Jamais l'injurieux Scioppius n'avoit écrit contre ses adversaires d'une manière plus violente; et ce qui ne fut pas moins fâcheux pour le P. Liron, c'est, dit M. l'abbé des Thuilleries, que ses supérieurs, mécontents des erreurs qu'il avoit imputées à son confrère, le renvoyèrent en province.

« Il est certain que ce religieux méritoit de justes reproches par sa précipitation à publier sa critique, et il devoit prévoir qu'un auteur, jusqu'à ce qu'il ait absolument abandonné son ouvrage au public, est maître d'y changer ce qu'il lui plaît. Mais il faut convenir aussi que le P. Lobi-

---

[1] Paris, chez François Emery, 1708; réimprimée en 1712 à la suite de la *Réponse au Traité de la Mouvance*; il n'y a point de nom d'auteur, mais on savait que cette pièce était de Lobineau.

[2] Vertot fait allusion à l'épigraphe de la *Contr'Apologie* : « Ne addas quidquam verbis illius, et arguaris inveniarisque mendax. » *Proverb.* XXX, 6.

neau lui pouvoit épargner cette faute en l'avertissant par charité du carton substitué au feuillet et à la page en question; et il me semble que
l'historien de Bretagne devoit même cet avis à son confrère, ne fût-ce
que par reconnaissance des lumières qu'il en avoit tirées. Mais on ne
fut pas fâché de laisser tomber le pauvre Père Liron dans le précipice
pour pouvoir ensuite l'accabler tout à son aise d'injures et de reproches,
et l'exposer en même temps aux mépris du public.

« Il est vrai que l'on n'est pas resté longtemps dans l'erreur; on a
bientôt découvert le changement de feuille; la première a paru, on en
conserve même des exemplaires dans différentes bibliothèques. Et c'est
après avoir confronté cette première feuille avec le livre du P. Liron
qu'on lui a rendu pleine et entière justice, et qu'on est convenu de la
vérité de ses citations; on l'a seulement blâmé de sa précipitation à
courir chez l'imprimeur. Mais la plupart des invectives dont on l'avoit
accablé sont retombées avec justice sur l'auteur de la *Contr'Apologie*, qui
n'a pas joui longtemps des fruits de son artifice : tant il est vrai que rien
ne subsiste que ce qui a la vérité pour fondement. » (*Hist. crit. de l'établissement des Bretons dans les Gaules*, Discours préliminaire, pp. 63 à 71.)

Quelle que soit la partialité de Vertot pour Liron, il est assez en peine
d'excuser ce procédé d'un confrère qui, ayant reçu les confidences d'un
auteur, n'attend même pas la publication du livre pour l'attaquer. Que
sera-ce donc quand on saura, — comme cela résulte clairement du § 3
de la *Réfutation* ci-dessous, — que Lobineau n'a pu avoir nul dessein de
tendre un piège à Liron, non plus que l'avertir nullement du changement de feuillet, par cette double raison, qu'il n'a connu l'*Apologie des
Armoricains* que par sa publication et appris plus tard encore le nom
de son auteur; — qu'il n'y a eu entre Liron et Lobineau aucune conversation, entretien ni défi, comme prétend Vertot, et que Lobineau n'a
jamais pu croire, avant 1718, avoir tiré de son confrère aucunes lumières; — enfin, que le P. Liron, nommé par ses supérieurs bénédictins
censeur de l'*Histoire de Bretagne* de Lobineau, mais opérant sans que
Lobineau connût même le nom de son censeur, a abusé des fonctions si
délicates que les chefs de sa Congrégation lui avaient confiées : seule
cause de la petite disgrâce qu'il subit alors.

Quant à l'*Apologie des Armoricains*, malgré les éloges outrés que
Vertot lui prodigue, c'est un médiocre travail, où l'auteur ne prouve
point ce qu'il veut prouver et fait montre d'une érudition assez étendue,
constamment en dehors de la question. Mais qu'importait à Vertot, et
avait-il lu dix lignes du fatras du P. Liron?

A. DE LA B.

RÉFUTATION

DE

l'Histoire de l'établissement des Bretons dans les Gaules,
de M. Aubert, abbé de Vertot,

PAR UN HOMME DE LETTRES DE LA PROVINCE DE BRETAGNE [1]

§ 1.

De tous ceux qui ont esté informez de l'exécution qui se fit
à Nantes l'année dernière [2] (et dans quel canton du monde
n'a pas esté porté le bruit de cet acte sévère de justice?) il n'y
a eu personne, à la réserve d'un seul particulier, qui n'ait esté
touché de commisération pour les gentilshommes qui ont
expié par l'effusion de leur sang le crime de leurs projets
chimériques. Le prince ne pouvant, sans préjudicier à l'autorité souveraine qu'il a en dépost, pardonner à tous les coupables, a fait voir sa clémence et son humanité, en mesme
temps que sa justice, et par le petit nombre de ceux qu'il a
abandonnez à leur malheur, en quelque sorte malgré lui, et
par la douleur sincère qu'il a témoignée de se voir dans l'im-
possibilité de sauver ce petit nombre, réduit à quatre personnes.
Les juges mesme qui les ont condamnez n'ont signé l'arrest de
leur mort qu'en donnant des larmes au dénouement de leur
triste destinée. Un seul homme, parmi tous les autres, s'est
dépouillé de l'humanité dans cette rencontre et a trouvé bon
d'insulter à la mémoire de ces gentilshommes, de triompher
en quelque sorte de leur supplice, et de tascher d'en faire

---

[1] Cet *homme de lettres* n'est pas autre que Lobineau. A. DE LA B.

[2] Le 26 mars 1720. Il s'agit du supplice de MM. de Pontcallec, du Couëdic, de
Montlouis et Le Moyne de Talhouët, décapités sur la place du Bouffai pour leur
participation à la conjuration de la noblesse de Bretagne contre le Régent en
1719-1720, appelée ordinairement conspiration de Pontcallec. A. DE LA B.

rejaillir la honte sur toute la province de Bretagne. L'Église, dit-on, a horreur du sang; et quelle surprise sera-ce pour le public, quand on saura que le personnage qui semble prendre plaisir à le voir couler est un ecclésiastique, un religieux, un prestre?

En effet, c'est le R. P. René Aubert, religieux de l'ordre de Prémontré, ci-devant capucin, plus connu dans le monde, où il vit depuis longtemps sans l'habit de sa religion, sous les qualitez d'abbé, de docteur en droit canon et d'académicien pensionnaire dans la Société royale qui a pour objet de ses travaux les Inscriptions et les Belles-lettres. A quoi il ajoute assez souvent la qualité de *pauvre gentilhomme,* quand il est question d'exciter les puissances à donner quelque surcroît aux pensions qu'il a déjà entassées jusqu'à faire un total (neuf mille livres de rente et plus) qui empescheroit tout autre que lui de se dire *pauvre gentilhomme.* A la chûte des quatre têtes criminelles, la pitié ne trouve point d'entrée dans l'âme du R. P. Aubert. Il s'écrie : *Heureusement! Mouvemens heureusement terminez* [1]! Et profitant de cette conjoncture, triste pour tous les autres et favorable pour lui seul, il se présente aux yeux de tous les François pour leur dire :

« Ces Bretons *sont des séditieux et des esprits turbulents*
« *qui s'opposent au repos de l'empire ; le zèle que j'ay pour*
« *les interests du Roy* et de la nation m'engage à calmer ces
« esprits remuants, en les désabusant des préventions injustes
« et des erreurs où ils sont élevez; et comme les préjugez de
« cette nation sont le fruit de ses histoires, c'est aux historiens
« que j'en veux particulièrement; et sans me contenter de les
« confondre, je les dénoncerai encore à toute la terre. »

Le nouvel ouvrage que le R. P. Aubert vient de don-

---

[1] Discours préliminaire de l'*Hist. crit. de l'établissement des Bretons,* p. 1.

ner au public est un vrai tocsin et une dénonciation per-
pétuelle, par laquelle il tasche de rendre son adversaire
criminel d'Etat, pour avoir soutenu une chose à laquelle les
déclamations du R. P. Aubert n'ont encore pu oster la qualité
de problème historique, ni rendre le contraire une vérité
claire et démontrée. Est-ce donc un si grand crime de contester avec cet illustre docteur en droit canon, académicien,
prestre, religieux, etc., qu'on ne puisse l'expier que par ce que
doit faire appréhender une calomnieuse dénonciation?

Véritablement, ce procédé est familier au R. P. Aubert;
quelques personnes ont vu deux dénonciations consécutives
de sa façon données au premier magistrat du royaume contre
le P. Lobineau; et peut-estre ce religieux n'est-il pas le seul
contre qui ces sortes d'armes aient esté emploiées par son
adversaire. Mais est-il honneste de sortir du caractère d'escri-
vain poli, dans une dispute littéraire, pour faire le personnage
que fait ici le seigneur abbé de Vertot, qui loue ailleurs avec
tant de justice *les expressions mesurées et cet air de politesse si convenable entre d'honnestes gens, quoique de sentimens opposez* [1]? Il faut bien que la nature mesme ait attaché
la honte au personnage de dénonciateur, puisqu'on n'en fait
jamais les fonctions sans se munir d'excuses, dont la première
sur le tapis est toujours le zèle pour les interests du Roy et
du public. Ce zèle, digne, à ce que croit l'auteur, des plus
grandes récompenses, brille dans tout le dernier ouvrage du
R. P. Aubert, où il est soutenu par les grâces et la beauté du
style et des expressions, capable de mettre tous les lecteurs
de son parti, si les faussetez, les calomnies, les traits insultants,
les redites ennuyeuses et le ton de déclamateur, ne rendoient
dégoûtant pour l'esprit ce qui charme d'ailleurs agréablement
'oreille.

[1] Disc. prélim. p. 65.

§ 2.

Commençons par une fausseté manifeste qui ouvre la scène
dans le traité préliminaire du R. P. Aubert, et qui lui a fait un
tort infini dans l'esprit de la pluspart des lecteurs les plus
judicieux, à qui la première page de ce Discours a donné du
dégoût pour tout le reste de l'ouvrage, que quelques-uns ont
refusé de lire et dont les autres n'ont continué la lecture
qu'avec indignation.

Le révérend auteur saisit avec avidité un objet sur lequel la clémence du prince avait ordonné l'oubli [1], et
après avoir én quelque sorte rendu toute la province de
Bretagne coupable de l'extravagance criminelle de quelques particuliers, il suppose tous les Bretons également prévenus d'idées chimériques de droits et privilèges par la
malignité de leurs historiens; et se présentant comme un
médecin que le ciel avait réservé pour guérir enfin cette province de ses illusions pernicieuses, il veut que le public se
persuade que ce sont les *mouvemens* prétendus de la province
qui lui ont fait naître l'envie de la guérir d'une maladie invé-
térée, propre à jeter la nation dans la désobéissance et la
révolte; et le remède que propose un si grand médecin est
l'ouvrage nouveau qu'il a la bonté de donner au public contre
la réponse que le P. Lobineau a fait à son Traité de la mouvance de Bretagne. *Les mouvemens,* dit-il [2], *qui viennent
d'arriver dans la Bretagne, etc., m'ont fait naistre la
pensée que les mauvais desseins de quelques Bretons estoient
peut-estre l'effet d'anciennes erreurs où ils avoient esté
elevez, au sujet des rois particuliers et des privilèges
EXTRAORDINAIRES de la province. Et comme les histoires*

---

[1] Il s'agit encore ici de la conspiration bretonne, dite de Pontcallec. A. DE LA B.
[2] Discours préliminaire, p. 1.

mesmes de cette nation ont esté la source de ces préjugez,
j'ai cru que pour calmer ces esprits remuans, il estoit à
propos de les désabuser de ces préventions injustes, puisées
dans leurs historiens. C'est dans cette vue que je prétens
establir dans tout cet ouvrage, etc.

La naissance de cet ouvrage merveilleux a donc pour date
l'an 1720, s'il faut en croire l'auteur, qui s'est voulu faire un
mérite du remède incomparable qu'il a imaginé pour tranquil-
liser les esprits, en rejetant tout le crime de quelques particuliers sur leurs histoires et leurs historiens. Il est bon de faire
observer ici à ce secourable et empressé médecin que les
Bretons n'ont besoin ni d'historiens ni d'histoires pour
apprendre les droits de leur province, et qu'il suffit pour cela
qu'on leur fasse à chaque tenue d'Etats, comme on ne manque
pas de la faire, la lecture de ces mesmes droits et privilèges,
contenus, stipulez et maintenus dans les contracts qui se font
avec le Roy à chaque assemblée. Il estoit assez inutile de
calomnier ici les historiens, puisqu'il n'y en a aucun qui en
ait tant dit sur les droits de la province que ces contracts
mesmes, qui portent le nom respectable du Roy, et sont
revestus de son autorité et fortifiez de sa parole royale. Le
point principal est de remarquer la date précise que M. l'abbé
de Vertot donne à son livre, à dessein de se faire mérite d'un
ouvrage qui n'a esté cependant ni conçu ni exécuté dans les
vues dont l'auteur s'avise enfin de se faire honneur et qui
marquent précisément l'an 1720, puisque les maux auxquels il
doit remédier n'ont paru qu'en 1719 et ont pris fin en 1720.

Mais selon le mesme auteur, dans le mesme Discours préliminaire où cette date paroit si bien marquée, on trouve, à la
page 59, que cet ouvrage salutaire estoit prest à passer entre
les mains de l'imprimeur dès l'an 1713. L'auteur avoit donc
la pensée, dès 1713 au moins, de le donner au public, et par

conséquent il ne peut pas estre vrai que ce soient les mouvemens de 1719 qui la lui aient fait naître : à moins qu'on ne
dise que l'esprit prophétique lui a fait lire clairement dans
l'avenir, en 1713, des évènements qui ne devoient éclore que
six ans après. Et pourquoi ce Protée surprenant, qui a esté
successivement tant de choses, n'auroit-il pas aussi esté
prophète?

§ 3.

Une autre fausseté qui se trouve dans le mesme Discours
préliminaire [1], et qui n'a d'autre garant que M. l'abbé des
Thuilleries, qui auroit dû en désabuser les autres, après avoir
esté détrompé lui-mesme d'un fait prétendu qu'il s'estoit trop
hasté de répandre dans le public, est l'anecdote *assez curieuse,*
ou plustost le récit calomnieux de ce qu'on prétend qui s'est
passé entre les Pères Lobineau et Liron, au sujet d'une brochure de celui-ci qui a pour titre : *Apologie des Armori-*
cains [2]. On ne citera point pour garant un estranger, mais on
citera le P. Liron lui-mesme, dont le P. René Aubert peut
apprendre la confession et l'aveu sincère par le récit que lui en
fera volontiers le R. P. Lelong, prestre de l'Oratoire, aussi
recommandable par sa vertu, sa probité, sa politesse, que par
sa profonde science, ses heureuses recherches et ses incroyables et utiles travaux. Le témoignage d'un homme aussi
digne de foi et qui n'a d'autres interest en ceci que celui de
la vérité, apprendra au R. P. Aubert que tout ce long et curieux narré, qu'il a copié dans la lettre de M. l'abbé des
Thuilleries imprimée en 1713, est une calomnie faussement
inventée, et plus digne de l'*injurieux Scioppius* que d'un

---

[1] P. 63 et suiv.

[2] Voyez ci-dessus, p. 179-181, le récit textuel de cette *anecdote curieuse* fait par
Vertot, et qui est nécessaire pour bien comprendre ce qui suit. A. DE LA B.

homme qui sait louer, dans les autres, les expressions mesurées et la politesse avec laquelle escrivent les honnestes gens
qui sont dans des sentiments opposés.

Au reste, le public n'avoit que faire de cette anecdote de
faux aloi et ne saura pas trop bon gré de cette élégante narration à un auteur, dans les escrits duquel cependant le censeur, officieux et prodigue d'éloges, assuroit qu'on trouveroit
sûrement *la vérité des faits avec la beauté de la narration
et la pureté du langage* [1]. La vérité du fait, s'il importe au
public de la savoir, est que, lorsque le P. Lobineau faisoit
imprimer l'*Histoire de Bretagne,* ses supérieurs jugèrent à
propos de lui donner un censeur, dont on lui cacha le nom et
dont les remarques ne parvenoient au P. Lobineau que copiées
d'une escriture qui n'estoit point celle du censeur. Le P. Lobineau se soumit avec docilité à quelques-unes des censures
sans en connoistre l'auteur et sans s'inquiéter beaucoup de
le connoistre, et ce n'est qu'en 1718 qu'il a enfin appris que
ce censeur avoit esté dom Jean Liron, qui demeuroit alors,
aussi bien que lui, à l'abbaye de Saint-Germain. Quand l'*Apologie des Armoricains* parut, le P. Lobineau estoit si éloigné
d'accuser le P. Liron d'en estre l'auteur qu'il en soupçonna
feu dom Thierry Ruinart, qu'il croyoit auteur des censures.
On le désabusa là-dessus, et on lui apprit que dom Liron estoit
le véritable auteur de l'*Apologie,* sans lui rien spécifier au-delà.

Le P. Lobineau, toujours prévenu que dom Ruinart avoit
esté son censeur, s'imagina que le hasard seul avoit fait
tomber les notes originales du censeur supposé entre les mains
du P. Liron, qui en avoit fait l'usage que le R. P. Aubert ne
peut se dispenser de condamner, en mesme temps que, pour le
desdommager en quelque sorte du tort qu'il lui a fait en ren-

---

[1] Approbation de M. Richard, doyen de Sainte-Opportune, à la fin du t. ɪɪ de
l'*Histoire critique de l'Établissement des Bretons.*

dant public sans aucune nécessité un fait qui n'est point à la
gloire du P. Liron, il fait l'éloge de l'érudition de ce religieux,
*de la grande connoissance qu'il a de nos antiquitez, de son
style aisé, simple et naturel, de ses expressions mesurées et
de cet air de politesse si convenable entre d'honnêtes gens,
quoique de sentimens opposés* [1]. On souscrit volontiers à cet
éloge ; mais on supplie le R. P. Aubert d'avoir moins de com-
plaisance pour le surplus de l'anecdote qu'il n'en marque par
la peine prise par lui de répandre les fleurs de sa maligne
rhétorique sur toutes les autres circonstances d'un récit, qui
n'a d'autre source que l'imagination de l'inventeur, M. l'abbé
des Thuilleries, ni d'autre appui que la redite de son copiste,
le R. P. Aubert.

Ainsi nous mettrons, s'il lui plaist, au rebut les communications de vive voix entre le P. Liron et le P. Lobineau
(il n'y en a jamais eu une seule sur ce sujet), les discours et
les représentations du P. Liron au P. Lobineau, chimère dont
M. l'abbé des Thuilleries n'ignore aucun détail, les défis de
part et d'autre, et le trait odieux de malice dont on charge le
P. Lobineau, qui ne joue pas un beau rôle dans la scène que
les deux abbez normands ont voulu donner au public aux dé-
pens du pauvre moine breton.

Nous pourrions, d'ailleurs, justement demander à M. l'abbé
de Vertot, homme d'une douceur et d'une patience connues,
quel parti il auroit pris lui-mesme, si, après avoir corrigé
quelqu'endroit d'un ouvrage avant que de l'abandonner au
public, il voyoit paroître, de la façon d'un ami dont il auroit
pris les avis, une critique de ce mesme endroit tel qu'il estoit
avant la correction, et qui ne devroit plus courir sur le
compte de l'auteur, dès que l'auteur l'auroit supprimé lui-

---

[1] Discours préliminaire, p. 65.

mesme ? Combien de fines louanges auroit-il données, dans son style ordinaire, à l'auteur de cette critique, et avec quelle politesse l'auroit-il remercié de ses peines superflues ! Il n'auroit pas emprunté sans doute les termes outrageux de l'*injurieux Scioppius,* et tout son ressentiment se serait borné à répandre le sel âcre de l'ironie, tempéré du miel attique de la politesse et de l'urbanité.

§ 4.

Au reste, ce qui doit consoler le P. Lobineau, c'est que ceux qui ne négligent rien pour le rendre odieux et ridicule, office qu'ils lui rendent avec toute la politesse imaginable, n'emploient ordinairement que la chimère et la faussete, sans oublier de certains moyens qui n'ont pas l'approbation des honnestes gens.

De ce nombre est l'usage que font les deux abbez normands d'une lettre escrite par le P. Lobineau à M. l'abbé de Trémigon, lettre que M. l'abbé des Thuilleries a surprise on ne sait pas comment, et publiée on ne sait pas pourquoi, car il n'y a rien qui intéresse le public ou qui lui apprenne quelque chose de nouveau. Le P. Lobineau mande à un de ses amis qu'il a le dessein de répondre au *Traité de la Mouvance.* Grande nouvelle à débiter, quelques années après la date de cette lettre ! Mais il y a quelque chose qu'on n'entend point dans cette lettre. Qu'importe ? En attendant que les mesmes fureteurs qui l'ont surprise viennent à bout de mettre aussi la main sur quelque autre pièce de cabinet qui les instruise plus particulièrement, on publie toujours cette lettre, parce que l'obscurité mesme de ce que l'on ne pénètre point jettera du ridicule sur celui qui l'a escrite.

M. l'abbé de Vertot, attentif, à son ordinaire, à ce qui peut faire plaisir au P. Lobineau, n'a pas manqué de copier encore

dans M. l'abbé des Thuilleries cette autre espèce d'anecdote, et
y joint un commentaire de sa façon, c'est-à-dire, où le sel âcre
de l'ironie se trouve répandu avec cette politesse qui lui est
ordinaire.

Le P. Lobineau avoit en ce temps-là quelque vue, qu'il doit
avoir négligée depuis, de prendre un tour nouveau et qui lui
paroissoit alors plaisant, pour répondre au *Traité de la Mouvance*. C'estoit apparemment de ces premières pensées que
l'on communique à ses amis, dans ce commerce de confiance
qui n'admet point de témoins. Mais on veut que le public en
soit informé malgré l'auteur, qui se récriera vainement contre
la sûreté publique indignement violée ; et le seigneur abbé de
Vertot, qui condamneroit un pareil procédé en son endroit, en
profite pour faire part au public de la découverte qu'il a faite
de ce tour prétendu *plaisant* et *nouveau,* que le P. Lobineau
s'estoit imaginé pour lui respondre, et le voici : c'est que ce
bon religieux, que personne ne louoit, s'est avisé de se cacher
sous le personnage d'un ami pour s'encenser lui-mesme. Sur quoi
l'auteur de cette rare anecdote s'écrie : *Qui ne riroit de voir
un auteur qui fait lui-mesme son éloge sous un titre emprunté ?* [1] Et voilà, selon lui, tout ce qu'il y avoit de plaisant
dans ce tour nouveau, sur lequel le P. Lobineau ne s'expli-
quoit point à M. l'abbé de Tremigon, et dont il auroit peut-
estre peine à se souvenir aujourd'hui. D'ailleurs la charité de
M. l'abbé de Vertot repare la mortification qu'il vient de
donner à son adversaire, à qui il fournit cette réflexion con-
solante, que *peut-estre, après tout, un auteur prévenu en
faveur de son ouvrage, ne fait point trop de mal de ne se fier
qu'à lui-mesme du soin de ses propres louanges.*

Mais il faut opposer ici, comme dans le fait du P. Liron,

[1] Discours préliminaire, p. 60.

la vérité à la chimère. Dans la première forme que le P. Lobineau avoit donnée à sa réponse au *Traité de la Mouvance,* il estoit fort esloigné de penser à se donner de l'encens à luimesme, puisqu'il y parloit partout de lui-mesme directement et dans la première personne ; et le savant et judicieux censeur, à qui son livre fut donné à examiner, peut rendre témoignage de cette vérité. Un homme illustre, protecteur des lettres, et dont les avis sont des loix, conseilla au P. Lobineau de mettre la troisième personne au lieu de la première, pour éviter l'inconvénient, qu'il n'étoit pas difficile de prévoir et dans le détail dequel on n'entra point alors, mais qui n'a que que trop paru depuis, c'est-à-dire une querelle personnelle, accompagnée d'aigreur et d'acharnement, et dégenerée en accusation de crime d'Etat. Le P. Lobineau obéit et donna cette nouvelle forme à son ouvrage, qui est celle où il a esté donné au public avec privilége du Roy. Quant aux louanges que M. l'abbé de Vertot accuse le P. Lobineau de s'y estre données, il faut estre aussi clairvoyant que ce savant abbé pour y en découvrir d'autres que celles que tout historien doit se donner, si c'est usurper des louanges que de protester qu'on ne cherche que la vérité et qu'on a de l'aversion pour les disputes et les chicaneries qui ont pour but et pour motif l'unique plaisir de contester par entêtement.

Voilà donc encore une anecdote de moins dans les doctes et agréables escrits du seigneur abbé de Vertot. Mais, pour desdommager le public de ces curiositez auxquelles on suppose qu'il prend plaisir, nous voulons bien donner ici une autre anecdote, qui est sûre et véritable, et dont la preuve se trouvera dans l'*Histoire de la souveraineté de nos Rois sur la Bretagne,* quand l'auteur, qui est M. l'abbé de Camps, aura eu la permission de l'imprimer.

M. l'abbé de Vertot, voulant réfuter la réponse du P. Lobineau au *Traité de la Mouvance,* chercha du secours partout, et tomba heureusement sur le manuscrit original de cette *Histoire de la Souveraineté.* Il l'emprunta, et en eut bientôt tiré copie. De là vient cette grande diligence dont il fait parade, en assurant que son nouvel ouvrage estoit prest à estre donné à l'imprimeur dès l'an 1713. Il n'est tissu que de ce que l'auteur (s'il faut désormais l'appeler ainsi) a emprunté de M. l'abbé de Camps, à qui il n'a pas mesme fait l'honneur de le nommer. Celui-ci en a fait quelques légers reproches : à quoi le seigneur abbé de Vertot a répondu, avec un aveu modeste, qu'il avoit fait véritablement quelque usage du manuscrit, mais qu'il y avoit sept ans et que cela lui estoit sorti de la mémoire. Heureux s'il en avoit aussi peu pour ce qu'il s'imagine le devoir chagriner, que pour les bienfaits qu'il ne peut enfin se dispenser de reconnoistre avoir reçus !

§ 5.

C'est ce manuscrit sans doute qui l'a réveillé sur l'époque de l'établissement des Bretons dans l'Armorique, point de chronologie qui n'avoit pas attiré son attention lorsqu'il avoit composé son *Traité de la Mouvance,* mais qui lui a paru important depuis et l'a porté à faire une espèce d'article de foi du sentiment contraire à celui du P. Lobineau sur ce sujet. *C'est dans cette vue,* dit-il [1], *que je prétends établir, dans tout cet ouvrage, que nous n'avons point dans notre histoire de vérités plus solidement prouvées que la souveraineté originaire de nos Rois sur la Bretagne et la vassalité des premiers Bretons, qui n'y furent reçus qu'en qualité de leurs sujets, etc.* Il pousse ce principe, qui peut bien estre de M. l'abbé de Camps,

---

[1] Discours préliminaire, p. 2.

jusqu'à faire un crime d'Etat à d'Argentré et au P. Lobineau [1] d'avoir établi les Bretons dans l'Armorique avant la mort de Clovis : excès auquel on ne croit pas qu'ait pensé M. l'abbé de Camps, que le zèle ardent qu'il a pour les droits de la Couronne n'a point encore poussé hors des bornes de la modération. Mais, n'en déplaise à M. l'abbé de Vertot, on peut estre catholique en matière de fidélité à son prince et croire en mesme temps que les Bretons se sont établis en Armorique dans un temps où les François n'estoient pas encore les maîtres du voisinage de cette province. Clovis, selon M. de Cordemoi [2], trouva les Bretons établis dans l'Armorique et gouvernez par des rois de leur nation; et pour avancer une proposition que M. de Vertot trouve si scandaleuse et si criminelle, il paroît qu'il n'a pas de meilleur garant que le mesme passage de Grégoire de Tours dont le critique normand se sert comme d'une preuve incontestable du contraire. Pourquoi de deux auteurs, l'un François et l'autre Breton, qui se trouvent, selon M. de Vertot, coupables du mesme crime, espargne-t-il le François pendant qu'il accuse et dénonce le Breton? *C'est*, dit-il, *que le P. Lobineau ne procure à sa nation sur les François une supériorité d'origine, que pour l'affranchir de leur domination;* et de cette accusation déjà très-grave on tire des conséquences atroces, qui (pour dire le vrai) ne sont cependant criminelles que dans ceux qui les imaginent. Car si les princes voisins de la France, descendus de la reine Anne de Bretagne, dont le zèle prévoyant de M. l'abbé de Vertot veut nous faire peur, s'avisoient jamais d'entrer dans les vues que cet excellent François semble leur indiquer charitablement lui-mesme, à qui devroit-on s'en prendre? Ou au P. Lobineau qui n'y a jamais pensé, ou à

[1] Discours préliminaire, p. 37.
[2] Cordemoi, t. I.

M. de Vertot qui a fait cette maligne découverte à force de zèle ?
Tout ce qu'il dit sur ce sujet, pour rendre son adversaire
criminel, n'est fondé cependant que sur l'illusion que lui a faite
à lui-mesme un maigre sophisme, qui n'a pu surprendre que
ceux qui lisent sans approfondir. Le voici ce sophisme :
— Tout peuple établi dans un pays avant le peuple qui y a
dominé depuis et en a conservé la domination, n'est point
soumis à ce dernier peuple et peut se soustraire à son empire,
quelque légitime qu'il soit, par la seule raison de la supériorité
d'origine. — Il n'y a rien de si faux et de si ridicule que ce
principe; l'histoire ancienne et moderne est remplie du récit
des établissements de peuples nouveaux, qui, sans chasser
ou exterminer les anciens, sont demeurez maîtres du pays,
quoique les premiers habitans, supérieurs d'origine, y demeu-
rent encore et y soient légitimement, paisiblement et inviola-
blement soumis au peuple venu le dernier.

Comme l'origine ne donne aucun droit d'annuler les obligations survenues depuis (car ce n'est point l'origine qui
règle la fortune et l'état des peuples), le P. Lobineau a donc
pu, sans cesser de respecter comme il doit une domination
qui fait le bonheur de sa patrie, dire ce qu'il a cru devoir
penser de l'origine de sa nation et de la date de son établissement dans l'Armorique. Il ne l'a point publié furtivement;
son livre a esté soumis à la révision d'un homme qui
s'est acquis un grand nom dans la république des lettres,
auteur célèbre par sa vaste érudition, sévère censeur, et véritablement zélé pour l'honneur et les droits de la couronne de
France, feu M. l'abbé Renaudot, qui, regardant comme une
dispute purement littéraire tout ce qu'on pouvoit avancer sur
ce sujet, ne crut pas que les droits du Roy, duc de Bretagne,
fussent blessez dans ce qu'on pouvoit dire à l'avantage d'une
province qui appartient au Roy à tant de justes titres, et

regarde comme le comble de sa gloire d'avoir obtenu d'estre unie et incorporée à la plus belle souveraineté de l'univers.

On a rendu depuis peu un pareil jugement sur le mesme sujet dans le *Journal des Savans* du 13 janvier 1721, où l'on apprend au public que *plusieurs d'entre ceux qui ont lu l'ouvrage de l'auteur* de l'Histoire critique, *en louant son zèle, son érudition, et la solidité de ses raisonnemens, ont cru qu'on devoit regarder cette contestation comme une dispute purement littéraire, et que la question du tems de l'établissement des Bretons dans l'Armorique n'estoit pas moins indifférente, par rapport aux droits du Roy, que celle de la mouvance de la Bretagne du duché de Norman-die,* réuni depuis si longtemps à la Couronne. Le savant, équitable et judicieux auteur de cet extrait donne des raisons solides de cette égale indifférence, c'est-à-dire de l'inutilité de tout cè qu'a dit là-dessus le docteur fameux en droit canon, à qui le P. Lobineau a eu le malheur de déplaire.

Un de nos meilleurs et plus célèbres historiens a dû estre du mesme sentiment, c'est-à-dire, qu'il y a de la chimère à s'ima-giner que l'indépendance originaire ou la supériorité d'ori-gine des Bretons puisse donner quelque atteinte aux droits du Roy, puisque cet excellent historien, après avoir rapporté assez au long ce qui pouvoit se dire pour et contre l'antiquité de cette dépendance, en tire une conclusion plus favorable au P. Lobineau qu'à son adversaire. Comme on présume que M. l'abbé de Vertot n'a pas lu cet endroit d'Adrien de Valois, qui est l'historien dont nous parlons, nous l'allons traduire, pour ne pas fatiguer notre savant abbé par la lecture d'un si long passage latin.

§ 6.

« Ce que j'ai touché ci-dessus des Bretons (écrit Adrien de
Valois) m'engage à dire ici quelque chose d'eux. Un grand
nombre de Bretons, ou chassez de leur pays par les Anglois,
ou déterminez par l'aversion qu'ils avoient pour une domination estrangère, passèrent, du temps de l'empereur Placide
Valentinien [1], dans la province Lyonnoise troisième, qui est en
veuë de l'isle de Bretagne, et après y avoir domté une partie
des Armoricains, c'est-à-dire, ceux de Vannes, les Curiosolites
et les peuples voisins, ils leur donnèrent des lois et leur firent
porter leur nom. Car les habitans s'appellèrent Bretons, et le
pays commença de prendre le nom de Bretagne, auquel
différens auteurs adjoustèrent le surnom de Gauloise ou de
Cismarine, c'est-à-dire deçà la mer, ou de Nouvelle, ou de
Petite.

« On peut douter si ce pays a rendu obéissance aux rois
des François. Car d'un costé l'on trouve, dans le IV⁰ livre de
l'Histoire de Grégoire de Tours, qu'après la mort du roy
Clovis les Bretons ont toujours esté sous la puissance des
François, et que ceux qui leur commandoient, au lieu d'estre
appelez rois, s'appelèrent comtes (à quoi il devoit ajouter : ou
ducs); et l'auteur de la vie de S. Lunaire, evesque, escrit que
le roy Childebert, fils de Clovis, eut l'empire de la France et
de la Bretagne. Je trouve aussi dans le livre de la vie de
S. Paul de Léon que ce mesme Childebert, roy des François,
confia le gouvernement d'une partie de la Bretagne au comte
Withur (qui est aussi qualifié prince au mesme endroit), lui
donna son anneau lorsqu'il prit congé pour s'en aller en
Bretagne, et prit soin de faire ordonner Paul evesque des
cantons de Bretagne appelez Ack et Léon. On dit encore que

---

[1] Mort en 455.

Samson, archevesque de Bretagne ou de Dol, fondateur des deux monastères de Dol et de Penetal, soumit celui-ci à l'autre avec la permission de Childebert. Outre cela, Eginard dans ses Annales, Aimoin au IVe livre de son Histoire, et le Poète Saxon, qui vivoit au temps de l'empereur Arnoul et qui a fait l'Histoire de Charlemagne, disent tous que les Bretons, assujettis par les rois des François et rendus tributaires, avoient coustume de payer, quoique malgré eux, le tribut qui leur avoit esté imposé. Adjoustez à cela le témoignage des evesques assemblez à Savonnières dans l'évesché de Toul en 859, qui dans la lettre qu'ils escrivirent aux evesques des Bretons, assurent que la nation bretonne a esté assujettie aux François dez le commencement, et leur a payé le tribut. L'auteur des Annales qui portent le nom de Saint-Bertin escrit aussi que Salomon, duc des Bretons, vint à la rencontre de Charles, roy des François, fils de Louis le Débonnaire, se soumit à lui, commanda à tous les grands de Bretagne de faire le mesme, et paya au roy le cens de ce pays selon l'ancienne coustume, et que, l'année suivante, le cens dont on vient de parler, consistant en cinquante livres d'argent, que Salomon envoioit suivant la coustume de ses ancestres, fut offert au roy Charles, qui tenoit une assemblée générale à Pistes et y recevoit les dons annuels de ses sujets. Enfin, je trouve dans les Annales de Mets qu'avant que Pepin, ayeul du roy Pepin, fust maire du palais, les ducs des Saxons, des Frisons, des Alemans, des Bavarois, des Aquitains, des Vascons et des Bretons, toutes nations autrefois soumises aux François, se révoltèrent contre les roys des François, qui leur estoient devenus meprisables à cause de leur fainéantise.

« Tout cela persuaderoit que les Bretons ont esté soumis aux roys de France, si nous n'avions au contraire, premièrement, l'auteur de l'Histoire de France qui suit

immédiatement Grégoire de Tours, et Fréculfe, evesque
de Lizieux, qui, parlant de ce Conobre ou Cunobert qui fut tué
dans la guerre de Cramne, l'appellent roy des Bretons et non
pas comte, comme Grégoire de Tours l'a qualifié. Je trouve
encore dans Frédégaire, dans Aimoin, dans la vie de Saint
Josse par l'abbé Florentin, et dans le livre de la vie de
Dagobert, que Judicaël, fils du roy Juthaël, a esté roy des
Bretons. De plus Aimoin, au second livre de son Histoire,
rapporte des vers gravez sur le tombeau de Childebert Ier, où
on lui donne la gloire d'avoir esté la terreur des roys Bretons.
Grégoire lui-mesme, qui semble se contredire en cette rencontre, escrit, au IVe et V^e livre, que Canao ou Conan, comte
des Bretons, envahit le royaume de Macliau son frère, et qu'après
la mort de l'usurpateur, Macliau recouvra le royaume et
despouilla du royaume paternel un certain Théodoric, fils de
Budic. Or, personne n'ignore que les gouvernemens des villes
et des régions soumises aux François, appellez comtez ou
duchez, ne s'obtenoient point par les armes, mais que les rois
des François avoient coustume de les donner pour un tems. Je
sai que les comtes et les ducs sont quelquefois appelez rois
par nos historiens, qui donnent aussi le nom de royaumes aux
pays gouvernez par ces comtes et ces ducs : mais j'ose assurer
que ce que Grégoire escrit des frequentes incursions de Guérec,
fils de Macliau, et des batailles qu'il a données aux généraux
de Chilpéric et de Gontran, ne se peut dire d'un homme qui
auroit esté soumis aux rois des François. Je laisse à part qu'on
peut observer que, pendant que les rois de France donnoient
indifféremment à toute sorte de personnes les gouvernemens
des villes et des provinces de leur royaume, cependant il n'y
a eu que des Bretons qui aient régné dans la Bretagne de
deçà la mer. Il est sûr que Fortunat, au livre IX, parlant du
roy Chilpéric, met les Bretons au nombre des nations ennemies

des François, telles qu'estoient les Visigots, les Vascons, les Danois, les Estions, les Saxons, les Frisons et les Suèves.

« Les evesques des Gaules, dans la lettre qu'ils escrivirent à Nomenoi, roy des Bretons, qu'ils appellent *Prieur* de la nation bretonne, l'avertissent qu'il y a de certaines limites que les François se sont appropriées dez le commencement de leur domination dans les Gaules et d'autres qu'ils ont accordées aux Bretons qui les demandoient. On lit aussi dans les Annales de Saint-Bertin que le mesme Nomenoi sortit insolemment, l'an 844, des limites attribuées à lui et à ses ancestres, et ces limites sont appellées les bornes de Bretagne par l'ancien auteur de la vie de Louis le Débonnaire, et par d'autres les limites des Bretons ou la marche de Bretagne, du mot allemand *marca*. Quand ceux qui ont escrit la vie de Charlemagne assurent que le comte Gui, en 799, parcourut toute la Bretagne avec son armée et la subjugua, « *ce qui n'avoit encore jamais esté fait* », c'est montrer assez clairement que toute la Bretagne, au moins la plus grande partie de cette province, n'estoit point soumise aux rois des François avant le règne de Charlemagne. Et quand Frédégaire, dans sa Cronique, et les escrivains des Faits de Charlemagne font mention des limites des Bretons ou de la marche de Bretagne ou du gouverneur des frontières bretonnes, ils font voir que les Bretons, et du tems des descendans de Merovée et sous le règne mesme de Charlemagne qui domina sur tant de provinces, estoient regardez comme une nation qui reconnoissoit d'autres maistres, puisqu'on les séparoit des François par des limites, et qu'ils ont esté plustost domtez que soumis par trois expéditions des généraux de ce prince.

« On ne peut disconvenir qu'ils ne se soient retirez de l'obéissance de l'empereur Louis, fils de Charles, en premier lieu sous la conduite de Morman, qui prit le nom

de roy et les marques de la royauté et fut tué par l'armée
de l'Empereur, et en second lieu sous Guiomarc, qui
fut surpris par artifice et tué dans sa maison; et le seul
avantage que remporta Louis de quatre expéditions en
Bretagne faites par lui ou par ses lieutenans, et de tout le
ravage fait en ce pays par ses troupes, fut d'obliger les Bretons
à lui donner des ostages selon leur coustume et à promettre
qu'ils feroient ce qu'on leur commanderoit : parole qu'ils
devoient bientost violer.

« En effet Nomenoi, prince du sang royal que l'empereur
Louis avoit donné pour *juge* aux Bretons, ou pour *duc,*
ainsi que s'exprime Réginon, viola sa foi, quitta l'obéissance de Charles, fils de l'empereur Louis, et s'estant
associé le comte Lambert, pareillement révolté contre
Charles, tua près du fleuve de Vilaine, Renaud, duc de
Nantes, et un nombre considérable de François. Peu de tems,
après il mit en déroute l'armée de Charles qui estoit entrée en
Bretagne et s'estoit engagée dans des lieux marécageux. Le
mesme ne se contenta pas d'adjouster à son royaume le pays de
Vannes, conquis autrefois par Pepin père de Charlemagne;
mais passant les anciennes bornes, comme parle Adrevalde, il
se rendit maistre de Rennes et de Nantes, villes de la domination françoise, et d'une partie des pays d'Angers et du Mans,
jusqu'à la rivière de Maine, après les avoir ravagez de tous
costés par le fer et le feu. De quatre eveschez [bretons] il en
fit sept; il chassa les evesques légitimes, et en ayant substitué
d'autres à leur place, il se fit donner l'onction royale par
l'archevesque de Dol. Il fit enfin la paix, à des conditions
honnestes, avec Charles, qui estoit entré deux fois en Bretagne
avec des troupes mais sans succez, et laissa son royaume en
mourant à son fils Erispoi, qui vainquit de nouveau le roy
Charles, le chassa de Bretagne et le contraignit à faire la paix.

« C'est le mesme Erispoi qui, au rapport de Réginon, après qu'on eut donné des ostages de part et d'autre, vint trouver Charles, roy des François, à Angers, se soumit à lui et s'en retourna dans son royaume chargé de grans présens. L'auteur des Annales de Saint-Bertin adjouste qu'Erispoi, qu'il appelle toujours, aussi bien que Nomenoi son père et Salomon son successeur, duc des Bretons, receut de Charles les habillemens royaux et la puissance qu'avoit eue son père, c'est-à-dire le royaume paternel, à quoy le roy Charles adjousta Rennes, Nantes et le pays de Rais. Il est pourtant à remarquer que Rennes, Nantes et le pays de Rais avoient esté conquis par Nomenoi; ainsi le roy Charles donna moins ces trois cantons à Erispoi, qui les avoit déjà, qu'il n'approuva ainsi la conqueste qui en avoit esté faite par Nomenoi; et depuis ce tems là le pays de Rays commença à devenir partie de la Bretagne, dont il estoit séparé par le fleuve de Loire.

« Peu d'années après, Erispoi fut tué par le duc Salomon et Almar, Bretons, qui avoient esté longtemps revoltez, et Salomon fut reconnu roy par les Bretons. Celui-ci, pour appaiser le roy Charles, irrité contre lui à cause de la retraite qu'il avoit accordée aux rebelles Gonfroi, Gozfroi et à Louis, son fils, et des troupes qu'il leur avoit données pour dégaster l'Anjou et les environs, alla le trouver en 863, se soumit à lui, fit serment de fidélité et lui paya sous le nom de tribut cinquante livres d'argent, cette année et la suivante: à cause de quoi le roy Charles lui fit présent d'un canton de pays appellé *Entre les deux eaux* et de l'abbaye de St-Aubin d'Angers. Trois ans après, c'est-à-dire en 867, Charles voiant que les Bretons refusoient de payer le tribut et que s'estant joints aux Normans ils avoient pillé la capitale du Maine, se disposa à leur faire la guerre; mais on convint enfin que Charles donneroit des ostages à

Salomon, au moien de quoi Pasquiten, gendre de Salomon, iroit trouver Charles en qualité d'ambassadeur. Ce fut dans cette occasion que Charles donna le Cotentin à Salomon et à son fils, à condition que l'un et l'autre garderoient exactement à Charles et à son fils Louis la foi qu'ils donnoient par Pasquiten et qu'ils leur fourniroient du secours, à leur prière, contre leurs ennemis. L'année suivante, le roy Charles envoia les ornemens royaux et une couronne d'or enrichie de pierreries à Salomon, que le pape Nicolas appelle roy dans une ses lettres, contre l'usage de quelques autres souverains pontifes. L'an 873, le mesme Salomon vint au secours de Charles qui tenoit les Normans assiégez dans Angers ; mais il ne joignit pas son camp à celui de Charles ; il se posa au delà du fleuve de Maine, attaqua la ville de ce costé-là, et envoia son fils Vigon au Roy pour lui offrir sa soumission et lui faire serment de fidélité en présence des principaux d'entre les Bretons.

« Peu de tems après, Salomon fut tué par Pasquiten, Gurvand, et Vigon fils de Rivelen, ducs et principaux seigneurs du pays ; ce qui donna lieu au roy Charles de penser long temps et sérieusement à recouvrer le royaume de Bretagne ; mais ce fut en vain, comme on le voit par les lois qu'il publia à Ville Serve, *Silvacum* en Picardie, où entre les pays soumis à sa domination il ne parle nullement de ceux de Rennes, de Nantes, de Vannes, des Curiosolites, des Léonnois, des Osismiens, de ceux d'Aleth et des Aulerques Diablintes.

« Enfin l'on trouve dans Asser de Menew que l'empereur Charles le Gros, petit-fils de Louis le Débonnaire, aiant succédé aux enfans de Louis le Bègue, son cousin du costé paternel, eut toutes les Gaules « *excepté le royaume Armoricain* », c'est-à-dire excepté la Bretagne : après la mort duquel les rois des François, occupez de guerres civiles et estrangères, bien loin de pouvoir recouvrer la Bretagne, ne purent

pas mesme deffendre contre les barbares leurs propres frontières.

« J'ai creu devoir insérer ici toutes ces choses au sujet des
Bretons, et parce qu'elles m'ont paru dignes de mémoire,
et afin que tout le monde sache QU'ILS N'ONT JAMAIS
RECONNU NETTEMENT L'EMPIRE des François ni obéi
incontestablement, non-seulement aux descendants de Clovis,
mais mesme à ceux de Charlemagne : « *Ut omnes scirent ne
Caroli Magni quidem, nedum Chlodovei, posteris eos
unquam certa imperii confessione paruisse.* »

§ 7.

Voilà comme parloit, en 1646, avec privilége du Roy, le
plus savant et le plus judicieux de nos historiens. Si son
autorité peut contrebalancer en quelque sorte celle de
M. l'abbé de Vertot, le public verra que ce n'est point un fait
incontestable, ni la vérité la plus solidement prouvée de notre
histoire, que la souveraineté originaire de nos Roys sur la
Bretagne et que les Bretons n'y aient esté receus qu'en
qualité de sujets, veu la date que M. de Valois donne de leur
establissement, plus ancienne encore que celle que le P. Lobineau a marquée. On verra encore que Nominoé estoit un
prince du sang royal de Bretagne et non un aventurier de
basse naissance ; qu'on peut utilement se servir des actes et
légendes des saints pour les faits publics, quoiqu'on en rejette
avec raison les faux miracles, tache commune à toutes sortes
de légendes, de quelque pays qu'elles soient ; enfin qu'on peut
estre bon François et soustenir cependant qu'avant Charlemagne la Bretagne, ou du moins la plus grande partie de
cette province, n'estoit point soumise aux rois de France.

Ce qu'Adrien de Valois n'a dit ici qu'en passant de l'establissement des Bretons dans l'Armorique, il l'a déduit un peu

plus au long dans le livre V, et le passage est trop beau pour
n'en pas régaler encore M. l'abbé de Vertot, à qui c'est faire
un plaisir singulier que de lui parler avantageusement des
Bretons.

« Vers ce tems-là, dit ce fameux historien (c'est-à-dire
avant 461), Euric roi des Visigots, voiant les fréquentes
mutations des princes romains, voulut profiter de cette
conjoncture pour envahir toute la Gaule, et l'empereur
Anthémius emprunta le secours des Bretons pour le repous-
ser. Car après que les Anglois eurent occupé la plus considérable partie de l'isle de Bretagne, un grand nombre de
Bretons, qui ne pouvoient souffrir une domination estrangère,
avoient passé dans l'Armorique sous la conduite de Riwal, du
temps de l'empereur Placide Valentinien, et s'estoient arrestez
et establis dans les cantons des Vannetois, des Curiosolites et
des Osismiens, et avoient appelé le pays Bretagne; et c'estoit
de ces Bretons qu'estoit evesque Mansuet, que je trouve qui
assista et souscrivit au concile de Tours sous le consulat de
Severus, en 461. Le roy de ces Bretons, appelé Riotham par
Sidonius dans la IXᵉ lettre du livre III, et Riothime roy des
Bretons par Jornandès, fit embarquer 12,000 hommes et, porté
par la marée à l'embouchure de la Loire, il remonta ce fleuve,
puis aiant quitté ses vaisseaux s'avança par terre jusqu'à
Bourges, où il fut receu par les habitans comme il convenoit
de recevoir un allié. Mais continuant sa marche, et avant que
d'avoir pu joindre les Romains, il rencontra Euric aux
environs de Bourgdéols où, après avoir longtemps combattu,
et accablé par le nombre des ennemis plustost que surmonté
par leurs forces, il perdit une grande partie de son armée et
se retira au delà de la Loire chez les Bourguignons, nation
voisine amie des Romains. Grégoire, après Jornandès, fait
mention de cette mesme bataille et dit que les Bretons, après

avoir perdu beaucoup des leurs auprès de Bourgdéols, furent chassez des confins du Berri par les Goths. Mais ce que Sigebert adjouste, que cette bataille arriva l'an second après la mort d'Anthème, est faux. »

Ce seul passage respond à tout ce que M. l'abbé de Vertot a escrit contre le prétendu système inventé par le P. Lobineau, qu'il accuse d'avoir rapproché les tems, adjusté les évènemens, avancé ou reculé les dates, pour faire quadrer sa chimère du passage des Bretons en Armorique en 458 avec quelques autres faits connus d'ailleurs, et cela sans autres garans que des légendes pleines de faux miracles. Sur quoi il s'égaie et se donne carrière, avec un air de suffisance qui fait assez sentir qu'il se flatte d'un plein succez contre un auteur méprisable sur qui il répand à chaque instant et sans miséricorde le sel de la raillerie et les fières insultes. Comme il est inépuisable sur cette matière, il peut en faire part aussi à l'auteur célèbre que nous venons de citer. Aussi bien est-il mort il y a longtemps et ne lui pourra respondre, la chose du monde qui chagrine le plus l'irréfragable docteur en droit canon. Il voit ici Riwal, chef de la colonie des Bretons, héros dont il attribue l'invention au P. Lobineau, reconnu par Adrien de Valois; l'evesque Mansuet, evesque des Bretons de l'Armorique et non pas des Bretons de l'isle; et Riothime, roy des Bretons establis dans les Gaules, venir au secours des Romains, non pas de l'isle, mais de la province de Bretagne.

Quand M. de Vertot avance que le P. Lobineau n'a d'autres garans du passage des Bretons vers l'an 458 que des légendes pleines de faux miracles, a-t-il fait réflexion que le concile de Tours de 461, qui parle de Mansuet evesque des Bretons, n'est pas une légende? Mais cet auteur admirable, dans les escrits duquel on trouve toujours sûrement la vérité des faits et qui ne peut souffrir de conjectures dans les autres, ne nous paye ici qu'en mesme monnoie et nous lance pour toute réponse à la citation si précise du concile de Tours, une tirade de trois ou quatre *peut-estre* :

« *Bien des raisons,* dit-il [1], *qui ne sont point venues à nostre connoissance, POUVOIENT donc avoir fait passer cet evesque breton dans les Gaules. PEUT-ESTRE que son souverain l'avoit banni de son pays ou qu'il l'avoit abandonné de lui mesme et pour eviter la première fureur des Anglois et des Saxons qui estoient encore idolâtres. IL SE PEUT BIEN faire aussi que le dessein de conférer sur quelque point de doctrine ou de discipline avec tant de grands evesques et de saints personnages, dont les Gaules estoient alors remplies, POUVOIT l'avoir conduit dans un pays voisin, etc.* »

Il est vrai qu'il n'y a que deux pas du fond de l'Angleterre à Tours, qui est presque au centre de la France. Mais si le P. Lobineau *croit voir partout des evesques bretons* [2], M. de Vertot n'en voit que le moins qu'il peut, quand mesme les historiens qu'il auroit pu se faire honneur de suivre lui en montrent d'une manière aussi décisive qu'Adrien de Valois lui a montré Mansuet, evesque des Bretons de l'Armorique. Mais ce savant et judicieux historien n'estoit qu'un aveugle, qui ne voioit pas dans Jornandès que Riothime estoit venu de l'isle de Bretagne [3], ce que M. de Vertot, au contraire, a vu clairement. Lequel des deux a mieux entendu cet auteur ancien? La raison dira : Valois, et le R. P. Aubert : Vertot.

Ce critique moderne, qui dans les anciens voit si clairement ce qui n'y est pas, n'y voit point quelques fois ce qui s'y trouve ou n'y fait pas d'attention, et par ce moyen produit

[1] *Hist. crit.* t. I, p. 52.
[2] *Ibid.* p. 55.
[3] *Ibid.* p. 60.

souvent en sa faveur ce qui sert à détruire ses raisonnemens, et ce qui change en objections ce qu'il allègue pour preuves. C'est ainsi qu'il emploie l'autorité d'Ingomar contre le P. Lobineau qui *le cite avec beaucoup de confiance, tant dans son Histoire que dans la Response au Traité de la mouvance* [1]. Pour faire voir que cet Ingomar n'est point favorable au P. Lobineau, il en tire un passage rapporté par Le Baud, et ce passage porte que *Riwallus, comte royal, pria Clotaire en son palais, à Paris, qu'il lui laissast posséder et exercer en paix ladite province avec tous ceux qu'il avoit amenez de çà la mer, et que Clotaire lui donnast congé de l'habiter, cultiver, posséder, donner et vendre sous sa parole, domination et puissance, et de ses successeurs après lui, tant que les hommes y pourroient habiter* [2]. Mais les conséquences qu'on peut tirer de ce lambeau d'Ingomar disparoissent, à la protestation qu'il fait en mesme temps *qu'il a trouvé cela ès fables* [3]. Et en effet, comment ne seroit-ce pas une fable que cette rencontre de Riwal et de Clotaire, veu que les actes de S. Samson et ceux de S. Lunaire, ceux-là copiez dez le XIe siècle dans un manuscrit de l'abbaye de St-Serge, et ceux-ci rapportez par André du Chesne dans son Recueil des historiens de France, nous assurent que Judual, ayeul de S. Judicaël et quatrième descendant de Riwal, trouva un azile à la cour de Childebert Ier, fils de Clovis et frère de Clotaire? Peut-on s'imaginer que le troisième ayeul et son quatrième descendant aient pu vivre ensemble sous les fils de Clovis?

M. l'abbé de Vertot dira peut estre qu'il n'a cité Ingomar que pour faire voir *de quelle autorité doivent estre les garans du P. Lobineau, et que ces auteurs, tout fabuleux*

[1] *Ibid.* p. 71.
[2] Le Baud, p. 65.
[3] Le Baud, *ibid.*

*qu'ils sont, se trouvent mesme contraires à ce qu'il
avance* [1]. Mais est-on fabuleux parce qu'on traite de fables
quelques faits qu'on se croit obligé de rapporter? M. de
Vertot, à ce compte, seroit l'auteur le plus fabuleux du
monde. Et d'ailleurs comment peuvent estre contraires au
P. Lobineau des auteurs qui avouent n'avoir trouvé que
dans les fables ce que le P. Lobineau traite lui-mesme de
fables ?

§ 8.

On a veu dans tout ce que nous avons cité d'Adrien de
Valois, et l'exemple d'André du Chesne — dont le nom est en
vénération à tous ceux qui aiment l'histoire — nous instruit,
par l'emploi qu'il a fait dans son Recueil des historiens de
France de plusieurs fragments d'actes de saints, qu'on ne doit
pas regarder tous ces actes avec le mesme mépris qu'a pour
eux M. l'abbé de Vertot, — qui s'est déchaîné contre les légendes
de Bretagne d'une manière digne de la modération ordinaire
avec laquelle il parle de tout ce qui peut donner quelque lustre
à cette province. On diroit, à l'entendre, qu'il n'y a que les
saints de Bretagne à qui on ait attribué de faux miracles et
que le talent de les inventer et de les débiter a esté particulier
aux seuls Bretons et aux seuls moines : car les moines partagent
aussi les effets de la mauvaise humeur du R. P. René Aubert.
Mais si ce vénérable docteur vouloit bien se donner la peine de
parcourir quelques volumes seulement de Bollandus et de ses
continuateurs, il verroit que dans toutes les nations, et presque
dans tous les tems, on n'a point épargné les plus incroiables
prodiges dans le récit de la vie des saints, pour joindre le
merveilleux à l'utilité des exemples, et que des auteurs de

[1] *Hist. crit.* t. I, p. 72.

tout pays et de toutes sortes de condition se sont meslez de ce genre d'escrire.

Au reste, un homme religieux, tel que M. l'abbé de Vertot, auroit pu se dispenser de faire le plaisant au sujet d'un grand nombre de faux miracles des légendes de Bretagne; car à quoi bon tant de fades et ennuieuses railleries? Le P. Lobineau a-t-il emploié quelqu'un de ces miracles pour prouver ou que les Bretons se sont establis dans l'Armorique avant que les François fussent maistres des Gaules, ou que la Bretagne n'ait point esté assujettie aux Normans de la Seine par le roy Charles le Simple? — qui sont les deux points sur quoi roule la dispute entre l'abbé de Vertot et lui. Le religieux abbé de Vertot n'a-t-il point senti que la belle humeur des libertins, excitée par de semblables railleries, passe aisément du ridicule des faux miracles au mépris des saints mesme et de la religion? Il l'a senti véritablement; mais cela ne l'a pas empesché de pousser sa pointe. *A Dieu ne plaise,* dit-il, *qu'on puisse me soupçonner de rapporter des faits si merveilleux pour jeter du ridicule sur la vie des saints* [1]. *Après cette protestation sincère,* vous diriez qu'il va donner quelque marque de respect pour des saints qu'il a exposez aux railleries des libertins? Non, ils estoient Bretons, et dez là hors d'estat de mériter aucune satisfaction de la part du seigneur abbé de Vertot. *Malheur,* adjouste-t-il, *à celui qui doute du pouvoir de Dieu et des vrais miracles qu'il lui a plu opérer par le ministère de ses élus!* A la faveur de ce rare effet de croiance et de soumission, il suppose qu'on lui passera tant de fades et ennuieuses railleries, qui occupent une bonne partie de son premier volume, parce qu'elles *servent à faire connoistre le peu de foi que méritent des escrivains qui ont rempli* la vie des saints de Bretagne *de tant de fables.* Ils

---

[1] *Hist. crit.,* t. I, p. 38.

n'en méritent point, véritablement, sur le sujet de ces fables ; mais on ne rejette pas toujours leur tesmoignage concernant des faits publics, surtout quand plusieurs se trouvent d'accord sur les mesmes évènemens ; et de là vient qu'Adrien de Valois et André du Chesne, aussi bons juges que M. l'abbé de Vertot de ce qui peut faire foi en matière d'histoire, n'ont pas dédaigné d'employer l'autorité des légendaires bretons.

§ 9.

L'indulgence avec laquelle M. de Vertot veut bien quelques fois contribuer, par ses officieuses conjectures, à *sauver l'honneur du P. Lobineau*[1] lui aura sans doute fait lire avec plaisir les deux passages d'Adrien de Valois que nous avons rapportez, et pour lui renouveler encore le mesme plaisir, nous y en allons joindre un troisième, qui fera voir qu'il n'est pas besoin *que le P. Lobineau ait les yeux autrement faits que les autres hommes*[2] pour reconnaître les Armoricains dans les *Arboricains* de Procope. Voici donc comme s'explique à ce sujet, M. de Valois, au livre VI de son *Histoire de France* :

[Suit la traduction d'un passage d'Adrien de Valois, où cet auteur établit effectivement une opinion toute conforme à celle de D. Lobineau ; et après cette citation, que nous omettons en raison de sa longueur, la *Réfutation* continue :]

Voilà comme Adrien de Valois s'est expliqué au sujet des Arboricains de Procope, et le P. Lobineau n'a pas eu *les yeux autrement faits que les autres hommes,* quand il a lu dans ce rhéteur de Palestine ce que M. de Valois y avoit lu avant lui.

Mais ne seroit-ce point M. Vertot lui-mesme qui auroit eu les yeux si estrangement conformez, quand il voit dans Guibert, abbé de Nogent, que les Bretons ont fait un de leurs saints d'un

---

[1] *Hist. crit.,* t. II, p. 85.
[2] *Ibid.,* t. I, p. 154.

hypocrite mort d'un excez honteux d'yvrognerie? La vérité est que, du temps que S. Samson vivoit dans l'isle de Bretagne, il y avoit un abbé nommé Pyron, à qui la grande régularité de son observance, la sévérité de sa discipline, et les dehors d'une piété qui paroissoit sincère, avoient attiré une grande réputation de sainteté, mal fondée pourtant parce qu'il estoit hypocrite, et que Dieu voulut, en démasquant enfin son hypocrisie, désabuser les peuples de la fausse opinion qu'ils avoient eue d'un homme qui leur avoit surpris une estime et des éloges qu'il ne méritoit pas. Le malheureux hypocrite s'enyvra, tomba la nuit dans un puits, en fut tiré à demi-mort et finit sa vie dans un aussi grand mépris de tout le monde qu'il avoit vescu dans une grande réputation de sainteté.

M. de Vertot veut, après cela, que les Bretons l'aient pourtant mis au nombre de leurs saints, et cite pour garant l'abbé Guibert : *Ses compatriotes,* dit-il, *en ont fait un de leurs saints, au rapport de Guibert, abbé de Nogent* [1]. Et, pour preuve de cette canonisation, il rapporte un passage latin de Guibert, dans lequel nous apprenons que cet abbé, lisant la vie de S. Samson et trouvant qu'il y estoit souvent parlé avec éloge d'un certain abbé Pyron, que cette vie appelloit tantost le saint prestre, tantost le saint abbé, comme c'est assez l'usage de parler des gens qui font paroistre une piété singulière, il en conçut une grande estime, et le croiant véritablement un bienheureux, il cherchoit la fin de sa vie pour s'édifier de ses dernier sentimens : *Cujus cum finem, ut beatum putabam, rite legendo prosequerer.* Ce que M. de Vertot a traduit : *Et comme, sur la foi de l'auteur, je le regardois comme un bienheureux, je trouvai à la fin du livre etc.* Mais ce n'est point la fin du livre que cherchoit l'abbé Guibert, c'estoit la fin de Pyron; et il n'a eu garde de trouver cette fin *à la fin du*

[1] *Ibid.* t. II. p. 349.

livre, puisqu'elle est marquée dans le manuscrit de l'abbaye de Saint-Serge au chapitre X, et que tout l'ouvrage en a plus de quarante. L'abbé Guibert fut saisi d'horreur à la lecture du comble détestable que l'hypocrite avoit mis à sa sainteté. Mais où trouve-t-on là dedans que l'abbé Guibert ait avancé que les compatriotes de l'hypocrite l'aient mis au nombre de leurs saints? C'estoit une descouverte réservée aux yeux extraordinaires de M. l'abbé de Vertot et à la charité qu'il a de broder sur tout ce qu'il croit qui peut faire honneur à la Bretagne.

Qu'il nous permette encore de lui demander de quel usage peut estre, dans un livre destiné à prouver la soumission originaire des Bretons à la couronne de France, ce qu'il rapporte, immédiatement après, d'un certain prestre breton nommé Vinoc, d'une abstinence et d'une austérité surprenante, qui, s'estant à la fin accoustumé à boire du vin avec excez, fut possédé du diable? Seroit-ce aussi un saint du calendrier des Bretons? Véritablement M. de Vertot le canonize de son autorité privée : *La réputation de sa sainteté,* dit-il, *attiroit un grand nombre de peuple à sa cellule* [1]; et un peu après : *Le saint relascha de son austérité etc.* N'auroit-il point aussi quelque garant fameux pour cette appellation de sainteté? Car ce grand homme, on le sait, n'avance jamais rien sans preuves incontestables. Il cite véritablement deux passages de Grégoire de Tours et les rapporte en latin; mais nous y trouvons l'original plus modéré que le copiste interpolateur ; car Grégoire de Tours ne parle point de la réputation de sainteté du prestre Vinoc et ne l'appelle jamais saint ; ces termes sont de la pure libéralité du critique normand, dont les éloges malins sont souvent plus envenimez que les injures les plus grossières.

Au reste, ces deux saints bretons, de la création de M. l'abbé

[1] *Hist. crit.* t. I. p. 350.

de Vertot, sont emploiez pour convaincre le public *que les légendaires de cette nation nous ont donné plusieurs saints du moins aussi suspects que leurs rois fabuleux, et qui ne doivent un nom respectable qu'à des erreurs populaires* [1]. Il aura peut-estre la bonté, quelque jour, de nous indiquer les légendaires qui ont mis au nombre des saints les deux prestres bretons Pyron et Vinoc ; car ni Grégoire de Tours ni l'abbé Guibert ne disent rien qui puisse faire soupçonner les Bretons d'une pareille erreur.

§ 10.

C'est saint Salomon qui paroist avoir le plus irrité la bile du critique normand : il avoue que *ce n'est pas sans scrupule qu'il voit un assassin, un usurpateur et un rebelle, dont on fait un martyr* [2]. Mais le culte ancien que tant d'églises, non seulement de Bretagne mais des provinces qui en sont fort éloignées, rendent à saint Salomon sous la qualité de martyr, comme on le verra dans l'Histoire des Saints de Bretagne du P. Lobineau, n'est-il pas un assez bon garant du bonheur qu'a eu cet assassin, cet usurpateur, ce rebelle, de trouver grâce devant Dieu, par des vertus plus grandes que son crime? Le meurtre d'Uri et l'enlèvement de Bethsabé n'ont pas empesché David d'estre de nouveau l'homme selon le cœur de Dieu. La guerre d'Herménégilde contre son père n'a pas empesché l'Eglise de le placer au nombre des martyrs.

Mais enfin, pour guérir le scrupule de M. de Vertot, il ne faut point d'autre remède que celui qu'il a fourni lui-mesme à ceux qui pourroient avoir quelque peine de conscience au sujet de sainte Ursule. *Il ne faut point douter,* a-t-il dit, *qu'il n'y ait eu une sainte Ursule; l'autorité de l'Eglise,*

---

[1] *Hist. crit.* t. II. p. 348.
[2] *Ibid.* p. 352.

*qui en fait la feste, en doit convaincre tout esprit raison-
nable* [1]. Tout esprit raisonnable doit donc aussi estre convaincu que tant d'églises, qui font la feste de saint Salomon et
qui honorent sa mémoire et ses reliques, n'ont pas esté induites
à ce culte sans de justes raisons et sans avoir esté convaincues,
ou par les œuvres de Salomon postérieures à son crime ou
par les signes divins qui ont honoré son sépulcre [2], de la
sainteté d'un prince devenu aujourd'hui l'objet des railleries d'un
homme qui voudroit, ce semble, le chasser du séjour des élus,
après avoir en quelque sorte essaié d'y mettre un prince héré-
tique, dont le plus grand exploit a esté de destruire la religion
catholique dans un royaume entier.

On peut, dit-il dans son Histoire des Révolutions de Suède [3],
reprocher justement à la mémoire de ce grand homme
(c'est Gustave) *le malheur d'avoir introduit le luthéra-
nisme dans son royaume.* Mais l'excuse suit immédiatement :
*quoique peut-estre il ne pretendist d'abord que réformer
quelques abus du clergé et tout au plus appliquer aux besoins
pressans de l'Estat une partie des grands biens des evesques.*

L'esprit de cet auteur, toujours fertile en expédiens pour
diminuer les fautes de son héros, lui fournit ailleurs cette
autre excuse spécieuse : *Il se laissa aisément prévenir en
faveur des nouvelles* OPINIONS, *qu'il ne regardoit peut-
estre mesme que comme l'effet de quelques disputes de
théologiens* [4]. L'effet de ces disputes estoit des hérésies dans
Luther. Mais il s'agit ici d'une teste couronnée, il n'en faut
parler qu'avec respect et traiter seulement de *nouvelles
opinions* des hérésies dangereuses, protégées par un roy à la

---

[1] Disc. prélim. p. 31.
[2] Ad cujus sepulcrum signa deinde divina refulserunt. *Martyr. gall.* p. 381.
[3] *Hist. des Rév. de Suède,* t. II. p. 249.
[4] *Ibid.* p. 100.

gloire duquel on s'intéresse. Et d'ailleurs le parti de l'hérésie *se trouvoit le plus favorable à l'establissement de l'autorité royale;* il ne faut donc pas s'estonner si Gustave *se persuada qu'il pouvoit l'embrasser.* Aussi son panégyriste, catholique, et docteur en droit canon, le fait-il mourir comme on ferait mourir un saint Louis. *Il congédia,* dit-il, *ses médecins, qui dans cette extrémité le flattoient encore de l'espérance de recouvrer la santé; il voulut emploier les derniers moments de sa vie à penser uniquement à Dieu, et mourut tranquillement entre les bras des officiers de sa chambre, âgé de soixante-dix ans* [1].

Penser uniquement à Dieu et mourir tranquillement, c'est mourir comme un saint, comme un élu de Dieu. Mais mourir de la sorte après avoir abandonnné et fait abandonner à tout son royaume la foi de l'Eglise et dans l'attachement constant à l'erreur, c'est un miracle qui n'est possible qu'au seul historien des Révolutions de Suède!

Après cette digression, que nous a arrachée l'indignation de voir un religieux fournir aux libertins une abondante matière de railleries aux despens des saints et de la religion, il faut cependant rendre cette justice au P. Aubert, que, parmi tous les saints Bretons qui se sont trouvez sous sa main, il y a pourtant une sainte qui a trouvé en quelque sorte, grâce à ses yeux. C'est sainte [2] . . . .

APPENDICE AU Nº XCVI.

Voici la lettre de Lobineau dont il est question plus haut au § 4 de la *Réfutation de Vertot* (ci-dessus p. 190); nous la reproduisons ici, comme elle est à la p. 57 du Discours préliminaire de l'*Histoire critique de l'éta-*

---

[1] *Ibid.* p. 248.

[2] Là finit le manuscrit autographe de Lobineau, qui n'a même pas achevé cette phrase. A. DE LA B.

blissement des Bretons dans les Gaules. Cette lettre n'est point datée, mais elle dut suivre de très-près la publication du *Traité de la mouvance de Bretagne* de Vertot, qui est de la première moitié de l'an 1710 (l'approbation est datée du 14 avril). La lettre ci-dessous est donc de la même année. L'abbé de Trémigon, à qui elle est adressée, était un des amis de Lobineau.

Copie d'une lettre écrite à Monsieur l'Abbé de Trémigon par le P. Lobineau.

« Je vous remercie, Monsieur, de l'avis que vous me donnez, je l'ai reçû encore d'ailleurs en même temps, et j'ecrivis vendredi dernier à un de mes amis pour le prier de m'envoïer le livre de M. l'Abbé de Vertot [1]. Son ouvrage ne me fait point de peur; car le peu qu'on m'en a dit me fait voir qu'il n'est établi que sur une chimère. Il m'attaque, dit-on, par mes propres preuves : tant pis pour lui, car je ne crois pas avoir été assez bête pour ne sçavoir pas connoître mes armes. La réponse ne tardera pas, c'est de quoi vous pouvez assurer M. de Lanjamet et tous nos amis Bretons. J'ai même une idée assez plaisante pour la forme de cette réponse, et qui n'a encore été emploïée de personne. Je suis, Monsieur, etc. »

XCVII

DOM LOBINEAU A L'ABBÉ CHOTARD [2].

(Paris, 7 novembre 1722.)

Paris, 7 novembre 1722.

L'honneur de vostre derniere lettre, Monsieur, m'a d'autant plus agréablement surpris qu'il y avoit longues années qu'un si doux commerce entre nous estoit interrompu, je ne sai pas pour quoi, car dom Diegue [3] m'est toujours egalement cher et

---

[1] Le *Traité historique de la mouvance de Bretagne.*

[2] Arch. dép. de la Loire-Inférieure, fonds Chotard. — Cette lettre nous a été indiquée par M. Léon Maître.

[3] Surnom familier de l'abbé Chotard dès 1708; voir ci-dessus notre n° LXXXII.

respectable, et je me flatte aussi d'avoir bonne part à vos affec-
tions.

Avec l'assurance que vous me donnez d'estre toujours dans
vostre souvenir, vous me faites un nouveau plaisir de m'ouvrir les moiens de vous marquer mon zele et ma diligence. Je
vous diray, en recompense, que j'ai esté assez heureux pour
trouver les deux livres que vous me demandez. Il est vrai que
les libraires ont vendu assez cher le plaisir de remplacer des
vuides, puisqu'ils n'ont voulu lascher ces deux tomes depareil-
lez qu'à 50 sous piece. Vous pouvez les envoier prendre chez
moi quand il vous plaira.

Pour ce qui est de vostre memoire, je vous y respondrai
amplement en peu, c'est à dire apres la St Martin. Si cette
feste rassemble autant de monde à Nantes qu'elle en rassem-
blera ici, j'espere que nous entendrons parler de souscriptions [1]. Elles ne vont pas mal en ce pays-ci.

J'ay passé huit jours à la Roche et aux environs, et j'avois
escrit de Tours pour en avertir Mad^{lle} Desc. [2] Je n'ai point
entendu parler d'elle. Vous me dispenserez de vous dire si j'en
ai esté mortifié ou non. Du moins a-t-on cru, à voir mon
silence là dessus, que je prenois mon mal en patience.

Je baise les mains à V. S. [3] et suis avec le plus parfait respect, Monsieur, vostre tres humble et tres obeissant serviteur,

FR. G. A. LOBINEAU.

(L'adresse porte : *Bretagne. A Monsieur l'abbé Chotard,
Chanoine de l'église Cathedrale. A Nantes.*)

---

[1] Il s'agit probablement de souscriptions, c'est-à-dire de signatures, données à
quelque pièce relative aux affaires du jansénisme.
[2] *Sic.*
[3] Votre Seigneurie.

XCVIII

DÉLIBÉRATION DES ÉTATS DE BRETAGNE [1].

(Saint-Brieuc, 15 décembre 1724.)

Du mardy 15ᵉ décembre 1724, 8 h. du matin.

En exécution de la delibération du 3 de ce mois, Messieurs des Ordres se sont retirés aux chambres pour delibérer sur les differentes requestes et demandes tendantes à gratiffication, tant de communautés que de tous autres...

Et sur la requeste des libraires de Rennes, LES ETATS ont accordé et accordent aux sieurs Garnier, Vatar et Devaux, libraires associés, la somme de 300 livres, par forme de remerciments de la dedicace aux Etats du livre de la Vie des Saints de cette province de Bretagne [2].

Signé : P. GUILLAUME, *evêque de Sᵗ-Brieuc* [3]; P. F. DUC DE BETHUNE, *baron d'Ancenis;* et MICHAU [4], presidents des Ordres.

XCIX

DOM LOBINEAU A MELLIER, MAIRE DE NANTES [5].

(Paris, 17 janvier 1725.)

Paris, 17 janvier 1725.

Lord Maire, l'obligeante missive de votre *majorité* a causé

---

[1] Arch. d'Ille-et-Vilaine. Registres des États de Bretagne, tenue de 1724 à Saint-Brieuc.

[2] Il s'agit ici du volume in-folio de Lobineau, intitulé *Les Vies des Saints de Bretagne,* édité à Rennes, en 1725, « par la Compagnie des imprimeurs-libraires. » Cf. n° XCIV ci-dessus.

[3] Pierre-Guillaume de la Vieuxville, qui fut évêque de Saint-Brieuc du 8 janvier 1721 au 4 septembre 1727.

[4] Sénéchal de Rennes, président du Tiers-État.

[5] Le texte de cette lettre a été publié par M. Dugast-Matifeux dans la *Biographie bretonne,* t. II, p. 444.

une allégresse indicible à ma *minorité*, par les marques que vous me donnez de votre remembrance, de votre affection, et de la continuation de vos bontés pour moi. Je suis ravi que vous soyez content de mon dernier labeur. Je ńe l'ai pas encore vu moi-même ; aussi je ne puis savoir en quelle mauvaise posture les imprimeurs ont mis Nosseigneurs les Commissaires [1].

Le grand ouvrage que j'avois entrepris ici [2] est heureusement achevé quant à moi, et il reste seulement deux mois de travail pour la presse. Après cela, je suis dans la résolution de prendre congé de Lutèce pour me retirer en quelque coin de Bretagne et y planter des choux, peut être à Saint-Jacques de Permil [3].

Peut-être l'ouvrage de la terre me sera-t-il moins ingrat que tous ceux dont j'ai enrichi le public, dont je n'ai retiré que meconnoissance, lassitude, épuisement et vieillesse. Du moins, si je me charge encore de quelque nouveau griffonage, ferai-je si bien mes conditions que je ne serai plus la dupe de mon bon cœur. J'aurai pour principe : *Tant payé, tant travaillé ;* et du reste, *Comme je boiron, je diron.* Si l'on me redit le vieux proverbe qu'*Un moine n'a besoin de rien*, j'y répondrai qu'il n'a pas besoin non plus de se charger d'autre travail que de celui que comporte son office de moine moinant de moinerie.

Je vous souhaite une joyeuse année, et je suis avec respect, Lord Maire, votre très humble et très obéissant serviteur.

F. G. A. LOBINEAU.

---

[1] Le *dernier labeur,* dont parle ici Lobineau, est la *Vie des saints de Bretagne* qui venait de paraître. En tête de cet ouvrage est une gravure représentant l'assemblée des États de Bretagne et les Commissaires du roi près de cette assemblée. Mellier, plus d'une fois investi de cette fonction, avait fait apparemment quelque plaisanterie sur cette gravure.

[2] L'*Histoire de Paris,* commencée par dom Félibien et, après la mort de celui-ci, achevée par Lobineau.

[3] Ou Pirmil; prieuré bénédictin dans un faubourg de Nantes.

C

DOM LOBINEAU A M. SIMON.

(Paris, 1er décembre 1726.)

Nous ne possédons pas le texte de cette lettre, mais seulement une analyse copiée par nous sur un catalogue d'autographes publié vers 1855, dont nous n'avons pu retrouver le titre ni par conséquent la date exacte. Les lettres de Lobineau publiées ci-dessus sous les nos LXXXIII, XC et XCII figuraient aussi dans ce catalogue. Quant à l'article concernant la lettre de Lobineau à M. Simon, en voici le texte exact.

« 915. LOBINEAU. Lettre autographe signée à Mr Simon, conseiller du roi au siége présidial à Beauvais. Paris, 1er décembre 1726. 1 page pleine in-4°. Cachet.

« Il a envoyé sa lettre au Père Toustain à Chesles. Il sait bien qu'il l'a aidé utilement pour le Glossaire de du Cange et qu'il lui a fait part libéralement de ses lumières et de ses découvertes. Il en auroit profité à son tour avec reconnaissance, sans que l'état de sa santé l'oblige à quitter l'ouvrage de Paris, même pour se retirer dans sa province [1]. « Je crois que « le Glossaire sera donné à un autre religieux de St-Germain des Prez, « nommé D. Maur Dantine. »

CI

KERMELLEC CHEFDUBOIS AU PRIEUR DE St-JACUT [2].

(Landernau, 5 septembre 1727.)

Mon Reverend Père, il y a quelques années que j'étois en commerce de lettres avec le feu R. P. Lobineau, que Dieu absolve [3], sans nous connoitre autrement. Je lui avois envoyé plusieurs pièces pour servir au Suplément de son Histoire en

---

[1] C'est donc par raison de santé que D. Lobineau quitta Paris, pour aller respirer l'air de la mer en Bretagne, dans l'abbaye de Saint-Jacut ; quoi qu'on en ait dit et répété, rien de plus faux que de voir là un exil.

[2] Biblioth. Nat. Ms. fr., 20,941, f. 84.

[3] Dom Lobineau était mort à l'abbaye de Saint-Jacut, le 3 juin 1727.

ce qui s'etoit passé en Bretagne depuis son union à la couronne de France. Je luy disois, dans ma lettre du mois de fevrier dernier, que je tâcherois de menager l'occasion de l'aller voir, et j'esperois que ce seroit dans cette saison icy. Sa mort rompt mes mesures.

Je le priois de regarder dans les extraits que vos Peres ont tirez des archives du Château et de la Chambre des comptes de Nantes, s'il n'y a pas un arrêt en datte du 4 février 1404, rendu entre messieurs de Kermelec et de Guernanchané, de Plouaré [1], evesché de Treguer, prez de Lannyon. Il est beaucoup fait mention du nom de Kermellec dans les deux volumes qu'il avoit mis au jour, et je ne doute pas qu'il n'y en ait encore dans le Suplément auquel il travailloit, qui aura sans doute son accomplissement, y ayant dans votre Congregation grand nombre de sujets capables de ce travail si utile au public et particulierement à la Bretagne.

Je vous envoye copie d'une pièce originale qui me fut donnée aux environs de Morlaix, il n'y a pas longtemps, pour l'inserer dans le Suplément, si l'on le juge à propos. C'est la nomination d'escuyer Jean de Kermelec, s[r] de Kergoet, par devant Guillaume de Kerymel, seigneur de Coëtinisan, Kerouzeré, etc., lieutenant de M[r] le Gouverneur de Bretagne en l'evesché de Treguer.

Si l'on trouve ce que je demandois de ce nom au R. P. Lobineau et autres choses ce touchant, je serois bien aise d'en estre informé.

J'ay l'honneur d'être avec respect, mon Reverend Père, vostre très humble et très obeissant serviteur,

L'ABBÉ DE KERMELLEC DE CHEFDUBOIS.

A Landerneau, le 5 septembre 1727.

---

[1] *Sic.* C'est Plouaret, auj. ch.-lieu de canton de l'arrond[t] de Lannion, Côtes-du-Nord.

(L'adresse porte : *Au Reverend, le Très Reverend Père Prieur de l'abbaye de St Jagu. Prez de St Malo.*)

CII

DÉLIBÉRATION DES ÉTATS DE BRETAGNE [1].

(Rennes, 29 octobre 1728.)

Du vendredy 29 octobre 1728, 9 h. du matin.

Monseigneur l'Evêque de Rennes.
Monseigneur le prince, comte et baron de Léon.
Monsieur le senêchal de Rennes.

Pour ce qui concerne les papiers du feu Père Lobineau, ordonnent les Etats qu'il en sera fait un inventaire sur papier commun par leur greffier ou par les commis du greffe, en presence de trois des deputés de chaque Ordre nommés pour la Commission des grands chemins de l'evêché de Rennes, en cas qu'ils soient agréés par Sa Majesté, et de l'un des Procureurs generaux sindics ou de leurs substituts, au pied duquel le prieur des Bénédictins de cette ville sera tenu de reconnoistre que lesdits papiers sont restés dans leur maison et s'obligera pour sa communauté de les representer toutes fois et quantes ils en seront requis, lequeldit inventaire demeurera deposé au Greffe.

Signé de messieurs les presidents des Ordres et de Mgr de Carcado Molac, president élu par la noblesse, au lieu et place de M. le prince de Léon [2].

---

[1] Arch. d'Ille-et-Vilaine. Reg. des États de Bretagne. Tenue de 1728 à Rennes.

[2] Le prince de Léon s'était retiré à la fin de la séance parce qu'on mettait en délibération une proposition où il était personnellement intéressé.

CII *bis.*

LE MINISTRE LE PELLETIER A L'ÉVÊQUE DE SAINT-BRIEUC [1].

(Versailles, 17 juillet 1729.)

Versailles, le 17 juillet 1729.

Monsieur, sur le compte que j'ay rendu au Roy du memoire presenté M^{rs} les Deputez des Etats de Bretagne pour obtenir de Sa Majesté la permission de faire proceder à l'inventaire des papiers du defunt Pere Lobineau par des commissaires des Etats du nombre de ceux que Sa Majesté avoit autorisez pour les Etapes et les grands chemins, — le Roy m'a chargé de vous faire sçavoir qu'il trouvera bon qu'il soit procedé à cet inventaire par les commissaires que Sa Majesté a permis aux Etats de nommer pour assister tant aux adjudications des Etapes de l'année 1730 qu'aux adjudications et procès-verbaux de reception qui se feront, pendant les années 1729 et 1730, des ponts et chaussées, reparations des grands chemins et autres ouvrages publics, suivant les instructions et les ordres que Sa Majesté a donnez pour la dernière assemblée des Etats, et qui leur ont été notifiez par Messrs ses Commissaires. Je suis, Monsieur, votre tres humble et tres obeissant serviteur,

LE PELLETIER.

(L'adresse porte : *M^r l'Evesque de St Brieuc, à Paris.*)

CIII

PROCÈS-VERBAL DES PAPIERS DE DOM LOBINEAU.

(13-19 août 1729.)

Procès-verbal et Inventaire des papiers de Dom Alexis

[1] Arch. d'Ille-et-Vilaine, *Anc. inventaire des États de Bret.*, p. 697-698.

Lobineau, Bénédictin, commencé le 13 aoust 1729. Et conclud le 19 du mesme mois par les Commissaires des Etats.

Nous Commissaires députés des Etats par délibération du 29 octobre 1728, sçavoir faisons qu'en exécution de laditte délibération et de l'ordre du Roy du 17 juillet 1729, à nous adressés par Messieurs les députés en cour et par Monsieur le comte de Coëtlogon, procureur général sindic, signé pour ampliation par Monseigneur l'Evêque de Saint-Brieuc,

Nous nous sommes ce jour 13 aoust 1729, aux huit heures du matin, transportés à l'abbaye de Saint Melaine de Rennes, pour faire procéder à l'inventaire des papiers de defunt Dom Alexis Lobineau, religieux Bénédictin, par Me René Jacques Guillard, commis au greffe des Etats, en notre présence et celle de messire Charles-Elisabeth Botherel, chevalier, seigneur de Bédée, président au Parlement et procureur général sindic desdits Etats, et de noble homme Jacques Mesnage, sieur de la Morandaye, avocat à la Cour et substitut de Messieurs les procureux généraux sindics. Où étants, dans une des chambres de laditte abbaye de Saint Melaine, le R. P. Dom Leonard Gesfrard, prestre, souprieur de ladite Abbaye, faisant et stipulant pour sa communauté en l'absence du R. P. Dom Joseph Castel, prieur d'icelle, ledit Père souprieur assisté de Dom Julien Pelé, sindic général de la province, et de Dom Hyacinthe Morice, bibliothécaire de ladite abbaye :

Lequel a dit au nom de la communauté que, dans l'ordonnance rendue le 29 octobre 1728 par Nosseigneurs des Etats de la Province de Bretagne sur ce qui concerne les papiers du défunt Dom Alexis Lobineau, il y avait deux choses à distinguer,

Sçavoir, l'inventaire qui est prescrit par cette ordonnance,

15

et l'obligation imposée au prieur de la maison de St Melaine
de reconnoistre que lesdits papiers sont restés dans ladite maison et de s'engager pour sa communauté de les représenter
toutes fois et quantes ils en seront requis.

Quant à ce qui regardel'inventaire en luy-même, ledit Dom
Gesfrard déclare au nom de sa communauté qu'il consent que
Messieurs les Commissaires y fassent procéder en exécution de
laditte ordonnance, parcequ'il est important pour Nosseigneurs
des Etats et pour les religieux Bénédictins de la Congrégation
de St Maur que l'état de ces papiers soit bien constaté ; mais
en se soumettant à la confection de cet inventaire qui a été
ordonné sans entendre les religieux Bénédictins, Messieurs
les Commissaires voudront bien que ce soit sous la déclaration expresse que cette soumission ne pourra préjudicier aux
droits que lesdits pères Bénédictins ont sur ces papiers, comme
ayant été recueillis par les soins et aux frais des monastères
de la Congrégation, comme il sera aisé de le justifier. Et a
signé F. LÉONARD GESFRARD, sousprieur, Fr. JULIEN PELÉ,
Fr. HYA. MORICE.

Duquel consentement et declaration a été donné acte, néantmoins sans aprobation de laditte déclaration ; et le R. P. souprieur nous ayant représenté tous les papiers concernant
l'histoire de Bretagne trouvés après le décès du Père Lobineau, a esté procédé à l'instant en nos présences par notredit
ajoint à l'inventaire desdits papiers, lesquels ont été cottés
et chiffrés par notredit ajoint de pareille chiffrature que celle
par luy mise en marge du présent.

Et Premier,

Un registre in folio, couvert de cuir violet, cotté au dos d'un
grand A, avec une étiquette inscrite de ces mots :
Cartul. Roton.

Eglise et Eveché de Nantes.

Collectio MS. Nannetensis.

Château de Nantes.

Ledit registre contenant 755 feuillets écrits, paraphés par premier et dernier par notredit ajoint.

2.

Un registre in folio, couvert comme le précédent, cotté au dos B, sur lequel est une étiquette inscrite de ces mots : *Chambre des Comptes,* contenant 1133 feuillets pareillement paraphés par notredit adjoint.

3.

Un registre in folio, couvert comme le précédent, cotté au dos C, sans étiquette ny intitulé. Ledit registre, qui est un Recueil de titres et extraits de titres, contenant 651 feuillets, pareillement cottés et paraphés par premier et dernier.

4.

Un registre in folio, couvert comme le precedent, cotté au dos D, sans etiquette ny intitulé. Ledit registre commençant par le Recueil des titres ou extraits des titres de l'abbaye de Daoulas, et contenant 693 feuillets écrits, pareillement cottés et paraphés par premier et dernier.

5.

Un registre in folio, couvert comme le précédent, cotté au dos E, sans étiquette, contenant plusieurs extraits des Réformations de la noblesse de Bretagne, le premier de la parroisse de Cordemais commençant en 1443, le dernier de la paroisse de Romillé en 1513. Ledit registre contenant 993 feuillets écrits, cottés et paraphés par premier et dernier.

6.

Un registre in folio, couvert comme le précédent, cotté au dos F, sans étiquette, contenant de pareils extraits d'anciennes Réformations jusqu'au feuillet 541 verso, après lequel sont des Rolles, montres et comparutions jusqu'au feuillet 599, après lequel sont différents extraits d'anciennes chartres, chroniques, ou autres monuments. Tout ledit registre contenant 889 feuillets écrits, pareillement cottés et paraphés par premier et dernier.

7.

Un registre in folio en papier moins grand, couvert comme le precedent, cotté au dos G, sans étiquette, contenant des extraits de plusieurs cartulaires et chartres, commençant par le Cartulaire de l'abbaye de la Vieuville. Ledit registre étant un recueil de différentes collections et contenant 1231 feuillets écrits, pareillement cottés et paraphés par premier et dernier.

8.

Un registre in folio en papier moins grand, couvert comme le précédent, cotté au dos H, sans etiquette, commençant par le Catalogue des officiers de la Chambre des comptes de Bretagne, contenant en outre plusieurs titres, chartres, et extraits glossaires, et finissant par une quitance de Jan Liemant dattée du 20 novembre 1514, contenant 1455 pages écrites, cottées et paraphées par premier et dernier.

9.

Un registre in folio en petit papier, couvert comme le précédent, cotté I, sans étiquette, commençant par le titre *Ex actis capitularibus insignis ecclesiæ Sancti Martini Turonensis, anni 1455, die Martis 19. Aug.* Et finissant par le titre d'*Ellection d'une confrairie de St Yves de Rome, de l'an 1513,*

contenant 833 pages écrites, lequeldit registre contient plusieurs extraits des titres de différentes abbayes, cottées et
paraphées par premier et dernier.

10.

Un registre in-quarto en très-grand papier, couvert comme
le précedent, cotté au dos K, sans étiquette, commençant par le
titre *Cy commence l'assise au comte Geffroy;* dans la suitte est
écrit la Très-ancienne Coutume de Bretagne, et à la fin la table
des matières, duquel registre les feuillets ne sont point chiffrés,
paraphés au premier et dernier.

11.

Un registre in folio en petit papier, couvert comme le precedent, cotté au dos L, sans étiquette, commençant par ce titre :
*Registre du greffe des Etats de Bretagne fait et tenu par
Guillaume Meneust, greffier d'iceux, commancé à Vannes,
lesdits Etats tenant en septembre 1567, parce que le premier et le precedent fut porté à Paris par les commissaires
à ce députés par le Roy en l'an 1566 ;* et finissant par le prix
des baux de la ferme des Impots et billots et devoirs des Etats,
contenant 608 feuillets écrits, partie des deux côtés et l'autre
sur le recto seulement, cottés et paraphés par premier et dernier.

12.

Un registre in folio en petit papier, couvert comme le précédent, cotté M, sans étiquette, commençant par le titre *Etats
de Saint Brieuc de 1602,* dans lequel Registre sont referées
les tenues et assises des Etats depuis 1602 jusqu'en 1628 inclusivement, contenant 415 feuillets écrits seulement sur le feuillet
recto, cotté et paraphé par premier et dernier.

13.

Un registre in folio en petit papier, couvert comme le précédent, cotté au dos N, sans étiquette, commençant par le titre *Etats de Vannes 1629 :* dans lequel registre sont référés les extraits des tenues depuis 1629 jusqu'en 1703 inclusivement, contenant 559 feuillets, dont une partie est écrite des deux côtés et l'autre au folio recto seulement, cotté et paraphé par premier et dernier.

14.

Un registre in quarto en petit papier, couvert comme le précedent, cotté au dos O, sans étiquette, contenant plusieurs règlements du Parlement de Bretagne, commencant le 16e jour de mars 1554, et finissant le 19 octobre 1707 ; ensemble plusieurs édits et déclarations des Roys de France, commencant le 25e juin 1554, et finissant au mois de novembre 1670. Ledit registre non chiffré, paraphé par notre dit ajoint.

15.

Un registre in quarto en petit papier, couvert comme le précédent, cotté au dos P, sans étiquette, commençant par le titre *Supression des offices de substituts, 1679 ;* contenant plusieurs édits et déclarations des Roys de France, anciennes constitutions des Ducs, procès verbal de la reformation de la Coutume de Bretagne, des extraits des différentes tenües des Etats de ladite province ; non chiffré, paraphé par notredit ajoint.

16.

Un registre in folio couvert en parchemin, cotté au dos Q, sans étiquette, commençant par le titre : *Histoire de Bretagne par Mr Moreau, chanoine de Cornoüaille et conseiller au siége présidial de Quimper,* laquelle ditte histoire contient les guerres civiles en Bretagne du tems de la Ligue. Ledit registre contient 429 pages écrittes, cotté et paraphé par premier et dernier.

17.

Un registre, relié en veau, cotté R, contenant l'Inventaire des Lettres, Titres et Chartres de Bretagne, trouvés en la Chambre du Trésor desdites lettres et chartres étant en la Tour Neuve du château de Nantes, contenant 523 feuillets écrits, cotté et paraphé par premier et dernier.

18.

Un registre in quarto broché, couvert d'un cartòn, cotté S, sans étiquette, contenant la Reformation de la noblesse de Bretagne de l'année 1668, à commencer par la lettre A, et finit par la lettre H ; non chiffré, paraphé par notredit ajoint.

19.

Autre volume comme le précédent, cotté T, sans étiquette, continuant par la lettre I et finissant par la lettre Y ; et ensuitte est une addition contenant deux feuillets et demy ; aussi non chiffré, cotté et paraphé par notre adjoint.

20.

Et finallement un registre in quarto broché, couvert de papier marbré, cotté V, sans étiquette, ayant pour titre : *Traitté historique des barons de Bretagne, où l'on parle aussi par occasion des barons en général, des fieffs de haubert et de la haute noblesse, avec les généalogies des barons,* contenant 647 pages écrittes, cotté et paraphé par premier et dernier.

Après quoi, nous Commissaires et Procureur général sindic, nous sommes retirés.

(*Signé*) † J. DE TRÉMIGON. BECDELIEVRE DU BOUEXIC.
BEDÉE. RALLIER. J. MESNAGE. GUILLARD.

Et nous Commissaires étant revenus à laditte abbaye de Saint Melaine aux trois heures de l'après-midy du même jour, il nous a été représenté plusieurs liasses et portefeuilles des titres recueillis par dom Alexis Lobineau ; et ayant remarqué qu'une grande partie étoient des copies figurées de très-anciens titres et d'une très petite étendüe, nous avons juge à propos de les faire coller sur des feuilles de grand papier pour la conservation desdites copies figurées, pieces et memoires, et pour cet effet nous avons apellé Launay, relieur, qui les a collés en notre présence, à fur et à mesure que notre ajoint les a chiffrées et paraphées, en nos presences et celle du sieur de la Morandais Menage, comme ensuit :

Une liasse d'extraits de comptes des Tresoriers genéraux des finances de Bretagne des années 1409, 1413, 1420, 1425, 1426, 1426, 1427, 1428, 1429, 1430, 1433, 1434, 1436, 1442, 1452, 1453, 1457, 1457, 1485, 1488, trois de 1498 et 1507, avec deux états, l'un sur une demie feuille de papier écrit du costé recto, commençant par ces mots : *Un tableau d'une Notre Dame,* et finissant : *Tableau d'or à une image de Notre Dame;* l'autre sur un demi quart de papier écrit d'un seul costé, commençant par ces mots : *Une dague envoyée par le Duc à la Pucelle,* finissant : *A Mayne, héraut du duc de Bedfort, lequel etoit venu vers le Duc.*

Autre liasse contenant differents extraits qui concernent les villes de Rennes, de Nantes, de Vannes et de Dol.

Le commencement de l'Histoire de Bretagne par Gaignart.

Un registre infolio, couvert de parchemin, contenant l'état des dix-neuf baillages de la senechaussée de Rennes. Les autres pièces contenant differentes natures d'affaires.

Autre liasse contenant les genealogies de plusieurs gentilshommes de Bretagne, avec quelques copies de contrats de mariage.

Autre liasse contenant encore les genealogies de plusieurs gentilshommes de la province.

Après quoi, nous Commissaires et substitut de monsieur le Procureur general sindic, nous sommes retirés.

(*Signé*) ✝ J. DE TRÉMIGON. BECDELIEVRE DU BOUEXIC. RALLIER. J. MESNAGE. GUILLARD.

Et le dimanche 14 aoust 1729, nous susdits Commissaires et substitut, ayant pour ajoint ledit sieur Guillard, sommes revenus aux huit heures du matin et avons continué la certification desdits papiers en présence du R. P. Dom Joseph Castel, prieur de laditte abbaye, comme ensuit :

Autre liasse contenant plusieurs pieces de l'histoire de Bretagne des 12ᵉ, 13ᵉ et 14ᵉ siècles.

Un portefeüille eontenant plusieurs genealogies de gentilshommes de la province.

Autre liasse contenant quarante-deux cahiers ou feüilles, qui concerne l'histoire de Bretagne depuis le commencement du cinquième siècle jusqu'au milieu du quatorzième siècle.

Autre liasse contenant plusieurs pièces de l'histoire de Bretagne du quinzième siècle.

Autre liasse qui concerne le seizième siècle, et principalement ce qui s'est passé, pendant les troubles, des gens de guerre et garnisons de villes de la province ; avec quelques aveux.

Après quoi, nous susdits Commissaires, nous nous sommes retirés et renvoyé la continuation à mardy 16 du présent mois, à huit heures precises du matin.

(*Signé*) ✝ J. DE TRÉMIGON. BECDELIÈVRE DU BOÜEXIC. RALLIER. J. MESNAGE. GUILLARD.

Et le mardy 16 du présent mois d'aoust, étant retournés à laditte abbaye, a esté procédé en nos presences par ledit sieur

Guillard à la continuation du présent inventaire, ainsi qu'il suit:

Autre liasse contenant un extrait des Registres secrets du parlement de Bretagne, commençant au mois d'aoust 1554, et finissant au mois d'aoust 1713, composé de vingt-huit cahiers in-quarto.

Deux autres cahiers concernant la même chose, avec un extrait de la table des grands Registres du parlement composé de cinq cahiers.

De plus un extrait des Registres des Etats de cette province, commençant en l'année 1570, composé de trente-cinq cahiers en petit papier.

Mémoire concernant la convocation des Etats, en deux cahiers de même papier.

Copie des anciennes constitutions de Bretagne, en quatre cahiers de grand papier in-folio.

Plusieurs memoires, au nombre de dix, concernant les amiraux de Bretagne, avec copie de l'arrest du Conseil du mois de juillet 1701 ce touchant.

Un cahier contenant l'état de la dépense pour un armement naval.

Finalement, un mémoire de l'état de la Bretagne durant les troubles de la guerre civile.

Après quoi, nous susdits Commissaires, nous nous sommes retirés et renvoyé la continuation à deux heures de relevée.

(*Signé*) † J. DE TRÉMIGON. BECDELIÈVRE DU BOÜEXIC. RALLIER. J. MESNAGE. GUILLARD.

Et aux deux heures de relevée, étant retournés à laditte abbaye, a été procédé en nos présences par ledit sieur Guillard à la continuation du present inventaire, ainsi qu'il suit :

Autre liasse contenant le journal de ce qui s'est passé à

Rennes pendant la Ligue, fait par Me Jan Pichard, notaire royal et procureur au Parlement, contenant cent-deux quarts de papier.

Copie du contrat de mariage de René de Bretagne et de Janne de Comine.

Accord entre le roy Charles neuf et les duchesses de Ferrare et de Nemours, Renée de France et Anne d'Este, contenant seize quarts de papier.

Extrait d'un journal de messire Hierosme d'Arradon, seigneur de Quenipily, contenant cinquante-sept quarts de papier ; avec plusieurs autres copies de plusieurs titres et pièces du 16e siècle, du nombre de soixante-dix, dont quelques unes sont composées de plusieurs feüilles.

Et la dernière liasse, contenant un Nobiliaire de Bretagne des années 1427, 1440, 1480, 1513, 1535, et plusieurs autres titres depuis l'an 1200 ; commençant à la lettre A et finissant à la lettre G inclusivement, lequel contient sept cahiers en petit papier.

En outre, une table alphabétique, en petit papier, des gentilshommes de chaque evêché, sur des feuilles volantes au nombre de 485 grandes et petittes.

Lesdites liasses chiffrées et paraphées par notre adjoint, depuis le numero un jusques et compris le numéro deux mille deux cent, ce qui fait avec les vingt registres cy dessus describés deux mille deux cent vingt pièces.

Et nous sommes retirés environ les huit heures du soir, pour revenir vendredy 19 dans laditte abbaye aux cinq heures de l'après midy.

(*Signé*) † J. DE TRÉMIGON. BECDELIÈVRE DU BOUËXIC. RALLIER. GUILLARD. J. MESNAGE.

Et le vendredy 19, nous Commissaires soussignés ayant avec

nous pour adjoint ledit sieur Guillard, present ledit sieur de la Morandaye Mesnage, substitut de Messieurs les Procureurs generaux sindics, nous nous sommes transportés à ladite abbaye : où étant, avons, en presence du R. P. prieur, de dom Julien Pelé, sindic general de la province, et de dom Hyacinthe Morice, Bibliothecaire de ladite abbaye, vérifié de nouveau tous lesdits registres, liasses et chiffratures de notredit adjoint, montant à deux mille deux cent vingt pièces, et les avons laissés à la garde du R. P. prieur, conformement à la délibération des Etats du 29ᵉ octobre 1728.

Et à l'endroit, le R. P. prieur a dit que, sans deroger à la declaration insérée dans ledit inventaire, il reconnoistroit volontiers que sa maison est actuellement saisie desdits papiers, mais que, quant à l'obligation de les representer toutes fois et quantes, il croioit pouvoir la regarder comme une marque de deffiance que la Congregation de Sᵗ Maur ne croioit pas meriter, et qu'il ne luy convenoit pas d'y souscrire, quelque respect qu'il eût d'ailleurs pour Nosseigneurs des Etats. Qu'il avoit sur cela plusieurs raisons qu'il offroit de deduire dans la prochaine assemblée et qu'il nous requeroit de rediger icy par avance. La première est qu'il ne pouvoit, par son propre fait, soumettre sa communauté à une representation arbitraire et indéfinie, sans préjudicier au droit que les religieux Benedictins ont acquis sur ces papiers tant par leurs travaux notoires au public que par leurs contributions, ainsi que le deffunt Père Lobineau l'a fait voir luy meme dans un mémoire deposé au greffe des Etats et dans une lettre imprimée sans datte, et cependant adressée à Nosseigneurs des Etats après l'assemblée tenue à Dinan en 1707.

L'ordonnance du 29 octobre 1728, imposant audit prieur et à sa communauté l'obligation de representer ces papiers en tout tems sans rassurer les Benedictins contre la juste apréhension d'en estre dessaisys dans la suitte par quelque nouvelle ordonnance ; c'est un second motif pour luy de n'y pas souscrire, puisque par son propre fait il établiroit un droit de propriété en faveur de Nosseigneurs des Etats, et prejudiciroit à celuy qu'on ne peut contester à ses confrères.

Une troisième raison pour l'excuser de cette représentation est que les deux religieux associés pour mettre ces papiers en œuvre pour la continuation de l'Histoire de Bretagne pouvant changer de demeure et aller résider en quelqu'autre maison de la Congregation, soit parcequ'ils y trouveroient plus de secours par raport aux livres qui leur sont necessaires, ou parceque la communauté de S¹ Melaine, qui ne peut entretenir qu'un certain nombre de religieux, ne seroit pas en etat de les faire subsister sans pension, on conçoit assés qu'ils seroient obligés de transporter ces papiers avec eux, et que pour lors l'obligation de les representer devroit passer d'un monastère à l'autre, ce qui formeroit peu à peu une servitude importune et même dangereuse, par raport aux accidents qui peuvent arriver et que la prevoiance des hommes les plus attentifs ne peut pas toujours detourner.

Au reste, si Nosseigneurs des Etats en corps, ou quelque particulier d'entr'eux, ont besoin de recourir à ces titres pour trouver quelques eclaircissements, le dévouement de la Congregation et son attachement aux intérêts de la Province leur repond de la facilité de toutes les communications qu'ils pourront souhaiter.

Enfin, le feu Père Lobineau, simple et unique dépositaire de ces papiers, au nom de la Congrégation, en ayant disposé librement dans ses differentes residences, en les faisant transporter de Rennes dans l'abbaye de S¹-Vincent du Mans en 1717, et ensuite du Mans à Paris, et de Paris à S¹-Jagut, d'où ils ont été aportés à Rennes, les Benedictins, et surtout ceux de St-Melaine, peuvent bien reconnoistre qu'ils en sont saisis sans s'obliger à les representer toutes fois et quantes : precaution qui n'a point été prise avant l'ordonnance de l'assemblée de 1728, et sur laquelle ledit prieur se reserve expressement de faire ses très-humbles remontrances à la prochaine tenue. En foy de quoi il a signé, nous requerant acte et copie tant de notre inventaire que de la presente declaration.

A Rennes, dans l'abbaye de St-Melaine, ledit jour 19 aoust 1729.

(Signé) Fr. Joseph Castel, Prieur.

Desquels dires et raisons nous avons donné acte audit dom prieur et religieux, sans néantmoins aprobation des raisons y contenues et sans prejudicier à tous les droits et pretentions des Etats ; et en consequence avons laissé lesdits papiers en la garde et pocession desdits prieur et religieux : auquel Père prieur la clef du coffre où étoient lesdits papiers a été remise par notre adjoint, auquel avons ordonné de delivrer une expedition du present audit dom prieur, qui sera tenu d'en donner sa reconnaissance en marge du present inventaire, fait et conclut dans laditte abbaye de Saint Melaine, lesdits jour et an que devant, present monsieur le President de Bedée, procureur general sindic des Etats.

(Signé) J. de Tremigon. Becdelièvre. Fr. Joseph Castel. Rallier. Fr. Julien Pelé. Fr. Hya. Morice. Bedée. J. Mesnage. Guillard [1].

---

[1] L'original de ce procès-verbal existe aux Archives du département d'Ille-et-Vilaine, fonds des Etats de Bretagne, et il est mentionné dans l'*Ancien inventaire des Etats de Bret.*, p. 697-698.

CIV

DÉLIBÉRATION DES ÉTATS DE BRETAGNE [1].

(Saint-Brieuc, 17 novembre 1730.)

Du vendredy 17 novembre 1730, 8 h. 1/2 du matin.

Monseigneur l'evêque de St Brieuc,

Monseigneur le duc de la Tremoille, baron de Vitré,

Monsieur le senechal de Rennes.

M[r] l'abbé de Tremigon a rendu compte, pour lui et MM. ses codeputés, des commissions dont ils avoient esté chargés aux Etats de 1728, tant pour assister à l'adjudication des etapes de la presente année que... pour le proces verbal et inventaire des papiers de dom Lobineau... et a en même tems representé toutes les pièces concernant lesdites commissions, avec ledit procès-verbal et inventaire, fait et conclut chez les Pères Benedictins de ladite ville de Rennes, des papiers dudit dom Lobineau.

Ainsi signé sur la minute : † L. FR. *Ev. et Seigneur de Saint-Brieuc.* — CH. DE LA TREMOILLE, *baron de Vitré.* — et MICHAU.

CV

AUTRE DÉLIBÉRATION DES ETATS [2].

(Saint-Brieuc, 29 novembre 1730.)

Du mercredy 29e novembre 1730, 8 h. 1/2 du matin.

Mgr l'eveque de St Brieuc,

Mgr le duc de la Tremoille, baron de Vitré,

Monsr le senechal de Rennes.

M[r] le president de Bedée a aussi fait rapport de differentes autres requestes et memoires...

---

[1] Arch. d'Ille-et-Vil. Reg. des États de Bretagne, tenue de 1730 à St Brieuc.
[2] *Id. Ibid.*

La dernière requeste, présentée par les prieur et religieux de l'abbaye de Saint-Melaine de Rennes, qui supplioient les Etats de leur accorder la possession paisible des memoires historiques de feu dom Lobineau, telle qu'ils l'avoient avant l'arrest du 12 septembre 1727, offre qu'ils faisoient de faire continuer les ouvrages qui avoient esté interrompus, dans l'esperance qu'ils avoient d'obtenir de la bonté des Etats les secours convenables, tels que les Etats de Bourgogne et de Languedoc les fournissent presentement à ceux de leurs confrères qui font actuellement imprimer les histoires de ces provinces.

Sur la requeste des Peres Benedictins de la ville de Rennes, les Etats leur ont laissé la disposition des papiers de feu dom Lobineau, persuadés qu'ils en feront un bon usage.

Ainsy signé sur la minute : † L. Fr. *Ev. et Sgr de S*t *Brieuc.* — Ch. de la Tremoille, *baron de Vitré.* — et Michau.

CVI

Première requête de Lobineau aux États de Bretagne [1].

(Sans date, Dinan, novembre 1707.)

A Nosseigneurs des Estats.

Remonstre humblement F. Gui Alexis Lobineau, prestre, religieux Benedictin, leur historiographe, qu'aiant esté chargé, de la part de Nosdits Seigneurs, de faire imprimer l'Histoire de Bretagne qu'il auroit composée par leur ordre et d'en presenter cinq cens exemplaires à Nosdits Seigneurs, et aiant touché certaines sommes destinées par eux à cet effet, il auroit

---

[1] Arch. d'Ille-et-Vilaine, fonds des États de Bretagne. — Cette requête est antérieure au 4 novembre 1707, comme le prouve la délibération des États sous cette date, reproduite dans notre n° LXXVIII. — L'original de cette requête est tout entier de la main de D. Lobineau.

ponctuellement obeï à ce que Nosdits Seigneurs lui auroient
enjoint, fait imprimer ladite Histoire en beaux caractêres et
beau papier, enrichie de plus de quarante belles estampes, et
fait relier proprement lesdits cinq cens exemplaires, lesquels
il auroit fait rendre en cette ville de Dinan pour estre distribuez par ordre de Nosseigneurs les Presidens. Mais comme il
ne juge pas qu'il suffise pour lui de delivrer ladite Histoire à
Nosdits Seigneurs et qu'il souhaite, pour estre quitte envers
eux, qu'ils aient une connoissance exacte de la despense qu'il
a faite, tant prevuë qu'imprevuë, aussi bien que d'une espece
de distribution commencée par ordre de S. A. S. Monseigneur
le comte de Toulouse et par les avis de Monsieur l'abbé de
Caumartin, nommé par Nosdits Seigneurs pour avoir soin de
cette impression et recevoir de l'exposant les exemplaires et
l'en descharger à mesure qu'ils seroient reliez: ledit exposant
supplie tres humblement Nosdits Seigneurs de nommer deux
commissaires de chaque Ordre, auxquels il puisse rendre un
compte fidelle de toutes les despenses qu'il a faites et de la
distribution commencée par lesdits ordre et avis, afin que, sur
le rapport desdits commissaires, il plaise à Nosdits Seigneurs
ordonner ce qu'ils jugeront à propos, tant pour la descharge
du suppliant que pour la repartition qui est à faire entr'eux
des exemplaires de ladite Histoire qui sont en cette ville de
Dinan.

Ledit suppliant remonstre de plus à Nosdits Seigneurs
qu'outre les pièces par lui emploiées dans le second volume de
ladite Histoire, il lui en est resté beaucoup d'autres entre les
mains, et il en a recouvré une quantité surprenante de nouvelles à la Chambre des Comptes de Paris, qui pêuvent servir
à l'augmentation, continuation et embellissement de ladite
Histoire, lesquelles il a jugées d'une si grande consequence

qu'il a crû que son devoir l'obligeoit d'en avertir Nosdits Seigneurs par la lettre imprimée qu'il a pris la liberté de leur adresser sur ce sujet [1]. Il les supplie tres humblement d'y faire quelque attention et de statuer là dessus ce qu'ils jugeront à propos. De son costé, il apportera toujours tout le soin et toute la diligence possible pour executer leurs ordres, et faire voir qu'il n'a rien de plus cher que d'emploier à la gloire de sa patrie le peu de talens qu'un long usage lui peut avoir acquis.

F. GUI ALEXIS LOBINEAU.

CVII

SECONDE REQUÊTE DE LOBINEAU AUX ETATS DE BRETAGNE [2].

(Sans date, Dinan, novembre 1707.)

A Nosseigneurs des Estats.

Remonstre tres humblement dom Gui Alexis Lobineau, religieux Benedictin, auteur de la nouvelle Histoire de Bretagne, disant:

Qu'il a plû à Nosdits Seigneurs ordonner qu'avant qu'il fust fait droit sur une requeste precedente qu'il avoit pris la liberté de leur presenter, il seroit procedé à la distribution des 500 exemplaires de ladite Histoire qu'il devoit aux Estats; qu'il a fait cette distribution et supplie de nouveau Nosdits Seigneurs de vouloir bien nommer des commissaires pour examiner les despenses par lui faites pour l'impression de l'Histoire de Bretagne qu'il a eu l'honneur de leur presenter. Leur remonstre en mesme tems qu'il a recouvré un nombre

---

[1] Reproduite ci-dessus sous notre n° LXXV.

[2] Arch. d'Ille-et-Vilaine, fonds des États de Bretagne. Cette requête est postérieure à la délibération des Etats du 4 novembre 1707 (n° LXXVIII ci-dessus) et antérieure à celle du 18 du même mois (ci-dessus n° LXXXIX). — L'original de cette pièce est tout entier de la main de Lobineau.

considerable de pieces dont il a fait un recueil, qu'il croit si avantageux et si honorable à la province qu'il estime qu'il est de son devoir d'en avertir Nosdits Seigneurs, en leur offrant de continuer ses soins et son application pour le service de sa patrie, à laquelle il a déjà consacré ses plus belles années.

Il supplie donc tres humblement Nosdits Seigneurs de vouloir bien lui donner des commissaires pour examiner ladite despense, tant prevuë qu'imprevuë, aussi bien que les pieces par lui produites et enoncées dans la lettre qu'il a eu l'honneur d'adresser à Nosdits Seigneurs, et de statuer là dessus ce qu'ils jugeront à propos.

F. Gui Alexis Lobineau.

CVIII

Lettre sur la famille Lobineau [1].

(Sans date, fin du XVIIᵉ siècle.)

Monsieur, j'attendois à estre tranquile dans ma commission, mon cher cousin, pour vous remercier de toutes les bontés que vous avés eues pour moy...

Pour ce que vous m'escrivés au subjet de vostre famille, ma bonne femme n'a souvenance que de ce qui suit.

Son père s'appelloit Fleury Laubineau, qui espouza Jullienne Nandelec, dont eut trois enfans, toutes trois filles: la première qui est Jeanne Laubineau, ma femme, et Guillemette et Anne Laubineau, ses sœurs, mortes sans enfans, et nous qui n'en avons point.

Ladite Nandelec avoit un frere, qui estoit Mathurin Nandelec, dont issut Madᵉˡˡᵉ du Gravellier et deffunct le recteur de Sᵗ-Laurent, cousin germain de ma femme. Son père [2] et celuy

---

[1] Biblioth. Nat., Mss. Coll. des Blancs-Manteaux, vol. 6.

[2] Le père de Julienne Nandelec.

de ma femme estoient procureurs et notaires de la juridiction et comté de Largouët [1].

Fleury Lobineau, mon beau-père, avoit un frère qui s'appelloit Blaize Laubineau, qui avoit espousé une Deshayes, bonne famille de Rennes, et ils avoient une sœur qui s'appelloit Perrine Laubineau, qui espousa Bonneval Caillaud. Ce Blaize Laubineau, frère du père de ma femme, estoit segond commis de tournelle [2], à la Court.

Le grand-père de ma femme, dont sont sortis Fleury, Blaize et Perrine Laubineau, s'appeloit Jean, qui espousa une de Lourme, de bonne famille; il estoit huissier à la Table de marbre [3].

Blaize eut un fils de cette Deshayes, qui est mort senechal de Blossac et a laissé des filles. Il s'appelloit Alexandre, cousin germain de ma femme, qui avoit tous les titres de la famille des Laubineau, de quatre cents ans, qu'il me voulut faire voir comme j'estois à Rennes.

Jan Laubineau, grand-père de Jeanne, ma femme, est issu de Thomas Laubineau, qui estoit procureur en Parlement, du commencement qu'il fut establi à Rennes. Vous estes descendu de lui, et ma bonne femme aussi; elle ne se souvient pas du nom de sa femme.

Si vous voulés en avoir une entière cognoissance, nos parentes, filles d'Alexandre, demeuroient rue de la Poissonnerye et ont leurs heritages, du costé de leur mère la Deshayes, proche Blossac. Ils vous pourront mettre les papiers en main.

---

[1] Mieux, l'Argouët, vaste seigneurie du comté de Vannes, ayant pour chef-lieu le château d'Elven, près du bourg de ce nom, auj. ch.-lieu de canton de l'arrond[t] de Vannes, Morbihan.

[2] C'était la chambre criminelle du Parlement. Blaise Lobineau y devait être commis-greffier.

[3] Juridiction des eaux et forêts.

Ma bonne femme est bien en peine comment se porte sa cousine...

_____

Cette lettre, incomplète (il n'en reste qu'un feuillet), sans signature, sans date, sans adresse, doit être, d'après son écriture, de la fin du XVIIe siècle ou du commencement du XVIIIe. Les renseignements qu'elle donne permettent de dresser le bout de généalogie qui suit :

THOMAS LOBINEAU,
procureur au Parlement lors de son
institution à Rennes en 1553

JEAN LOBINEAU, huissier à la Table de marbre,
épouse *N. de Lourme.*

FLEURY LOBINEAU, notaire du comté de l'Argouët	BLAISE LOBINEAU, second commis de la Tournelle, épouse *N. Deshayes*	PERRINE LOBINEAU épouse *Bonneval Caillaud.*
JEANNE, qui épousa l'auteur de la lettre	ALEXANDRE LOBINEAU, sénéchal de Blossac	
GUILLEMETTE } mortes sans ANNE } enfants	Plusieurs filles.	

CIX

DOM LOBINEAU A M. CHOTARD [1].

(Le Mans, 12 décembre 1694).

Au Mans, ce 12 décembre 1694.

Monsieur,

Votre *Domino Chotardo* m'a fait souvenir que, dans nos extraits de Maremoutier, nous avions quelque chose de semblable. Après avoir bien fueilleté tous nos papiers, j'ai enfin trouvé ce que je cherchois : je vous en envoie une copie. Le

_____

[1] Biblioth. de Nantes, autographe de Lobineau. — C'est la plus ancienne lettre datée que nous ayons vue de D. Lobineau ; nous l'avons découverte au dernier moment. Le destinataire de cette lettre n'est pas l'abbé Chotard auquel sont adressés les n°° LXXXII, LXXXIX, XCII, XCIII et XCVII de notre Recueil ; c'est le père de cet abbé, lequel était intendant des affaires du prince de Condé à Châteaubriant.

Chotard dont il est parlé là doit vous être encore plus cher que celui que vous avez : Chotard est son nom de famille ; il est Angevin [1], à ce que je croi ; il est tres considerable en son païs. C'est le present que je vous fais en particulier. Si je savois faire des complimens, et si vous n'en aviez pas une si grande aversion, je tâcherois de vous en faire pour acompagner le présent du R. P. Abbé ; mais c'est un langage que je n'entens point et que vous ne sauriez soufrir. Je vous dirai seulement, sans compliment et sans façon, que je conserverai cherement toute ma vie le souvenir de vos bontés et des obligations que je vous ai. Je suis, Monsieur, votre très-humble et très-obéissant serviteur.

F. GUI ALEXIS LOBINEAU.

Dom Denis vous salue. Il salue aussi Madame Chotard.

Copie d'une Notice originale qui est dans le Tresor de Marmoutier dans une liace où sont plusieurs lettres et donations de seigneurs particuliers.

Notum sit omnibus quod, anno dedicationis Majoris Monasterii ab Urbano Papa factæ, statim post Pascha, cùm Domnus abbas noster tunc temporis Bernardus rediret à Nanneto civitate per Ligerim, anno scilicet ordinationis suæ XIII, venit ad portum Ancinisii : Et egressus navem ivit visitatum quemdam familiarem nostrum qui in ipso castro ægrotabat : unde cum reverteretur ad navem suam, Gaufredus quidam familiaris noster, cognomento Chotardus, unus procerum illius oppidi, post parum iturus in Jerusalem cum exercitu Christianorum super paganos euntium, venit cum eo ad navim usque suam, in qua, convocatis fratribus suis Grimaldo et Girulfo, dedit una cum eis beato Martino omnem consuetudinem rerum nostrarum cujuscumque generis per aquam Ligeris transeuntium, Gauscelino de Peliciaco Senescalco audiente, etc. (*Ecriture du 12ᵉ siècle.*)

---

[1] On ne voit pas pourquoi Lobineau le croit Angevin ; la notice originale le mentionne comme l'un des principaux habitants d'Ancenis, ce qui implique, au contraire, qu'il était Breton.

APPENDICE

I

LES PAPIERS HISTORIQUES DE LOBINEAU

ET LE PRÉSIDENT DE BÉDÉE

———

Dans leur séance du 29 octobre 1728, les États de Bretagne
avaient statué qu'il serait fait inventaire des papiers historiques de Lobineau, alors déposés à Saint-Melaine de
Rennes, en présence de trois des députés de chaque ordre
nommés pour la Commission des grands chemins de l'évêché
de Rennes [1], que l'on appelait dès lors parfois Commission
intermédiaire, parcequ'elle fonctionnait dans l'intervalle des
tenues d'États.

C'était dire évidemment que les scellés, mis sur ces papiers
à la mort de Lobineau, ne seraient levés qu'en présence de ces
commissaires.

La délibération des États ayant été approuvée seulement le
17 juillet 1729 par le contrôleur-général Le Pelletier des
Forts, les commissaires ne purent procéder à leur mission que
dans le cours du mois suivant [2].

Cependant, plus de huit mois auparavant, la volonté des
États avait été méconnue, violée par un de leurs principaux officiers, tenu plus que personne à l'observer et la
faire respecter de tous. Charles de Boterel, sieur de Bédée,
président honoraire aux Enquêtes du Parlement de Rennes,
et l'un des deux procureurs-généraux syndics des États de

[1] *Corresp. hist. des Bénédictins bret.,* n° cii, p. 223.
[2] *Ibid.,* n°˙ cii bis et ciii, p. 224 et suiv.

Bretagne, s'était rendu le 25 novembre 1728 à l'abbaye de Saint-Melaine ; là, sans l'assistance des commissaires désignés dans la délibération du 29 octobre précédent, il avait fait lever les scellés de justice apposés sur les papiers de D. Lobineau, sous prétexte de les remplacer par le sceau des États ; ce sceau n'avait été mis que sur une malle ; M. de Bédée s'était saisi de la clef d'un autre coffre et l'avait livrée ensuite, non au greffier des États, mais à un religieux de Saint-Melaine, dom Hyacinthe Morice. Ce religieux et le président de Bédée, ensemble ou séparément, ne se gênèrent pas pour fouiller, fourrager sans nulle réserve dans la succession historique de Lobineau ; quelques mois plus tard (11 mai 1729), les commissaires désignés par les États en ayant été prévenus, constatèrent que les papiers étaient épars, en désordre, dans une chambre du monastère, sans aucune trace de scellé. On n'avait pas respecté le sceau des États.

Tout cela, en soi, était déjà grave ; ce qui rendait l'affaire plus grave encore et plus louche, c'est que Bédée était l'intime des Rohan-Rohan, et que le religieux auquel il avait livré subrepticement le trésor historique de Lobineau, venait d'être officiellement choisi pour historiographe en titre de cette fastueuse maison.

Aussi, quand les États s'assemblèrent à Saint-Brieuc, le 6 novembre 1730, l'orage tomba sur M. de Bédée. La Commission intermédiaire l'accusa hautement d'avoir violé la décision des États. L'un des commissaires, chanoine de Rennes, ancien ami de Lobineau, l'abbé de Trémigon, chargé de soutenir cette accusation, s'attacha à lui avec une sorte de fureur, le harcelant, le poursuivant partout de ses véhéments réquisitoires, le lardant de ses sarcasmes, et il ne le lâcha enfin qu'après lui avoir fait infliger, en pleins États, un blâme solennel, par le rapport officiel d'une Commission spéciale.

Dans sa notice sur les *Procureurs-généraux syndics des*

États de Bretagne, imprimé fort rare [1], l'abbé de Pontbriand, historiographe des États, mentionne cette affaire :

Je ne dois point dissimuler (dit-il) que les deux syndics furent attaqués dans le rapport fait en 1730 par la Commission intermédiaire [2]. Elle avoit fait mettre le scellé sur les papiers dont les Bénédictins de Rennes s'étoient emparés à la mort de dom Lobineau, historiographe de Bretagne et pensionnaire des États ; elle accusoit l'un des syndics (M. de Bédée) d'avoir rompu ce scellé sans sa participation, pour en tirer plusieurs pièces et nommément l'ébauche d'un *Traité des Baronnies* [3], très propre, comme on l'a vu depuis, à faire naître des prétentions. La Commission intermédiaire insistoit encore sur quelques lettres particulières écrites par les deux syndics à leur substitut, et qui sembloient prouver que, étroitement liés avec la sénéchale de Rennes, ils désiroient trop foiblement la réussite de l'affaire des États contre leurs anciens trésoriers [4]. Les députés (ou commissaires, chargés d'inventorier ces lettres) connurent de quelques autres reproches personnellement faits au président de Bédée, et que l'abbé de Trémigon, chanoine de Rennes, parlant pour la Commission intermédiaire, ne cessoit d'aggraver par des écrits et par des harangues. Le président de Bédée ayant répliqué, les États, conformément à l'avis de leurs députés, ordonnèrent que les mémoires seroient rendus aux parties, et qu'il ne seroit plus question d'un démêlé qui n'avoit fait que trop d'éclat [5].

Il fallait bien que cette affaire finît. Mais avant d'imposer ainsi la paix, les États avaient entendu et approuvé (2 décembre 1730) le rapport de leurs commissaires, dont voici le premier article, le seul qui intéresse notre sujet.

Rapport de la Commission des mémoires de M. l'abbé de Trémigon et des réponses de M. le président de Bédée.

ARTICLE 1er. Concernant le lief du scellé et inventaire des papiers de dom Alexis Lobineau, — il a été trouvé par la Commission que M. le président de Bedée requit seul le lief du scellé, le 25 novembre 1728,

---

[1] Rennes, Joseph Vatar, imprimeur des États, 1754, in-folio de 45 pages chiffrées ; voir p. 41 et 42.

[2] Voir Registre des États, 11 et 17 novembre 1730. — L'autre procureur-général syndic était Renê de Coëtlogon, comte de Loyat ; il était alors à Paris et ne prit aucune part à l'affaire des papiers de Lobineau.

[3] Ouvrage inédit de D. Lobineau, dont une copie manuscrite existe à la bibliothèque de Rennes.

[4] Registre des États, 18 et 24 novembre 1730.

[5] *Ibid.,* 2 décembre 1730.

avant que les commissaires nommés par la délibération du 29 octobre 1728 eussent été approuvés par la cour; que l'on travailla au lief dudit scellé le 25 novembre 1728, suivant procès-verbal dudit jour, en présence de MM. l'abbé de Beaulieu (Boterel de la Bretonnière), l'abbé de Guersans et Rallier, maire de Rennes, suivant lequel (procès-verbal) il est rapporté que le sceau des États fut apposé sur une malle, et que l'on donna la clef d'un coffre, sur lequel il n'y eut point de scellé, au sieur Guillard, commis des États. Il a paru ensuite, par l'aveu même de M. de Bedée, qu'il a repris la clef des mains dudit Guillard, qu'il dit avoir remise à D. Morice. religieux Bénédictin. Il paroît ensuite, par une délibération de MM. les commissaires des États à Rennes, du 11 mai 1729, signée de cinq députés et d'un substitut, qu'en écrivant à M. le comte de Coëtlogon, pour le prier de les faire approuver (par le roi) pour procéder audit inventaire, ils se plaignent que les papiers étoient épars dans une chambre.

Il paroît aussi, par l'inventaire des susdits papiers, commencé le 13 août 1729 aux fins d'ordre du roi du 17 juillet précédent, que les susdits papiers furent simplement représentés par les Pères Bénédictins sans faire aucune mention de scellé: ce qui paroissant relatif à la délibération susdite des commissaires de Rennes, *la Commission a été d'avis que M. le président de Bedée seroit exhorté d'avoir à l'avenir plus d'exactitude et de circonspection* [1].

Vis-à-vis d'un personnage, dignitaire important des États, chargé officiellement de diriger leurs délibérations, impossible d'imaginer un blâme plus formel. L'auteur de ce rapport était pourtant un esprit fort modéré, des plus politiques, des plus insinuants de toute l'assemblée, La Vergne de Tressan, évêque de Nantes. De sa rare et insinuante habileté il donna, là même, un bel exemple. Il réconcilia, du moins en apparence, Bédée et Trémigon. Le fougueux abbé, enchanté de la belle volée de bois vert reçue par le président, reconnut de bonne grâce avoir été un peu vif; le battu se contenta de cette légère excuse. Tous deux dînèrent ensemble le lendemain (lundi 4 décembre 1730) chez l'évêque de Nantes, — qui, disent les mémoires du temps, se fit beaucoup d'honneur dans cette affaire.

[1] *Annuaire des Côtes-du-Nord*, année 1858, p. 26-28; cité dans un article de M. Hipp. du Cleuziou sur les relations des États de Bretagne avec les historiens de la province.

II

DOM MORICE

GÉNÉALOGISTE EN TITRE DE LA MAISON DE ROHAN

Les quatre lettres qu'on va lire — curieuses par elles-mêmes — montrent la position dépendante acceptée par dom Morice près de la maison de Rohan, au moment même où il assistait M. de Bédée dans ses courses suspectes à travers les papiers de Lobineau (ci-dessus, p. 250).

1

Dom Liron à M. Le Clerc [1].

Monsieur, j'ai receu votre dernière lettre, belle, longue, savante, agréable, et telle que je l'attendois, dont je vous remercie tres particulièrement....

Voici un nouvel historien qui va commencer à naistre, à l'occasion duquel je vous apprendray un fait qui me regarde. Lorsque l'*Apologie pour les Armoricains* [2] fut publique, quelques esprits jaloux, qui voyoient avec

---

[1] Bibliothèque Nationale, Mss. *Correspondance littéraire du président Bouhier,* n° 5. — Dom Liron, bénédictin, né à Chartres en 1665, mort en 1748. Nous ne citons de cette longue lettre que le passage qui concerne D. Morice et l'histoire généalogique de la maison de Rohan.

[2] Dissertation sur les origines du christianisme en Armorique, publiée par D. Liron en 1708, et dirigée contre les opinions que ce moine prêtait en cette matière à D. Lobineau.

chagrin que l'auteur estoit fort considéré par les supérieurs, se servirent de cette occasion pour le perdre, c'est à dire pour le faire sortir de Paris, et gagnèrent l'esprit du General [1], dont le grand âge affoiblissoit l'esprit. Ils y réussirent. Cela fut sceu au dehors. M. le prince de Soubise, evesque de Strasbourg, aujourd'huy cardinal de Rohan [2], qui fit estime de cette *Apologie* et qui apprit ce qui se passoit, envoya son aumônier au libraire pour luy dire d'aller trouver l'auteur et de luy proposer que, s'il vouloit donner parole de travailler à l'histoire généalogique de la maison de Rohan, on le feroit rester par ordre du Roy [3]. L'auteur ne balança pas sur le parti qu'il devoit prendre. Il jugeoit qu'il ne luy convenoit pas de vivre *cum malevolis et invidis,* et qu'il se perdroit de reputation en soutenant les fables du roy Grallon, qui n'a jamais esté au monde [4]. Ainsi il répondit que la conjoncture des temps ne luy permettoit pas de s'engager, et que les superieurs feroient ce qu'ils jugeroient à propos, etc.

A la fin de l'année dernière, on s'est adressé au General de Saint-Maur pour luy demander un religieux afin de composer cette histoire. On a jetté les yeux sur un jeune homme qui demeure à Rennes [5], nommé Hyacinthe Morice, qui s'en est chargé. Il a fait ici [6] son cours de théologie. Il a de la piété, mais il ne sçait pas trop le metier auquel il s'est prêté....

Voilà des nouveautés littéraires qui vous seront nouvelles, et je croy que vous en serez content.

Je suis toujours avec bien du respect, Monsieur, votre tres humble et tres obeissant serviteur

F. JEAN LIRON *M. B.*

Au Mans, le 26 de fevrier 1729.

2

Le cardinal de Rohan à dom Morice [7].

A Paris, ce 24 avril 1729.

Si j'ay différé de répondre à votre lettre, mon Reverend Père, ce n'est

---

[1] Le Général de la Congrégation de Saint-Maur.

[2] Armand-Gaston de Rohan-Soubise, auteur des trois lettres qui suivent celle-ci.

[3] La cause de cette sympathie si vive du cardinal de Soubise pour D. Liron, c'est l'attaque de celui-ci contre Lobineau.

[4] D. Liron confond Grallon avec Conan Mériadec; les Rohan tenaient fort à celui-ci et nullement à celui-là, dont l'existence est d'ailleurs incontestable.

[5] A l'abbaye de Saint-Melaine, où D. Morice avait fait sa profession en 1713, à l'âge de vingt ans (né à Quimperlé en 1693, mort en 1750).

[6] A l'abbaye de Saint-Vincent du Mans.

[7] Bibliothèque Nationale. Ms. fr. n° 22,313, f. 158.

pas que je ne sois plein de reconnoissance des manieres obligeantes avec lesquelles vous vous prêtez à mes desirs et à ceux du Père General; mais accablé d'affaires, je n'ay pu prendre connoissance de votre projet aussy promptement que je l'aurois voulu. Il me paroît très judicieux; il y a, ce semble, plus que de la vraysemblance à faire descendre les comtes de Porrohet des comtes de Rennes. L'authorité du Père Dupas est très grande en ces matières. Il avoit examiné toutes les archives de Bretagne; il étoit reconnu pour un homme de grand sens, et d'ailleurs rien ne peut le rendre suspect. Les memoires manuscrits du marquis du Bois de la Motte disent la même chose, tant apparemment sur le temoignage du Père Dupas que sur ses propres recherches.

Il seroit cependant à souhaiter qu'on aprofondît encore davantage un fait qui, à proprement parler, est le nœud de tout le travail que vous voulez bien entreprendre. Quelques historiens et Mezeray entre autres, ont pretendu que *Poher, Pohr* et *Porhoët* étoient une même chose. Si cela étoit vray, il se trouve des titres des comtes de Poher qui seroient très favorables, mais c'est ce qu'il faudroit demesler. Il est important aussi de concilier l'origine des comtes de Porhoët avec la charte d'Alain Fergent, dont voicy les termes : *Vicecomes de Rohano, qui descendit de linea Conani Britonum regis.* Tout ce que vous nous prometez sur l'ancien Porhoet et sur la Domnonie (*sic*) fait esperer de grandes lumières par rapport à l'histoire de ce temps-là et n'a point encore été developpé jusqu'icy.

Voilà les reflexions que je puis faire quant à present, mon Reverend Père, sur votre projet. Le point principal, comme je l'ay déjà dit, est de prouver que Guethenoc, comte de Porhoët, descendoit des anciens souverains de Bretagne. Quand ce fait sera éclaircy, le reste sera facile, et nous vous communiquerons alors toutes les connoissances que nous avons des distinctions dont la maison de Rohan a jouy, telles par exemple que sa Chambre des comptes, les us et coustumes du pays de Porhoët et de Rohan etc... Il y a dans vos tables genealogiques quelques fautes legères sur ce qui regarde les frères de M. de Rohan et sur la branche de Guemené.

Au reste votre projet me paroist bien pris, bien suivy, et d'une telle étendüe qu'il ne laisse rien à désirer. Je vous prie, mon Reverend Père, d'executer ce projet, de me donner de vos nouvelles et du progrès de votre travail, et d'être bien sûr de ma reconnoissance. Comptez que vous avez affaire à gens qui aiment par dessus tout la vérité et qui ne vous demanderont pas même de donner pour vray ce qui ne seroit que vray-semblable [1], quelque fondée que fût d'ailleurs cette vraysemblable (*sic*).

---

[1] Pour connaître la valeur de cette assurance, voir dans la lettre suivante ce qui regarde la charte d'Alain Fergent.

Si vous avez besoin de secours, comme cela doit être, parlez avec confiance, et vous serez servy; et je compte que nous vous verrons quand vous aurez plus avancé dans vos recherches.

Je vous honore infiniment, mon Reverend Père.

LE CARDINAL DE ROHAN.

3

Le cardinal de Rohan à dom Morice [1].

A Saverne, le 6 juillet 1729.

Je suis bien aise, mon Reverend Père, d'apprendre par vous-même le parfait rétablissement de votre santé, et très touché de vous voir toujours le même zèle et la même vivacité pour l'execution du projet que vous avez entrepris.

On connoît sans peine, par vos reflexions sur les difficultés que je vous avois proposé, que l'étude que vous avez faite de l'histoire de Bretagne est très profonde et très exacte, et j'espère infiniment de votre travail. Je crois cependant qu'il seroit à propos de ne point encore donner de forme à votre ouvrage ny d'embrasser aucun système particulier, que vous n'eussiez les materiaux que nous vous preparons. Il me vient incessamment des copies de tout ce que l'on a pu trouver dans les archives du Château de Nantes concernant la maison de Rohan. J'aprens qu'il s'y est trouvé des actes très favorables à ses prétentions, et dont il est necessaire que vous ayez connoissance. Je ne doute pas qu'une grande partie des archives de notre maison, qui est entre les mains de M. le duc de Rohan, ne nous fournisse encore beaucoup de pièces aussy curieuses qu'intéressantes. Je prendray des mesures pour que vous puissiez en avoir communication et en tirer ce qui sera de quelqu'utilité à votre dessein.

Au surplus je ne puis m'empêcher de vous observer que, quelque grandes que soient les difficultés qui vous ont arresté dans l'examen que vous avez fait de la charte d'Allain Fergent et qui vous la font regarder comme suspecte, il est cependant de la dernière conséquence de ne pas abandonner cette pièce. Pût-elle estre demonstrée fausse, ce que je n'admets pas, ce n'est point à nous à le dire et encore moins à le prouver; il nous convient au contraire de la deffendre autant qu'elle peut l'estre, et cela n'est pas, à ce que je crois, bien difficile. Un titre comme celuy-là, qui a esté attaqué assez souvent, mais toujours sans succès, qui fait loy

[1] Bibl. Nat. Ms. fr. n° 20,941, f. 155.

en Bretagne, qui y est conservé dans la Chambre des comptes de Nantes, dont on se sert pour decider les contestations qui naissent sur les matières qu'il traitte; un titre de cette nature porte un caractère de vérité qui ne peut estre detruit que par l'évidence de la demonstration [1]. Ce même titre existoit, tel qu'on le voit encore aujourd'hui, cent ans avant l'entreprise de ceux qui, disoit-on, étoient entrez de force dans les archives pour l'y déposer. L'arrest du Conseil du premier avril 1692 l'a jugé ainsi.

Je compte d'être à Paris le 20 du mois prochain; je vous y donneray de mes nouvelles, et je seray plus en état de concerter avec vous la façon dont votre ouvrage doit estre entamé et suivi.

Soyez, je vous prie, bien persuadé, mon Reverend Père, des sentiments d'estime et de consideration avec lesquels je vous honore très parfaitement.

Le Cardinal de Rohan.

(L'adresse porte : *De Saverne. — Bretagne. Au Reverend Le Reverend Père Morice, Religieux Benedictin. A Saint Melaine.* Cardinal de Rohan.)

4

Le cardinal de Rohan à dom Morice [2].

A Versailles, le 23 de 1730.

J'ay communiqué à M. le prince de Rohan, mon Reverend Père, la lettre que vous m'avez écrite en dernier lieu. Nous sommes l'un et l'autre très touchez et très reconnoissans du zele que vous nous temoignez pour tout ce qui nous regarde. Afin de le mettre à profit tout le plustost qu'il sera possible, nous sommes convenus que je vous prierois de vous rendre à Paris sans perdre de temps. Là, nous nous communiquerons nos idées sur le travail en question; nous fixerons un plan qu'il vous sera plus aisé de suivre que vous ne le pourriez faire dans l'éloignement où vous estes. Nous avons entre les mains quantité d'excellents matériaux ; nous vous en ferons fournir de la Bibliothèque du Roy et de toutes les bibliothèques de Paris où il se trouvera quelque chose qui soit propre à notre dessein. Vous apporterez avec vous ce que vous avez de memoires et de titres sur la matière. Ayez la bonté de me faire savoir par quelle voye

---

·1 Tout le monde sait que cette pièce est archifausse.
2 Bibl. Nat. Ms. fr. n° 22,313, f. 160.

vous souhaitez qu'on vous fasse tenir l'argent dont vous aurez besoin pour votre voyage. Je me charge de vous faire avoir votre obedience du Reverend Père General, qui est déjà instruit des vues que nous avons.

Je suis à vous, mon Reverend Père, avec toute l'estime et toute la consideration possible.

LE CARDINAL DE ROHAN.

III

LETTRES DE DOM AUDREN ET DE DOM BRIANT

RELATIVES AU

RECUEIL DES HISTORIENS DE FRANCE

Tout le monde connaît cet admirable monument de l'érudition française, poussé aujourd'hui jusqu'au XXIIe volume in-folio : le *Recueil des historiens des Gaules et de la France*. Ce qu'on sait moins, c'est que le plan, le premier projet, la première idée de ce grand *Recueil* appartient à deux Bretons, à deux des principaux « Ouvriers de l'Histoire de Bretagne », dom Audren et dom Briant. L'initiative vint du premier ; M. Léopold Delisle, dans sa belle histoire du *Cabinet des Manuscrits de la Bibliothèque nationale,* l'a prouvé [1]. Mais dom Audren voulut prendre dès l'origine (1711) les conseils de dom Briant, dont il avait éprouvé la science et l'esprit critique dans les travaux de l'Histoire de Bretagne. C'est ce que prouvent les deux premières lettres publiées ci-dessous (1711 et 1712), qui sont de dom Briant.

Les six autres sont de dom Audren. La troisième (1712) est adressée au *Padre della Strada,* probablement dom Charles de la Rue, nommé aussi dans la quatrième (ci-dessous, p. 266) et mentionné dans l'*Histoire littéraire de la Congrégation de Saint-Maur,* p. 171. Les cinq dernières, écrites à dom Bernard de Montfaucon, l'illustre auteur des

---

[1] Voir t. II, p. 63, 64.

Monuments de la Monarchie française, ont un grand intérêt. Les nᵒˢ 4 et 5 (1717) font connaître la part considérable prise par Montfaucon à la préparation du *Recueil des historiens de France,* sur l'initiative et avec le concours de dom Audren. Les trois autres montrent la vive amitié qui unissait ces deux savants hommes... et le goût de Montfaucon pour les pruneaux de Tours.

1.

DOM DENYS BRIANT A DOM MAUR AUDREN [1].

(Le Mans, 24 décembre 1711).

Benedicite.

Mon Reverend Pere, je suis tres obligé à V. R. de l'honneur qu'elle me fait de me communiquer ses projets; mais je ne doy pas penser que mes reflexions lui doivent être d'aucun usage. C'est à Paris et à Saint-Germain même que se trouvent les arbitres des sciences et la plénitude de l'érudition. Cependant c'est à moy de vous obéir.

Rien n'est plus nécessaire qu'une *Géographie ancienne des Gaules* qui soit mieux entendue et plus complete que ce que nous en avons, et je ne voy de meilleur plan à prendre que celuy que vous marquez.

On pourroit donner dabord les autheurs originaux :

1ᵒ La description des Gaules qui est au commencement de Jules César.

2ᵒ Strabon, sçavoir : la description generale des Gaules au livre 2, et la particulière au livre 4. Je voudrois adjouter aux notes de Xilander et de Causaubon, qui corrigent le texte, d'autres notes courtes qui marqueroient les erreurs de l'autheur et renvoyeroient au supplément de la Notice.

3ᵒ De l'Itineraire d'Antonin et des Tables de Putinger ce qui convient, avec les explications choisies, telles qu'on les peut donner, et marquant les mots inconnus qui n'entreroient point au supplément de la Notice.

4ᵒ Pline, livre 4, ch. 17. 18. 19, avec quelques notes literales pour rectifier le texte par comparaison aux autres autheurs.

5ᵒ Pomponius Mela, liv. 3, pareillement avec les notes literales choisies de Vossius, Gronovius, Vadianus, etc.

6ᵒ Ptolémée, livre 2, chapitre 7. 8. 9. 10; et comme il est rempli d'une

[1] Bibliothèque nationale, Ms. fr., nᵒ 25537 (anciennement, Blancs-Manteaux, vol. 77 A), f. 98.

infinité de positions contraires à la verité et peu exactes, il les faudroit marquer par des notes courtes qui renvoyeroient au supplément de la Notice pour ne pas dire une chose plusieurs fois. Il y faut joindre les tables d'Agathus Dæmon, au desir de l'autheur, sans correction, pour mettre son plan devant les yeux du lecteur.

7° Les Notices des Gaules sous l'Empire Romain, et s'il y a quelque autre morceau des anciens à adjouter. Je ne say si ceux de l'Anonyme de Ravenne mériteroient d'y avoir place.

Le Géographe de Nubie, qui écrivoit il y a environ 500 ans.

Je voudrois ensuite donner une carte des Gaules selon la division de J. Cæsar, où tous les peuples dont il fait mention seroient placez conformément aux corrections qui se feront; et une 2e carte des Gaules sous l'Empire Romain depuis la division d'Auguste, où tous les peuples et les villes qui se trouvent dans les autheurs cy-dessus auroient leur veritable situation, selon les plus probables conjectures.

Depuis que les François se furent rendus maîtres des Gaules, les distinctions de peuples ne se remarquerent presque plus que par le terrain des Eveschez, chaque peuple aiant eu son Evêque ou etant demeuré uni à l'Evesché dont il avoit reçu la foy. C'est pourquoy on pourroit donner une carte qui representeroit la France depuis le vie jusqu'au ixe siècle par les anciens Eveschez, sans marquer les nouveaux. On y en pourroit adjouter une autre qui contiendroit l'empire de Charlemagne, pour servir à l'histoire de son temps. (Celle de Bertius serviroit.)

Enfin, dans le dixième siècle tout le royaume de France aiant été demembré en comtez, il en faudroit donner un état et une carte comme ces comtez étoient dans leur origine, et on en adjouteroit une moderne par les provinces et les gouvernements, et de particulières, si on vouloit, avec un état des présidiaux, barres royales de chaque province, etc.

Pour venir au supplément de la Notice des Gaules, qui est le principal ouvrage, après avoir donné celle de M. de Valois comme elle est, je voudrois mettre en un corps séparé 1° les additions et corrections sur chaque article avec les renvoys; 2° tous les peuples et toutes les villes de France marquées dans les anciens, et rapporter ce qu'on en trouve dans Cæsar et les autres historiens avec des citations exactes, et établir leur situation, sans oublier les vestiges qui en peuvent rester et jusqu'à quel temps il en est fait mention, et enfin adjouter celles qui subsistent aujourd'huy, et en quel temps, par qui, comment elles ont commencé, autant que cela se peut. Il ne s'en faudroit pas rapporter à Baudran, dont les conjectures ne sont pas toujours également heureuses, et il ne faudroit oublier aucun des livres marquez dans les historiens au dessus du 13e siècle.

Je serois assez au fait à l'égard de la Bretagne et du Maine, et je pourrois donner sur ces deux provinces des conjectures et, comme je croy, des découvertes qui ne seroient peut-être pas trouvées tout à fait meprisables, si elles venoient d'un autre que de moy.

Quant aux discutions particulières qu'on a faites sur certains lieux, j'en connois peu qui méritent d'être réimprimées tout de leur long. C'est pourquoy ce seroit assez, à mon avis, de profiter de ce qu'il peut y avoir de bon en les citant où besoin est, et l'établir à sa place dans le supplément de la Notice. Je fais le même jugement de presque toutes les notes, explications et commentaires des nouveaux autheurs.

Voilà, mon Reverend Pere, ce qui m'est venu à l'esprit touchant votre projet de la *Géographie de la France*. Le plan des *Historiens françois* sera plus étendu et merite un plus long examen, aussi bien que les autres recherches dont vous me faites l'honneur de me parler. Je vous envoyerai à vos étrennes mes petites reflexions là dessus. Je souhaite que Votre Reverence ait assez de santé et de vie pour en procurer l'entière execution. La chose est digne de vous, mais elle demande bien du travail et bien du temps. Je vous souhaite par advance une année heureuse, et je prie Dieu de tout mon cœur de la vous acorder. Je suis toujours, avec toute la soumission et la reconnaissance possible, mon Reverend Père, votre très humble serviteur et très obeissant religieux,

F. DENIS BRIANT *M. B.*

A Saint-Vincent, le 24 decembre 1711.

Après Charlemagne il faudroit donner les cartes du partage des enfants de Louis le Débonnaire avec les subdivisions, comme par exemple du royaume d'Arles; enfin, le royaume tel qu'il a été occupé par Hugues Capet, avec les grands fiefs, duchés, pairies.

2.

LE MÊME AU MÊME [1].

(Le Mans, 24 janvier 1712).

Benedicite.

Mon Reverend Père, je vous envoie une copie de ma troisième lettre sur la critique de M. de Vertot et des observations qui la précedoient. J'ay remarqué une faute dans ma deuxième lettre, où je pense avoir écrit : « Mathilde, *sœur* de Henry Ier, » au lieu de *fille*. Il faudroit aussi,

---

[1] Biblioth. Nat., Ms. fr., n° 25537, f. 102.

dans la *Géographie Gauloise*, deux cartes des Gaules sous les Romains, l'une suivant la division d'Auguste, l'autre suivant celle qui se fist depuis, comme Samson l'a donnée.

Pour le plan des *Historiens des Gaules* ou *de France*, V. R. a fort bien remarqué que des extraits de tous les historiens romains qui parlent des Gaules nous meneroient bien loin. Le premier seroit Jules César, qui est assez imprimé. Toutes les expeditions des Empereurs dans les Gaules contre les courses et les entreprises des Germains regardent plus directement l'histoire Romaine que celle des Gaules, où ils n'ont pas fait de changement. Cependant il s'y trouve bien des faits qui illustrent l'histoire des Gaules, comme les lieux que les Empereurs ont honoré de leur résidence, où ils se sont elevez ou fortifiez contre leurs compétiteurs, où se sont données des batailles considerables, etc. Ce qu'il y a de plus considerable, ce sont les colonies des anciens Gaulois et celles que les Romains ont envoyé dans les Gaules, quelques révoltes des Gaules, les ravages d'Attila et enfin l'entrée des Goths, des Bourguignons, des Francs, etc., qui ont eu plus de suite. Mais, à vrai dire, toutes ces pièces, tirées de differents autheurs, seroient fort decousues, et il ne seroit pas aisé de bien faire ces extraits sans être trop long, ou sans laisser quelque chose à désirer. C'est pourquoy je ne sçay si on n'aimeroit point mieux une histoire précise des Gaules où l'on feroit entrer tous ces originaux en propres termes, et ainsi on leur donneroit un ordre à faire plaisir. Le P. Lacarry y pourroit être d'un grand secours.

V. R. ne me dit point si elle auroit dessein de toucher l'histoire des Francs avant leur établissement dans les Gaules. Il y a un monsieur à Paris, ami d'un de mes amis, qui a ramassé un grand nombre de leurs roys avant ce temps là, tiré des meilleurs autheurs, qu'il cite avec de savantes notes. Il y a aussi un morceau au commencement du Gregoire de Tours du P. Ruinart, qui a son mérite; il est de M. Bluteau, quoyque son nom n'y soit pas.

Pour les historiens François, ceux de Duchesne, auxquels on adjouteroit ce qui se trouve dans la *Bibliotheque* du P. Labbe, le *Spicilege*, les *Analectes*, les *Miscellanées*, des preuves choisies des histoires particulières, etc. Tout cela demanderoit une révision exacte, et toutes les pièces n'étant pas également bonnes et exemptes d'erreur, il faudroit de brèves notes qui renvoyeroient aux autres autheurs par lesquels on les doit corriger. Par exemple, les Annales de Metz se doivent redresser par celles de Saint-Bertin, etc.

Il faudroit adjouter les chartes qu'on a de nos roys, j'entends celles qui portent coup pour l'histoire. Par exemple, celle de la fondation de l'abbaye de Saint-Calais, à qui on n'a pas fait assez d'honneur, montre que le Maine a toujours été du partage de Childebert, contre plusieurs de nos historiens françois.

Pour les légendes, c'est communément une si mauvaise marchandise, qu'il en faudroit faire un bon choix et n'en prendre que ce qui convient, avec des notes courtes qui en montreroient la valeur.

Les historiens Normans donneront de la peine. On ne les peut omettre, parceque tout le monde les a suivi et qu'il y a un grand nombre de bonnes choses dans Guillaume de Jumiége, Orderic, etc., qui ne se trouvent point ailleurs. Et on est obligé de donner jusqu'à Dudon même, qui n'est qu'une mauvaise fable, afin qu'on en puisse juger, mais on le doit qualifier en notant ses principales extravagances, et marquer en peu de mots et en general au moins ce qui merite correction dans les autres.

Pour les historiens Anglois, il seroit difficile d'en extraire ce qui regarde l'histoire de France directement ou indirectement, sans les donner presque en entier. Aussi je ne sçay s'il ne seroit point aussi à propos de les omettre, ou plutôt de les réimprimer parcequ'ils deviennent rares, et qu'on aime à voir tout à diverses fins.

Le Gregoire de Tours du P. Ruinart est bon. On pourroit omettre les notes et les Varietés, moins necessaires.

Pour les lettres historiques que Du Chesne fait entrer dans sa compilation, on y en pourroit adjouter un grand nombre d'autres, si on ne craignoit pas de ne jamais finir : Sigebert et son supplément, Aimoin, ce qui regarde la France ou l'Empire de Charlemagne dans Rhegino et les historiens allemans, etc. Suivent Villehardouin et Joinville dans leur propre langage, le Moine de Saint-Denis dans le sien propre, qu'on ne nous a donné qu'à la françoise, et enfin combien d'anciens morceaux d'histoire et de vieilles pièces, à ne finir jamais ! On ne sauroit entrer dans le détail de tout ce que je viens de marquer qu'on y pourroit adjouter que par l'exécution, qui n'est pas si aisée que d'en former le plan général.

On pourroit charger de l'ancienne Gaule quelqu'un qui a étudié l'histoire Romaine et qui a du goût pour ces antiquitez. Quelqu'autre pourroit travailler sur ce qui regarde les temps depuis le commencement de la Monarchie jusqu'à la dernière race de nos roys, etc. Encore faudroit-il donner une chronologie exacte et soutenue de preuves. Tout cela va bien loin.

Voilà en peu de mots ce qui m'est venu dans l'esprit, et que je ne croy pas fort nécessaire à V. R. Je marqueray dans une autre lettre ce que je pense du premier plan que vous m'avez fait l'honneur de me proposer, parce que le Pere Doyen me presse de finir.

V. R. me fera un vray plaisir de me vouloir envoyer cette lettre de

M. de la Thuillerye. Je vous en diray mon sentiment, et peut-être y repondrois-je, si elle le merite et que vous le jugiez à propos.

Je supplie très humblement V. R. de m'honorer toujours de sa protection et, j'ose dire, de votre affection, que je tascheray toujours de meriter par une véritable reconnoissance et en cherchant toutes les occasions de vous donner toutes les marques possibles que je suis, avec un respect sincère, mon Reverend Pere, votre tres humble et tres obeissant serviteur et religieux

FR. DENIS BRIANT *M. B.*

A Saint-Vincent, le 24 janvier 1712.

3.

DOM AUDREN A DOM LA RUE [1].

(12 décembre 1712).

P. C [2].

Mon Révérend Pere, je vous ay mandé par le dernier ordinaire que je m'étois donné l'honneur d'écrire à Mr Baluze par le même courier, en conformité de la formule que vous m'aviés envoïée. Vous verrés dans la suite quel effet cela pourra produire. Si dom Bernard [3] n'entre point dans l'exécution du dessein en question [4], je n'en seray pas non plus. Ce qui est de sûr, c'est que je ne mettray jamais mes memoires entre les mains du sieur Neomet [5], ni autre de la même farine. Je m'étonne que M^r l'abbé Renaudot se soit donnée tant de mouvement pour faire tomber la direction de ce travail sur le s^r Neomet, qui en est entièrement incapable, de quelque costé que vous preniés cet homme. Si j'étois assés fou ou assez malin pour faire décrier l'entreprise dans son origine, je ne pourrois prendre d'autre parti que de lui confier ce travail. Mais enfin il arrivera ce qu'il plaira à la Providence, et quoy qu'il en arrive, je serai toujours invariablement bon ami et bon serviteur de dom Bernard de Montfaucon, de dom Martin Bouquet et du *Padre della Strada.* Mes com-

---

[1] Biblioth. Nat., Ms. fr., n° 17701 (anciennement *Correspondance de Montfaucon,* t. I), f. 184.

[2] *Pax Christi.*

[3] Dom Montfaucon.

[4] Le *Recueil des historiens de France.*

[5] Ou peut-être *Nermet.*

pliments à nos autres amis de Saint-Germain et de Saint-Denys dans l'occasion [1].

Le 12 décembre 1712.

Pour le *Padre della Strada.*

4.

DOM AUDREN A DOM MONTFAUCON [2].

(Le Mans, 23 juin 1717).

Pax Christi.

Mon Reverend Pere, monsieur le supérieur de la Mission du Mans va à Paris pour l'assemblée de sa congrégation et me prie de lui procurer la connoissance de V. R. Je le fais avec plaisir ; c'est un homme de merite que je connois depuis longues années, et il a souscrit pour votre ouvrage des *Antiquités.* Je vous prie de lui faire bien des honnêtetés.

Mais voicy une affaire importante. Mgr le Chancelier, à qui j'avois fait l'ouverture de mon dessein sur les anciens historiens de France n'étant encore que procureur général, se réveille sur ce projet et me fait écrire par un avocat du Parlement nommé de Laurière, rue du Cimetière de Saint-André, pour me demander qui sont les religieux sur qui je jettois les yeux pour l'exécution de ce dessein. Je vais luy faire réponse et luy diray que je vous designois pour vous mettre à la tête de ce travail, dès le moment que vous auriez fini vos *Antiquités,* c'est-à-dire au commencement de 1719; que cependant, si j'estois resté à Paris, j'aurois pris des mesures pour chercher tout ce qui auroit pu entrer dans les Historiens de la premiere race; que nous avions eu de frequents entretiens sur cette matière, et que je ne connoissois personne qui connût mieux notre histoire et qui fût plus en état de présider à cette entreprise si nécessaire à l'Etat, et que nous choisirions de concert deux ou trois autres jeunes religieux propres pour ce genre de travail, et qui, dans la suite, pourroient succeder à ceux qui manqueroient, pour continuer et consommer cet ouvrage. Je crois qu'il seroit à propos que vous vissiez sans délai Mr de Laurière et même Mgr le Chancelier sur ce projet; vous lui en direz plus dans une conférence que je ne pourrois écrire. Dom Ursin Durand, dom Charles de la Rue, dom Martin Bouquet, dom Vincent Thuillier, seroient très propres pour travailler avec vous à Paris. Il faudrait aussy faire choix de trois ou quatre religieux pour examiner, chercher, fouiller

---

[1] Cette lettre n'est pas signée, mais elle est de l'écriture de dom Audren.

[2] Biblioth. Nat., Ms. fr., 17702 (anc. *Corr. Montfaucon,* t. n), f. 64.

tous les manuscrits, titres, archives, cabinets de curieux, bibliothèques, d'où l'on pourroit tirer du secours pour l'illustration de notre histoire gallicane, et on leur donneroit, pour leur servir de règle, le memoire que j'avois dressé de concert avec vous: comme trois ou quatre religieux, qu'on mettroit dans chaque province, auroient aussi besoin d'un dessinateur habile, pour dessiner tous les anciens monuments qui se trouvent sur les lieux, prendre les seaux remarquables. Enfin, vous en pourrez dire à Mgr le Chancelier dans une ou plusieurs conferences plus que je ne pourrois en écrire.

J'appréhende que le Regime [1], de la manière dont il est composé, ne fasse de mauvaises difficultés dans l'exécution; mais aussi ils seront obligés de plier sous le poids de l'autorité de Mgr le Chancelier. Il est donc à propos que vous voyiez incessamment Mr de Laurière, avocat, et ensuite Mgr le Chancelier, pour régler toute chose. De mon côté vous pouvez l'assurer que je quitteray volontiers le titre d'abbé de Saint-Vincent, pour travailler avec vous de concert et avec vos associés. Quand il vous plaira, je vous envoyrai tout ce que Mr du Cange avoit fait pour dresser son plan. Je l'ay apporté au Mans. Mais on peut compter que je ne le donneray qu'à Mgr le Chancelier ou à vous, privativement à tout autre.

La note que vous m'avez envoiée de dom Joseph Veyssette sur le manuscrit qu'on vous a envoyé de Liége (dom Ursin m'a aussi écrit les mêmes remarques), cette note, dis-je, fait voir que les auteurs que Du Chesne a donnés demandent une grande discussion.

En voilà assez pour ce voiage. Je suis certainement plus que personne d'un attachement inviolable, mon Reverend Pere, votre tres humble et tres obéissant serviteur et confrere

Le 23 juin 1717.

F. Maur Audren *M. B.*

5.

Le même au même [2].

(Le Mans, 27 juin 1717).

Pax Christi.

Mon Reverend Pere, Mr Baluze m'écrit aussi sur la même matière que M. de Laurière et de la part de Mgr le Chancelier. Je leur répons à tous deux sur le même ton, c'est-à-dire dans le même esprit que je vous

---

[1] Les supérieurs de la congrégation de Saint-Maur.
[2] Biblioth. Nat., Ms. fr., 17702, f. 66.

écrivois ma dernière lettre, c'est-à-dire que j'estois convenu avec vous avant ma sortie de Paris que vous auriez la direction de ce travail, après avoir fini vos *Antiquités;* que vous feriez le choix convenable de vos ouvriers pour travailler sous vous à Paris, et que nous prendrions ensemble des mesures pour mettre trois ou quatre ouvriers dans chaque province pour visiter les archives, avec un dessinateur pour prendre les inscriptions, les monuments antiques, les mausolées, les seaux importants qui se trouvent au bas des chartes.

Il est donc nécessaire que vous voiés M\\u02b3 Baluze, M\\u02b3 de Laurière et M\\u02b3 l'abbé Renaudot, à qui je me suis donné l'honneur d'écrire en sortant de Marmoutier, et que vous vous rendiez maître de cette entreprise. Il me paroît, par une lettre de dom Edmond Martenne, qu'il ne seroit pas fâché d'en être l'intendant; c'est ce qui m'a porté à m'expliquer à M\\u02b3 de Laurière.

J'embrasse vos deux aides de camp et suis, mon Reverend Pere et très cher Dom Bernard, tout à vous et sans reserve ni restriction quelconque.

FR. MAUR AUDREN.

Le 27 juin 1717.

6.

LE MÊME AU MÊME [1].

(Marmoutier, 3 février 1723).

Pax Christi.

Mon Reverend Pere, vous me connoissez assez pour ne pas douter que je ne sois disposé à vous faire plaisir, et à tous vos amis, en tout ce qui pourra dépendre de moy. J'ay trouvé le manuscrit de Cicéron de Marmoutier. Je l'ay fait examiner par un de nos confrères ; en voici le détail, que je vous envoie. J'ay porté mes recherches plus loin, par l'envie que j'ay de vous faire plaisir et de vous rendre service, à vos amis, et à la république des lettres — Je trouve dans le catalogue des manuscrits de notre métropole de Saint-Gatien :

11. 405 *Tullii de Officiis, cum quibusdam versibus in fine.*

11. 408. *Tullii de Officiis.*

11. 421. *Tullii Opuscula.*

Je trouve de plus dans le catalogue des manuscrits de Tours :

11. 33. *Cicero, de Senectute. Ejusdem Somnium Scipionis, excerptum ex libro tertio de Republica.*

---

[1] Biblioth. Nat., Ms. fr., fr. 17702, f. 68.

Voilà tout ce que j'ay deterré à Tours, des manuscrits. Quand vous m'aurez marqué ce que vous souhaiterés de mon ministère, nous exécuterons tout ce que vous nous marquerés de point en point.

Je suis charmé de me trouver eloigné de toutes ces scènes tragiques, quoyqu'elles me frappent violemment au loin. Elles me feroient mourir si je me trouvois à portée de les voir et de les entendre. Ainsi, je m'estime heureux et je me félicite de mon eloignement de Saint-Germain et de Paris, bien résolu de faire tout ce qui dépendra de moy pour n'y pas retourner. Nous vivons ici dans une grande paix et une grande tranquillité, et je ne me suis pas encore aperçu, depuis que je suis ici, d'aucun mouvement, cabale, ou intrigues dans la province. Mais soïés persuadé que, quelque air que je respire, quelque climat et region que j'habite, je seray invariablement, de tout mon cœur et du plus parfait dévouement, mon Reverend Pere, votre très humble et très obéissant serviteur et confrère.

F. MAUR AUDREN *M. B.*

Le 3 fevrier 1723.

7.

LE MÊME AU MÊME [1].

(Marmoutier, 14 mars 1723).

Pax Christi.

Mon Reverend Pere, je ne doute pas qu'on ne vous ait remis entre les mains notre manuscrit de Ciceron; je tâcheray aussi de vous procurer le lambeau du manuscrit de Saint-Martin des livres *de Republica* de Ciceron, avant le chapitre.

Un de mes neveux, nommé le chevalier de Penandref de Kersauson, enseigne de vaisseau du departement de Brest, se donnera l'honneur de vous aller présenter ses respects. Je vous le recommande, et vous prie de l'aider de tout votre credit, auprès de Monsieur et de Madame la marechale d'Estrée et de tous vos autres amis, à procurer son avancement dans la Marine, et je vous en seray très obligé. Il est connu de M. le marechal, qui connoît aussi de quelle maison il est. Il m'en a parlé une fois avec estime en votre présence. Mon neveu a entrepris le voïage de Paris, dans l'espérance qu'on lui a donné qu'il y aura une nouvelle promotion d'officiers dans la Marine après les cérémonies ordinaires de la majorité. Je vous le recommande et suis de tout mon cœur, du plus par-

[1] Biblioth. Nat., Ms. fr., 17702, f. 72.

fait devouement d'un attachement inviolable, mon Reverend Pere, votre tres humble et tres obéissant serviteur et confrere.

Le 14 mars 1723.　　　　　　　Fr. Maur Audren *M. B.*

8.

LE MÊME AU MÊME [1].

(1er mai 1723).

Pax Christi.

A Marmoutier, le 1er mai 1723.

Mon Reverend Pere, j'ai reçu votre lettre hier 28 fevrier, et je remets dans le moment le manuscrit de Ciceron entre les mains de la personne qui m'avoit apporté votre lettre, et qui me marqua être dans le dessein de partir demain pour Paris. Je souhaite de tout mon cœur que l'examen de ce manuscrit vous fasse plaisir et que vous en tiriez quelque utilité, aussi bien que Mr Walker, votre ami. Vous aurés la bonté de nous le renvoïer quand vous en aurés tiré tout le secours que vous pourrés.

Je tâcheray aussi, avant la fin du Carême, de vous donner satisfaction sur le manuscrit de Saint-Martin de Tours, et d'exécuter vos ordres à la lettre; il faudra pour cela envoïer des ouvriers travailler sur les lieux sans deplacer, car tous les manuscrits de Saint-Martin sont enchaînés.

Nous serons toujours disposés à vous donner des preuves réelles et effectives de notre zele pour votre service et le service de toute l'illustre académie *bernardine*. Je l'embrasse de tout mon cœur, et en général et en particulier.

Il n'y a presque pas eu de prunes cette année ; c'est la disette qui m'a empesché de vous en envoïer une plus ample voiture. On ne peut être avec plus de respect et d'estime, et d'un cœur plus sincere et d'un attachement plus inviolable que je le suis, mon Reverend Pere, votre très humble et très obéissant serviteur et confrere.

Fr. Maur Audren *M. B.*

[1] Biblioth. Nat., Ms. fr., 17702 f. 70.

IV

ADDITIONS ET CORRECTIONS

Nous trouvons dans le *Catalogue des Autographes de M. de La Jarriette* (Paris, Charavay, 1860), sous le n° 3036 (p. 363), et nous reproduisons ici l'analyse d'une lettre intéressante, qui se rapporte essentiellement à notre sujet et qui eût pu figurer dans notre Recueil sous le n° V bis, avec ce titre :

DOM JULIEN RAGUIDEAU A DOM AUDREN.

(Guémené, 1ᵉʳ avril 1689.)

Intéressante lettre relative à une Histoire de Bretagne, que le P. Audren a le dessein de composer. M. Gaignard avoit le même projet [1]; les abbayes de la province et la Chambre des Comptes de Bretagne lui avaient procuré des titres fort curieux; mais la mort l'a surpris au milieu de son travail. Le chanoine Thomas, mort à Nantes, s'était associé à M. Gaignard et devait composer un dictionnaire breton. Ce dernier travail eût été mené à bonne fin, si l'on ne s'était jeté dans des explications puériles à propos des étymologies. Les mémoires de M. Gaignard sont passés à son neveu M. de la Fosse, et de là dans les mains du prince de Soubise, qui se fera un plaisir d'en donner communication ; mais il faudrait pour cela s'adresser aux Pères de Saint-Germain des Prés, qui connaissent beaucoup ce prince.

Détails curieux sur un manuscrit de la vie de saint Gouzierne, de la maison de Rohan, qui vivait au VIIIᵉ siècle ; ce manuscrit est dans l'abbaye de Quimperlé [2].

---

[1] Voir *Biographie Bretonne*, t. I, p. 752-754.

[2] Ce manuscrit n'est autre que le Cartulaire de l'abbaye de Sainte-Croix de Quimperlé, en tête duquel on trouve les actes de saint Gurthiern (c'est la vraie orthographe). La chimérique parenté de ce saint avec les Rohan était une des prétentions les plus insoutenables de cette maison.

L'abbé Furetière avait fait venir dom Raguideau à Paris pour avoir des renseignements sur la langue bretonne, renseignements dont il avait besoin pour son dictionnaire, qui lui attira un si grand orage de l'Académie Française. Il n'entendait pas la langue bretonne, non plus que M. Ménage, qui prétend que tous les mots français tirent leur origine du latin. Plan du dictionnaire breton qu'il se propose de composer.

Il exhorte dom Audren à donner suite à son projet d'une Histoire de Bretagne : « Vous pouvez [dit-il] y réussir très-heureusement ; vous obligerez tous les gens de lettres. Feu M. Colbert avoit entrepris de choisir les plus habiles de chaque province du royaume, pour faire chacun l'histoire de son pays avec toute l'exactitude possible. M. d'Argentré étoit un très-habile jurisconsulte, mais c'étoit un pauvre historien. Enfin, il n'y a point d'histoire qui ait si grand besoin d'être réformée que celle de notre province. »

(Lettre autographe signée, au R. P. Audren, à Redon ; Guémené, 1er avril 1689. — 7 pages in-4°, cachet.)

Le *Catalogue La Jarriette* désigne l'auteur de cette lettre sous le nom de « RAGUIDEAU (Dom Julien), Bénédictin de la Congrégation de Saint-Maur, doyen de Guémené. » Né à Nantes en 1628, il avait fait ses vœux à Saint-Melaine de Rennes dès 1647, et mourut à l'abbaye de Saint-Valeri en Picardie, en 1701. On a de lui une *Oraison funèbre de M. Charles-Henri de la Trémouille, prince de Tarente, prononcée à Vitré l'an 1672*, et que la *Biographie Bretonne* (II, 677) indique comme imprimée à Vitré, 1672, in-4°.

La lettre XX de notre Recueil (ci-dessus p. 38-39), en date du 16 octobre 1690, est signée : *Le Doyen de Guemené*. Nous doutons qu'elle soit de D. Raguideau.

*⁎
⁎ ⁎*

La lettre de Lobineau à Mellier, imprimée ci-dessus, p. 219-220, sous le n° XCIX de notre Recueil, faisait partie de la collection La Jarriette ; elle est décrite dans le *Catalogue,* p. 210, n° 1809.

Depuis la vente La Jarriette nous ne savons en quelles mains elle a passé, non plus que celle de Raguideau à D. Audren.

* *

Nº XXX, lettre de D. Audren à Gaignières du 20 septembre 1689. Quatre mots ont été omis dans la phrase qui commence à la dernière ligne de la p. 53 et se continue à la page suivante. Cette phrase doit être rétablie ainsi (les mots omis sont ici en italique) :

« Je me flatte que des conférences pendant huit jours me rendront habile historien, *et tous nos ouvriers,* aussi bien que vous, et me donneront des lumières qu'on ne peut avoir par lettres. »

* *

Nº XXXVIII, p. 64, les mots : *M. Chaillou sur le quay de l'Escolle, aux Deux Anges, chez M. le Grand,* sont écrits, dans l'original, de la main de Gaignières, à la suite de la lettre de D. Le Gallois.

* *

Nº XLIV. L'abbé de la Couture dont il est question dans cette lettre, à la ligne 3 de la p. 73, est Louis Bouton de Chamilly, qui posséda cette abbaye de 1694 à 1705 (*Gall. Christ.,* XIV, col. 483.)

* *

Nº LXXXIV. Coëtlogon, vicomte de Méjusseaume, nommé à la note de la p. 146, est Gui de Coëtlogon, qui fut procureur-général syndic des Etats de Bretagne du 14 décembre 1675 au 22 février 1706. (Pontbriand, Notice sur les *Procureurs-généraux syndics des Etats de Bretagne,* p. 34.)

* *

Nº CII bis, p. 224. L'auteur de cette lettre est Le Pelletier des Forts (Michel-Robert), qui fut contrôleur-général des

finances du 14 juin 1726 au 19 mars 1730, et qui avait l'admi-
nistration de la Bretagne dans son département.

*
* *

ERRATA.	*Au lieu de :*	*Lisez :*
Page XII, note.	LXXVI.	LXXV.
— 40, ligne 21.	L'peitaphe.	L'épitaphe.
— 49, — 10.	je voys.	je croy.
— 54, — 23.	Rennes.	Vannes [1].
— 56, — 2.	bien prendre.	prendre.
— 129, note 1, l. 5.	ornés.	bornés.
— 135, — 2.	Lavardi.	Lavardin.
— 165, ligne 14.	qui es	qui est.

[1] Il s'agit en ce lieu de François d'Argouges, qui fut évêque de *Vannes* (et non de *Rennes*) de 1687 à 1716.

TABLE ANALYTIQUE

—————

INTRODUCTION

CORRESPONDANCE DES BÉNÉDICTINS BRETONS [1]

[1] Les documents compris dans ce Recueil sont classés par ordre chronologique, sauf les n°s LXXXIX, CVI, CVII et CIX. Régulièrement, le n° LXXXIX devrait être placé entre LXXII et LXXIII; le n° CVI, immédiatement avant LXXVIII; le n° CVII, immédiatement après LXXVIII; le n° CIX, entre XXXVII et XXXVIII.

« Voilà dom Alexis à Paris. Je vous conjure de le prendre sous votre protection. Je vous abandonne tous mes droits et sur l'historien et sur l'Histoire. » Etc.

ACHEVÉ D'IMPRIMER

A NANTES

PAR VINCENT FOREST ET ÉMILE GRIMAUD

LE X MAI M.DCCC.XXC

For EU product safety concerns, contact us at Calle de José Abascal, 56–1°,
28003 Madrid, Spain or eugpsr@cambridge.org.

www.ingramcontent.com/pod-product-compliance
Ingram Content Group UK Ltd.
Pitfield, Milton Keynes, MK11 3LW, UK
UKHW010350140625
459647UK00010B/976